FRANKFURTER WIRTSCHAFTS-
UND SOZIALWISSENSCHAFTLICHE STUDIEN

Heft 28

Herausgegeben vom
Fachbereich Wirtschaftswissenschaften
der Johann Wolfgang Goethe-Universität
Frankfurt am Main

Zur Theorie der Zeitpräferenz

Ein Beitrag zur mikroökonomischen Kapitaltheorie

Von

Dr. Matthias Lehmann

DUNCKER & HUMBLOT / BERLIN

Gedruckt 1975 bei Berliner Buchdruckerei Union GmbH., Berlin 61
Printed in Germany

ISBN 3 428 03445 7

Robert A. Böker
in herzlicher Zuneigung
gewidmet

It is easy to say, that the problems belong to psychology, but this does not mean, that psychologists will find them sufficiently interesting to look into them.

H. S. Houthakker 1961

Vorwort

Der Verfasser dankt seinem Doktorvater Herrn Professor Dr. P. Swoboda für seine großartige Geduld bei der Metamorphose dieser Arbeit, die sich ursprünglich mit dem Einfluß von Steuern auf das einzelwirtschaftliche Wachstum befassen wollte. Bei der Diskussion der Zielfunktion stieß der Verfasser auf das Problem der Bewertung zeit- und zahlungsbetragsverschieden strukturierter Zahlungsströme und war damit, wollte er nicht den Kalkulationszinsfuß als Datum akzeptieren, von der Problematik der Indifferenzkurve im Modell von I. Fisher eingefangen. Aus dem Umweg wurde Selbstzweck. Hartnäckigkeit und Ausdauer im Problemdickicht wären unmöglich und zwecklos gewesen ohne das Bewußtsein eines aufmerksamen und für die Zeitdauer nachsichtigen Doktorvaters.

Herrn Professor Dr. A. Moxter danke ich für die Erstellung des Zweitgutachtens, mit dem er sein besonderes Engagement für den behandelten Problemkomplex bestätigte. Daß er mir freizügigen Zugang zu seiner reichhaltigen Seminarbibliothek ermöglichte, darf als wesentliche Hilfe zum erfolgreichen Abschluß meiner Arbeit nicht unerwähnt bleiben.

Herrn Professor Dr. H. Kreikebaum, seit 1971 Direktor des Seminars für Industriewirtschaft, möchte ich meinen Dank für die Zeit aussprechen, die er mir als seinem wissenschaftlichen Mitarbeiter für die Fertigstellung der Arbeit gewährte.

Die vorliegende Arbeit, die im Januar 1973 abgeschlossen wurde, hat der Fachbereich Wirtschaftswissenschaften der Johann Wolfgang Goethe Universität in Frankfurt am Main als Dissertation angenommen. Ich danke dem Fachbereich für die Aufnahme der Arbeit in seine Schriftenreihe.

Der Interessengemeinschaft Frankfurter Kreditinstitute GmbH gilt mein Dank für einen großzügig bemessenen Förderungsbeitrag, der die Belastung durch den persönlichen Anteil am Druckkostenzuschuß erheblich herabsetzte. Ferner danke ich der Industrie- und Handelskammer Frankfurt für den Preis, mit dem sie die vorliegende Arbeit auszeichnete.

Frankfurt, im Juni 1975 *Matthias Lehmann*

Inhaltsverzeichnis

1. Kapitel

Einleitung 15

2. Kapitel

Probleme der Grenznutzenfunktionen 21

3. Kapitel

4. Kapitel

5. Kapitel

Symbolverzeichnis

A, B	zwei unabhängige Güter, d. h. es besteht keine Nutzeninterdependenz
a, b (bzw. c, d)	im Zwei-Güter-Fall Parameter der linearen Grenznutzenfunktion für Gut A (bzw. B), im Zwei-Perioden-Fall Parameter die linearen Grenznutzenfunktion für C_0 (bzw. C_1)
α_t	Lagrangefaktor im Ausgabenzeitpunkt t, d. h. der Grenznutzen der Konsumausgabensumme C_t = der Grenznutzen des Geldes in t und zugleich für die Konsumperiode $t \rightarrow t + 1$
α_N	der Nutzen (je Geldeinheit) von Geldeinheiten, die der Ersparnis mit abstraktem Zweck zugeführt werden; diese Art der Ersparnis wird — als Gut N — als das Gut mit konstantem Geldgrenznutzen $\alpha_N = e/P_N$ verwendet
β_t	kennzeichnet die relative Knappheit im Ausgabenzeitpunkt t in bezug auf α_N; es gilt die Beziehung $\beta = \alpha - \alpha_N$ mit $\beta \geq 0$
B	der Verfügungsbetrag (Budget) im Entscheidungszeitpunkt t; im Zwei-Perioden-Modell durch Y_0 ersetzt
C_K	die Ausgabe für ein Konsumgut K ($K = A, B, \ldots M$) im Entscheidungszeitpunkt t; der Index N dient zur Kennzeichnung des „Gutes" „Ersparnis ohne konkreten konsumtiven Verwendungszweck", d. h. für das Gut mit konstantem Grenznutzen α_N
C_0 (bzw. C_1)	die Konsumausgabensumme im Entscheidungszeitpunkt t_0 (bzw. t_1) für die Konsumperiode $t_0 \rightarrow t_1$ (bzw. $t_1 \rightarrow t_2$)
e	der konstante Grenznutzen je Einheit des Gutes N
i	ein gegebener positiver Zinssatz für Finanzanlagen
$(1 + i) \equiv q$	Zinsfaktor
k_t	ein Faktor, der das Gewicht der zeitlichen Extension des in t unbefriedigt gebliebenen akuten Grenzbedürfnisses wiedergibt, jedoch ausschließlich des Aspektes der zeitlichen Dauer (vgl. m); man könnte k_t als Grad der konsumtiven Unbeherrschtheit eines Individuums bezeichnen; $0 \leq k \leq 1$

m	das Verhältnis der zeitlichen Dauer einer Konsumausgabenperiode $t \to t+1$ zu der dem Zinssatz i zugrunde liegenden Zeitperiode
p_t, auch $\bar{p}_t$	der sachlich unabhängige Zeitpräferenzsatz (= „Nutzendiskontsatz") der Konsumperiode $t \to t+1$
$(1 + p_t)$	der Zeitpräferenzfaktor
p'_t	der marginale, weil sachlich abhängige Zeitpräferenzsatz für die Konsumperiode $t \to t+1$
P_t	das Preisniveau in t
P_A, P_B	der Preis einer Einheit des Gutes A bzw. B
$S_{0\,(C_t)}$ mit $t \neq t_0$	im Entscheidungszeitpunkt t_0 nicht für Konsumausgaben verwendete Mittel in der Absicht, sie in einem späteren Zeitpunkt für einen konkreten konsumtiven Zweck zu verwenden (die „konsumtive Ersparnis" in t_0); im Zwei-Perioden-Fall gilt $S_{0\,(C_1)} = Y_0 - C_0$
$U'_t\,(C_t)$	Grenznutzenfunktion über die Konsumausgaben C_t im Ausgabenzeitpunkt t (= zeitpunktbezogene Grenznutzenfunktion)
$u'_t\,(C_t)$	der zeitpunktbezogene konsumtive Geldgrenznutzen, d. h. der im Zeitpunkt der zugehörigen Geldverausgabung erwartete Grenznutzen, wobei aus Vereinfachungsgründen der bei Kaufabschluß/Geldverausgabung erwartete Nutzen mit dem tatsächlich realisierten Nutzen gleichgesetzt wird
$u'_0\,(C_0) \equiv u'_0\,(C_0, t_0)$	der Grenznutzen des Konsumausgabenbudgets C_0 in t_0, als Lagrangefaktor α geschrieben
$u'_1\,(C_1) \equiv u'_1\,(C_1, t_1)$	der Grenznutzen des Konsumausgabenbudgets C_1 in t_1; wie $u'_0(C_0)$ ist es eine allein von der verfügbaren Geldmenge C_1 abhängige Nutzengröße
$u'_1\,(C_1, t)$	der mengenabhängige Grenznutzen $u'_1\,(C_1, t_1)$ einschließlich seiner Bewertung wegen der Zeitdifferenz zwischen Realisationszeitpunkt t_1 und Bezugszeitpunkt t; die Gleichsetzung von Bezugszeitpunkt t und Betrachtungszeitpunkt t_0 wird als Problem in der Arbeit diskutiert
$U'\,(C_A)$	die Grenznutzenfunktion über die Ausgaben für das Konsumgut A; da der Zwei-Güter-Fall als zeitpunktbezogenes Problem im Entscheidungszeitpunkt t_0 behandelt wird, kann auf die zeitliche Indizierung verzichtet werden; genau wäre zu schreiben $U'_0\,(C_A, t_0)$
$U'\,(X)$	die Grenznutzenfunktion bei güterwirtschaftlicher Betrachtung über die Menge X des Gutes A
$u'\,(X)$	der Nutzen der marginalen Mengeneinheit des Gutes A
$u'\,(X)/P_A$	der preisbezogene Gütergrenznutzen

X, *Y*, *Z*	die Mengen der Güter *A*, *B* und *N*
Y_0	das Budget im Entscheidungszeitpunkt t_0, dem Beginn der Einkommensperiode, die mindestens zwei — anderenfalls besteht unsere Problemstellung des Zwei-Perioden-Falles nicht — oder mehrere Konsumausgabenperioden (= Konsumperioden) umfaßt

Abkürzungen

AER	The American Economic Review
HdSW	Handwörterbuch der Sozialwissenschaften
JbNat.Stat.	Jahrbücher für Nationalökonomie und Statistik
QJE	The Quarterly Journal of Economics
ZfB	Zeitschrift für Betriebswirtschaft
ZfbF	Zeitschrift für betriebswirtschaftliche Forschung
ZfhF	Zeitschrift für handelswissenschaftliche Forschung
ZfgStw	Zeitschrift für die gesamte Staatswissenschaft
ZfN	Zeitschrift für Nationalökonomie

1. Kapitel

Einleitung

1. Problemstellung

Die Diskussion des Kalkulationszinsfußes in den herkömmlichen Vorteilskriterien für Investitionen[1] und im linearen Planungsansatz[2] lenkte das Interesse in der Kapitaltheorie auf die Zielformulierung in Investitions- und Bewertungsmodellen. Während Jacob noch die „unumgänglichen Dividendenzahlungen"[3] als eine Nebenbedingung vorgibt, stellt Moxter (1963, S. 298) auf den maximalen Ausschüttungsstrom an den Kapitaleigner ab, wobei die zeitliche Struktur dieses Stromes vorgegeben wird[4]. Eine Verknüpfung von Ausschüttungsstrom und Endvermögen nimmt H. Hax vor[5], während Koch, Drukarczyk sowie Laux und Franke[6] versuchen, die Zielformulierung allgemeiner zu fassen, indem neben einem uniformen Ausschüttungsstrom auch andere zeitliche Strukturen berücksichtigt werden.

Es ist offensichtlich, daß die Annahme einer vorgegebenen zeitlichen Struktur des Dividendenstromes (bzw. der Privatentnahmen) nur ein vorläufiger Abschluß des Problemes der Zielformulierung sein kann. Eine Vorgabe der Struktur behandelt den Entzug von Mitteln für private (konsumtive) Verwendung als Datum, obgleich diese Mittelverwendung nicht unabhängig von den Investitionsgelegenheiten ist[7]. Dies be-

---

[1] Vgl. insbesondere *Heister*, Matthias: Rentabilitätsanalyse von Investitionen, Köln und Opladen 1962.

[2] *Moxter*, Adolf: Lineares Programmieren und betriebswirtschaftliche Kapitaltheorie, ZfhF 1963, S. 285 - 309, *Albach*, Horst: Das optimale Investitionsbudget, ZfbF 1964, S. 456 - 470.

[3] *Jacob*, Herbert: Neuere Entwicklungen in der Investitionsrechnung, Wiesbaden 1964 (Sonderdruck aus der ZfB 1964), S. 63.

[4] So auch *Koch*, Helmut: Der Begriff des ökonomischen Gewinns — Zur Frage des Optimalitätskriteriums in der Wirtschaftlichkeitsrechnung, ZfbF 1968, S. 389 - 441, S. 410, 412, 414 ff., besonders S. 418 f.

[5] *Hax*, Herbert: Investitions- und Finanzplanung mit Hilfe der linearen Programmierung, ZfbF 1964, S. 430 - 446, S. 436 - 439.

[6] *Koch* (1968) S. 420, 422, *Drukarczyck*, Jochen: Investitionstheorie und Konsumpräferenz, Berlin 1970, S. 125 - 137, *Laux*, Helmut und Günter *Franke:* Der Erfolg im betriebswirtschaftlichen Entscheidungsmodell, ZfB 1970, S. 31 bis 52, S. 36, 43 f.

[7] *Drukarczyk:* (1970) S. 140 f.

achtete als erster Irving Fisher[8], der in einem Zwei-Perioden-Modell die gleichzeitige Berücksichtigung von Konsumwünschen und Investitionsgelegenheiten behandelt. Erweitert um die Berücksichtigung eines divergierenden Soll- und Habenzinssatzes und um die Unsicherheit durch J. Hirshleifer[9], ist das Modell inzwischen Lehrbuchbestandteil geworden[10].

Undiskutiert bleibt jedoch dabei in allen Abhandlungen der wichtigste Modellbaustein: die Indifferenzkurve bzw. -kurvenschar, mit der vorgegeben wird, in welchem Verhältnis das Individuum zeitverschiedenes Einkommen (Konsumausgaben) marginal zu tauschen bereit ist. Man schiebt die Bewältigung eines komplizierten Bewertungsvorganges dem Individuum zu[11] und übernimmt von ihm das Austauschverhältnis als fertiges Ergebnis.

Ohne grundsätzliche Klärung dieses Bewertungsvorganges und seiner Determinanten halten wir es für ausgeschlossen, eine Verbesserung der Aussagen über den Zusammenhang von Konsumausgaben und Investition zu erreichen. Welche wenig befriedigenden impliziten Prämissen hinter der Vorgabe solcher zeitlichen Strukturen stehen, zeigt z. B. der Aufsatz von Laux und Franke (1970, S. 36 - 44). Die Feststellung, daß Investitions- und Konsumausgabenplan wegen der Interdependenzen gleichzeitig aufzustellen sind[12], ist daher nicht neu. Hingegen ist zu

---

8 *Fisher*, Irving: Die Zinstheorie, Jena 1932, S. 195 - 212, 218 - 237. Kurzgefaßte Darstellung bei *Lutz*, Friedrich A.: Zinstheorie, 2. Aufl. Zürich und Tübingen 1967, S. 79 - 86.

9 *Hirshleifer*, Jack: Investment, Interest and Capital, Englewood Cliffs, N. J. 1970, S. 195 - 202.

10 *Schneider*, Dieter: Investition und Finanzierung, Köln und Opladen 1970, S. 298 - 313, *Hax*, Herbert: Investitionstheorie, Würzburg und Wien 1970, S. 58 - 62, *Woll*, Artur: Allgemeine Volkswirtschaftslehre, 3. Aufl. München 1971, S. 228 - 232, im übrigen vgl. *Buchner*, Robert: Anmerkungen zum Fisher-Hirshleifer-Ansatz der simultanen Bestimmung von Gewinnausschüttungs-, Finanzierungs- und Investitionsentscheidungen, ZfbF 1968, S. 30 - 47, *derselbe:* Zur Bedeutung des Fisher-Hirshleifer-Ansatzes für die betriebswirtschaftliche Theorie der Kapitalwirtschaft, ZfbF 1969, S. 706 - 727, *Drukarczyk:* (1970) S. 44 - 51.

11 Vgl. *Drukarczyk:* (1970) S. 151.

12 Abgesehen von Irving Fisher vgl. *Drukarczyk:* (1970) S. 139 - 145, *Laux* und *Franke:* (1970) S. 34 f. Nach Darstellung Albachs enthält die Arbeit von Panagiotis Stratoudakis einen Ansatz zur Berücksichtigung der alternativen Mittelverwendung für Investitionen oder Konsumausgaben im Zeitablauf mit der Zielfunktion der Nutzenmaximierung über die Zeit. Eine Nachprüfung ergab jedoch, daß lediglich die Nutzenvorstellungen der Käufer einbezogen werden, um unter Berücksichtigung von Preis- und Präferenzpolitik (S. 80) deren Einfluß bei Einkommenssteigerungen auf den Umsatz der Unternehmung zu zeigen. Mithin wird die Konsumausgabenstruktur der Verbraucher in die Investitionsüberlegungen explizit einbezogen, nicht aber die des Investors. Im Hinblick auf die Zielsetzung des Unternehmers werden lediglich die Probleme langfristiger Gewinnmaximierung erörtert (S. 76 - 91), vgl. *Stratoudhakis*, Panagiotis: Ai Idhiotikooikonomikai Ependhyseis (neugriechisch, Die einzelwirtschaftlichen Investitionen. Unternehmerische Investitio-

klären, welche Größen die zeitliche Struktur und Bewertung von Geldströmen für private Verwendungszwecke bestimmen, um diese Mittelverwendungsart der investiven gegenüberstellen zu können. Die von Drukarczyk betonte Notwendigkeit simultaner Planung ist ohne Analyse des komplexen Bewertungsvorganges, auf die er bewußt verzichtet (S. 151), nicht möglich.

2. Problembehandlung

Für die eigentliche Problembehandlung im 3. bis 5. Kapitel erwies es sich als notwendig, in dem umfangreichen *2. Kapitel* grundsätzliche Fragen der Nutzentheorie zu erörtern. Sicher fehlt es dazu nicht an Literatur, bereichsweise aber an logischer Strenge und Konsequenz. Stärker mathematisch orientierte Abhandlungen hingegen verlieren nur zu leicht die Verbindung zu den eigentlich zu klärenden Sachverhalten. Der Verfasser hatte zu Beginn seiner Arbeit nicht erwartet, trotz der langen und intensiven Literaturdiskussion so viel Widersprüchliches vorzufinden und so wenig Abgesichertes, auf das für eine Theorie der Zeitpräferenz aufgebaut werden könnte.

Es lag daher nahe, elementar mit dem Nutzen- und Grenznutzenbegriff zu beginnen. Ausführlich wird auf die bekannte Frage eingegangen, ob die Nutzengrößen mit Hilfe von Geldgrößen erfaßbar und meßbar sind (S. 26 - 45). Es wird die Verbindung zum „Grenznutzen des Geldes" hergestellt und gezeigt, daß Samuelson bei der Diskussion der constant marginal utility of money den eigentlich interessierenden Fall nicht behandelt, der darin besteht, daß die Konstanz des Geldgrenznutzens nicht auf das Ergebnis der Mittelverteilung bezogen wird, sondern über eine spezifische Geldverwendungsart für das Aufteilungsproblem vorgegeben wird. Diese Geldverwendungsart, interpretiert als „Ersparnisbildung ohne konkrete konsumtive Verwendungsabsicht im Zeitpunkt der Ersparnisbildung", ermöglicht den zwingend gebotenen Einbezug der Ersparnis in die Grenznutzenfunktion über die gesamten verfügbaren Mittel. Die Mikrotheorie berücksichtigt — wenn überhaupt — die Ersparnisbildung nur in Verbindnug mit der Annahme, daß das Individuum für die spätere konsumtive Verwendung der gesparten Mittel bereits konkrete Verwendungsvorstellungen hat. Fehlen solche, ist die Grenznutzenfunktion für diese Ersparnis sachlich nicht definiert. Die Literatur weicht diesem Problem aus, indem unterstellt wird, daß von vornherein sämtliche Mittel konsumtiver Verwendung zugeführt werden (abgesichert durch die Annahme konsumtiver Unersättlichkeit des

nen in der Situation von Risiko und Unsicherheit), Athen 1963; *Albach*, Horst: In memoriam Panagiotis Stratoudhakis, in: Wirtschaft und Betriebswirtschaftslehre in Griechenland und Deutschland, Wiesbaden 1971, S. 7 - 10, S. 9.

Individuums) oder indem eine Grenznutzenfunktion über das „Vermögen" vorgegeben wird, üblicherweise unter Anlehnung an Bernoulli. Welche Beziehung oder sogar Bindung der Nutzeneinheit an die Geldeinheit des Vermögens besteht, bleibt dabei undiskutiert.

Die Trennung zwischen Spar- und Vermögensmotiven (S. 54 - 64) führt zum „Vermögensnutzen". Darunter versteht die Literatur überwiegend nur den sogenannten Liquiditätsnutzen. Sie behauptet, daß aus dem Halten eines Kassenbestandes als Beispiel einer besonders geldnahen (hier: geldgleichen) Vermögensart ein originärer Nutzen resultiert. Wäre dem so, müßte eine nutzentheoretische Erklärung des Sparprozesses neben dem derivativen Nutzen aus der späteren konsumtiven Verwendung der gesparten Mittel einen laufenden Liquiditätsnutzen abhängig von der Geldnähe der gewählten Vermögensart und ihrer Relevanz für die Liquiditätsposition des Individuums berücksichtigen. Die Auseinandersetzung mit der Konzeption des „Liquiditätsnutzens" (S. 64 - 79) ergibt zunächst, daß die Literatur Geld- und Nutzengrößen nicht auseinanderhält[13]. Die detaillierte Auseinandersetzung mit Patinkin (S. 65 - 72), der heute mehr zitiert denn studiert wird, bringt eine Fülle von Unvereinbarkeiten zutage. Es ist dem Verfasser unklar, wie eine im Mikrobereich so inkonsistente Theorie makroökonomisch relevante Aussagen soll stützen können. Die Auseinandersetzung mit Veit (S. 72 - 75) führt zu dem Ergebnis, daß die Kassenhaltung identisch ist mit dem kurzfristigen Sparverhalten unter Unsicherheit. Für einen originären Liquiditätsnutzen fehlen die nutzentheoretischen Voraussetzungen; seine Konzeption läßt sich vertreten, wenn man sie als das Ergebnis einer bewußten Reduktion des Erklärungsfeldes versteht: die möglichen Verwendungsarten für die Geldeinheiten des Kassenbestandes und ihre Wahrscheinlichkeitsverteilungen werden in einer Grenz-Liquiditätsnutzenfunktion ersatzweise abgebildet.

Das 3. *Kapitel* (S. 80 - 98) diskutiert die Zeitpräferenz, wie sie Böhm-Bawerk und Irving Fisher verstehen. Durch scharfe Trennung der geldmengenabhängigen Bewertung mittels der Grenznutzenfunktionen für die Ausgabezeitpunkte und der zeitdifferenzabhängigen Bewertung einer Geldeinheit, abhängig von den Ausgabezeitpunkten, wird die Problemstruktur aufgedeckt, die der Indifferenzfunktion im Modell von I. Fisher zu Grunde liegt. Es ist erstaunlich, daß nur ganz wenige Arbeiten die Indifferenzrelationen, deren Abbild die Indifferenzkurvenschar im Modell von I. Fisher ist, aufspalten und somit die Grenzraten der Substitution als die Zusammenfassung jeweils einer Mengen- und Zeit-

---

[13] Z. B. werden gesparte Transaktionskosten als Nutzen des gehaltenen Kassenbestandes interpretiert, vgl. *Claassen*, Emil M.: Probleme der Geldtheorie, Berlin-Heidelberg-New York 1970, S. 98 - 102.

bewertung ausweisen[14]. Die somit isolierte Zeitdifferenzbewertung erfährt jedoch keine weitergehende Behandlung[15].

Aus dem Ergebnis heraus, daß I. Fisher das „Phänomen Zeitpräferenz“ zwar richtig kennzeichnet, aber weder sachlich begründet noch in seinem Modell auf seine Auswirkungen hin erkennbar berücksichtigt hat, bemüht sich das *4. Kapitel* (S. 99 - 125) unserer Arbeit um eine nutzentheoretische Begründung der Zeitpräferenz. Diese ergibt sich — vergleichsweise naheliegend —, wenn man nicht nur die Intensität eines Bedürfnisses beachtet, sondern auch seine Zeitextension, vom Betrachtungszeitpunkt aus in die Zukunft gesehen. Hat die Literatur schon die mögliche Zeitextension einer Nutzengröße kaum beachtet, so fehlt sie bei einer Mangelempfindung in den nutzentheoretischen Überlegungen ganz. Hat man die Analyse so weit vorangetrieben, ergibt es sich gleichsam von selbst, daß nicht nur die Intensität der Mangelempfindung in bezug auf die Gütereigenschaften eines Bedürfnisbefriedigungsmittels die Höhe des erwarteten Nutzens bestimmt, sondern auch die Zeitspanne zwischen Betrachtungszeitpunkt und Nutzenrealisationszeitpunkt. Aus dieser sachlichen Erklärung der Zeitpräferenz folgt — neben der Zeitspanne selbst — zugleich die wichtigste Determinante für den Zeitpräferenzsatz: der Bedürfnisstand im Betrachtungszeitpunkt. Dieser wird durch den Lagrangefaktor repräsentiert, der sachlich den Grenznutzen des Geldes bezeichnet. Auf den S. 107 - 121 entwickelt der Verfasser seinen eigenen Ansatz für den allerdings nur marginal definierten Zeitpräferenzsatz und seiner Determinanten.

Das *5. Kapitel* beschäftigt sich mit dem Sparvorgang und seinen Determinanten im Zwei-Perioden-Modell. Dabei wird — bewußt abweichend vom eigenen Ansatz — zunächst ein konstanter Zeitpräferenzsatz als gegeben unterstellt, um an Hand der so ermittelten Ergebnisse Stellung zur vorliegenden Literatur nehmen zu können. Ausführlich diskutiert wird der Einfluß eines positiven Zinssatzes auf die Strukturierung der Konsumausgaben im Zeitablauf und das Wirkungsverhältnis zwischen Zins- und Zeitpräferenzsatz (S. 126 - 148). Noch unter Beibe-

---

[14] Vgl. *Morgan*, Theodore: Interest, Time Preference and the Yield of Capital, AER Vol. 35, 1945, S. 81 - 98, S. 81 - 84, insbesondere S. 84, *Stackelberg*, Heinrich von: Grundlagen der theoretischen Volkswirtschaftslehre, 2. Aufl. Zürich 1951, S. 132 - 141, *Strotz*, Robert H.: Myopia and the Inconsistency in Dynamic Utility Maximization, Review of Economic Studies Vol. 23, 1955/56, S. 165 - 180, S. 172 Fußnote 1 (vgl. unsere Arbeit S. 157), *Feldstein*, Martin S.: The Social Time Preference Discount Rate in Cost Benefit Analysis, EJ Vol. 74, 1964, S. 360 - 379, S. 373 f., *Thurow*, Lester C.: The Optimum Lifetime Distribution of Consumption Expenditures, AER Vol. 59, 1969, S. 234 - 330, S. 234 f.

[15] Beispielsweise führt *Stackelberg:* (1951, S. 139 f.) kein Symbol für die reine Zeitpräferenz ein und zeigt auch nicht, wie sie mit dem Grenznutzenverhältnis zu verbinden wäre.

haltung des konstanten Zeitpräferenzsatzes wird die Funktion für die Grenzrate der Substitution ermittelt, um sie mit der marginalen Substitutionsrate des Modellansatzes von I. Fisher zu vergleichen (S. 148 - 153). Es wird gezeigt, daß die Literatur dem Individuum die Formulierung von Indifferenzrelationen zumutet ausschließlich des Einflusses eines positiven Zinssatzes auf diese Indifferenzrelationen. Mit diesem Ergebnis werden Implikationen aufgedeckt, die mit der angeblichen Realitätsnähe der Indifferenzrelationen unvereinbar sind.

Der eigene, nur marginal definierte Zeitpräferenzsatz verhindert die Formulierung einer intertemporalen Nutzenfunktion (S. 153 - 159). Die Zielsetzung der Nutzenmaximierung über die Zeit läßt sich nicht zu einer Bewertungsfunktion konkretisieren, um mit ihrer Hilfe unterschiedlich strukturierte Konsumausgabenströme zu „bewerten". Die Möglichkeit, solche unterschiedlichen Zahlungsströme in eindimensionale „Werte" (Nutzenertragswerte) zusammenzufassen und damit einer einfachen Alternativentscheidung zugänglich zu machen, besteht nicht. Der marginale Zeitpräferenzsatz ermöglicht lediglich die Kennzeichnung der Konstellation der Determinanten im Optimum: die Grenznutzen in t_0 und t_1, Zinssatz und marginaler Zeitpräferenzsatz werden in einem Marginalkalkül zusammengestellt, das wir als vollständig definierte Grenzrate der Substitution bezeichnen können.

Im abschließenden *6. Kapitel* wird zunächst die Marginalbedingung für den optimal strukturierten Konsumausgabenstrom für mehr als zwei Entscheidungszeitpunkte verallgemeinert (S. 165 - 168). Das Ergebnis ist die dem 2. Gesetz von Gossen analoge Aussage, daß die mittels der beiden Zeitfaktoren Zins und Zeitpräferenz *bewerteten* zeitpunktbezogenen Grenznutzen gleich sind.

Daran schließt sich (S. 168 - 172) ein Überblick über die Ergebnisse der vorliegenden Arbeit und ihre Einordnung in den Literatur- einerseits, den Sachzusammenhang andererseits an. Zwei Fragen gelten die letzten Überlegungen: (1) wie ist unser nur marginal definierter Zeitpräferenzfaktor mit den in der Entscheidungstheorie verwendeten Nutzenfunktionen über das „Vermögen" zu vereinbaren, und (2) läßt sich die Relevanz der Konsumpräferenz für die Bewertung von Aktien abgrenzen.

2. Kapitel

Probleme der Grenznutzenfunktionen

1. Begriff des Nutzens

Wir übernehmen zunächst die Definition von Carl Menger: „Nutzen ist die Bedeutung, welche die Wirtschaftssubjekte konkreten Gütern oder Güterquantitäten beilegen in dem Bewußtsein, daß von der Verfügung über sie die Befriedigung von Bedürfnissen abhängig ist“[1]. Diese Definition enthält keinen zeitlichen Bezug. Sie läßt offen, ob der Zeitpunkt der Verfügung in bezug auf ein existentes Bedürfnis für die beigelegte Bedeutung und damit für den Nutzen relevant ist. Da ein Bedürfnis hinsichtlich Entstehen, Fortdauer und Veränderung zeitbezogen ist, ist seine Befriedigung und damit der erzielte Nutzen mit dem Verfügungszeitpunkt verknüpft. Um diesen Aspekt ergänzt soll der Nutzen nach der Definition von Menger als der „tatsächlich realisierte Nutzen“ bezeichnet werden. Die Diskussion in der Literatur über Nutzen und Grenznutzen stellt überwiegend auf diesen tatsächlich realisierten Nutzen ab, indem von der Verfügung über unterschiedliche Mengen aus einem vorhandenen Güterbestand ausgegangen wird[2].

Für das wirtschaftliche und damit zu erklärende Verhalten sind jedoch die Erwartungen beim Erwerb des Gutes — i. d. R. also beim Kauf[3] — entscheidend, weshalb uns der tatsächlich realisierte Nutzen im folgenden nicht weiter interessiert. Damit ist es auch nicht unser Anliegen, zu erklären, wie ein Individuum einen vorhandenen Güterbestand in einer Konsumperiode bei einem sich erneuernden Bedürfnis aufteilt (Zahl der Konsumakte und jeweils verbrauchte Gutsmenge[4]).

---

[1] *Menger*, Carl: Grundsätze der Volkswirtschaftslehre, 2. Aufl. hrsg. von Karl Menger, Wien-Leipzig 1923, S. 103, *Weber*, Wilhelm und Erich *Streißler*: „Nutzen“, Handwörterbuch der Sozialwissenschaften, Bd. 8, Stuttgart-Tübingen-Göttingen 1964, S. 1 - 19, S. 1.

[2] Vgl. z. B. Carl Menger bei der Erklärung des subjektiven Wertes, zitiert bei *Bachmann*, Verena: Der Haushaltsplan des Konsumenten und seine theoretische Erfassung durch die Grenznutzenlehre, Zürich 1963, S. 19.

[3] So auch *Weber* und *Streißler* (1964) S. 3 r. Sp., *Mahr*, Alexander: Gegenwart und Zukunft in den wirtschaftlichen Dispositionen der Konsumenten, ZfN 1966, S. 435 - 459, S. 437.

[4] Zur dogmengeschichtlichen Behandlung dieses Problems vgl. *Bachmann*: (1963) S. 134 - 142 mit dem unzutreffenden Ergebnis, daß die Zeitpunkte, in denen konsumiert wird, als gegeben angenommen werden müssen (S. 142).

Kommt es für unsere Problemstellung auf die Erwartungen im Zeitpunkt des Erwerbes eines Gutes (Abschluß des schuldrechtlichen Geschäftes) an, so lautet die Nutzendefinition von C. Menger entsprechend formuliert: „Der erwartete Nutzen ist die Bedeutung, welche ein Wirtschaftssubjekt einem Wirtschaftsgut im Zeitpunkt des Erwerbes beilegt in dem Bewußtsein, daß von der Verfügung darüber die Befriedigung eines Bedürfnisses abhängig ist“[5].

Mit dieser auf den Zeitpunkt des Kaufes bezogenen Nutzendefinition wird es zugleich möglich, die Gegenleistung, den zu zahlenden Kaufpreis, in die Überlegungen einzubeziehen. Während die Gegenüberstellung von Kaufpreis und tatsächlich realisiertem Nutzen nur ein ex-post-Interesse hat, stehen sich hier Kaufpreis und erwarteter Nutzen gegenüber als Elemente eines Entscheidungsfeldes, das daneben durch die anderen Bedürfnisse, Güter und ihre Preise, die Dauer der Konsumperiode und den verfügbaren Geldbetrag gekennzeichnet ist. Kauf bedeutet Erlangen der Verfügungsmacht über ein Gut, Nichtkauf bedeutet zugleich Nichtbefriedigung des zugehörigen Bedürfnisses während der Konsumperiode. Ob und welche Auswirkungen diese Nichtbefriedigung auf das Entscheidungsverhalten des Individuums haben könnte, bleibt das später zu untersuchende Problem.

2. Begriff des Grenznutzens

Die Literatur unterscheidet zwei Grenznutzenbegriffe, die beide von einer marginalen Änderung der verwendeten Gutsmenge ausgehen:

a) der „unmittelbar abhängige Einzelnutzen“[6] bzw. der „Grenznutzen erster Art“[7] abstrahiert von Interdependenzen und betrachtet unter der c.-p.-Bedingung „den durch die letzte noch herangezogene Gutseinheit hervorgerufenen Zusatznutzen“[8];

b) der „mittelbar abhängige Einzelnutzen“[6] bzw. der „Grenznutzen zweiter Art“[7] stellt auf die Änderung des Gesamtnutzens durch Änderung der verwendeten Menge eines bestimmten Gutes um eine margi-

---

[5] Oder unter Verwendung der Definition von Rosenstein-Rodan: „Nutzen ist der Ausdruck der einem Gute im Zeitpunkt seines Erwerbes zugeschriebenen Eigenschaft, ein Bedürfnis zu befriedigen“, vgl. *Rosenstein-Rodan,* P. N.: „Grenznutzen“, Artikel im Handwörterbuch der Staatswissenschaften, 4. Aufl. Jena 1927, 4. Band, S. 1190 - 1223, S. 1191 1. Sp.

[6] *Rosenstein-Rodan:* (1927) S. 1192, 1. Sp.

[7] *Weber/Streißler:* (1964) S. 3, 1. Sp.

[8] *Samuelson,* Paul A.: Volkswirtschaftslehre, 3. Aufl. (nach der 5. amerikan. Aufl. 1961) Köln 1964, Bd. II, S. 43.

nale Einheit ab. Diese Grenznutzenbetrachtung schließt die Wirkungen sowohl von Nutzeninterdependenzen wie von Substitutionen ein, weil sie auf die c.-p.-Bedingung verzichtet[9].

Geht man von diesen auf den tatsächlich realisierten Grenznutzen abstellenden Formulierungen zu ausgabebezogenen über, so wird eine Dreiteilung erforderlich, weil zusätzlich die Ausgabeninterdependenz als Variable des Begriffsinhaltes zu berücksichtigen ist:

a) Bei dem Grenznutzen erster Art werden annahmegemäß Nutzeninterdependenzen zu dem variierten Gut A ausgeschlossen und alle anderen Konsumausgaben konstant gesetzt. Es wird nach der Gesamtnutzenänderung gefragt durch Änderung der Ausgaben für das Gut A um eine Geldeinheit. Es handelt sich um eine Budgetvariation unter c.-p.-Bedingung. Dementsprechend folgt die Gesamtnutzenänderung aus der Grenznutzenfunktion $U'(C_A)$:

$$U'(C_A) = f(C_A) \; . \tag{a}$$

b) Bei dem Grenznutzen zweiter Art sind Nutzeninterdependenzen zu dem variierten Gut A zugelassen:

$$U'(C_A) = f(C_A, Y_0, \bar{C}_K) \text{ für } K = B, C, \ldots N \tag{b}$$

wobei Y_0 das Budget im Entscheidungszeitpunkt (Beginn der Konsumperiode) meint.

c) Bei dem Grenznutzen dritter Art werden ohne c.-p.-Bedingung die Ausgaben für Gut A um eine Geldeinheit variiert. Da Nutzeninterdependenzen und Substitutionen zwischen den einzelnen Konsumausgabearten zulässig sind, ist die Änderung des Gesamtnutzens, der Grenznutzen also, das Ergebnis des Zusammenspiels von Ausgabeeffekt und Substitutionseffekten[10]. Kürzer formuliert: der Grenznutzen dritter Art ist die Änderung des Gesamtnutzens bei einer marginalen Änderung der Konsumausgabensumme (C_0) für alle Güter im Zeitpunkt t_0 [11]. Dem entspricht die Grenznutzenfunktion

$$U'(C_0) = f(C_0) \; . \tag{c}$$

---

[9] Vgl. insbesondere *Rosenstein-Rodan:* (1927) S. 1192.

[10] Vgl. *Morgenstern*, Oskar: Die drei Grundtypen der Theorie des subjektiven Wertes, in „Probleme der Wertlehre", Schriften des Vereins für Socialpolitik Bd. 183, I. Teil, hrsg. von Ludwig Mises und Arthur Spiethoff, München und Leipzig 1931, S. 1 - 42, S. 12 f.

[11] Vgl. *Samuelson:* (1964) Bd. II, S. 64, Fußnote 1.

3. Die Berücksichtigung des Zeitmomentes im Hinblick auf Konsumausgaben und Einkommen

Die Trennung der Nutzenüberlegungen vom Konsumakt und Verbindung mit der zugehörigen Ausgabe (= Begründung der Auszahlungsverpflichtung) ermöglicht es, einige Aspekte des Zeitmomentes auf vergleichsweise einfache Weise zu berücksichtigen[12] und drei verschiedene Zeitabschnitte zu unterscheiden:

a) die Konsumausgabenperiode (oder einfach Konsumperiode) ist gekennzeichnet durch den Zeitabstand zwischen zwei Konsumausgaben. Es ist zweckmäßig, einen größeren Zeitraum zu Grunde zu legen — Konsumausgaben also gedanklich auf Zeitpunkte zusammenzuziehen — um eine möglichst große Zahl regelmäßig wiederkehrender Ausgaben einzuschließen[13];

b) der übergeordnete Zeitabschnitt ist die Einkommensperiode, die eine oder mehrere Konsumperioden umfassen kann. Sie ist durch den Zeitabstand zwischen zwei Einzahlungen an das Individuum gekennzeichnet[14];

c) eine Wirtschaftsperiode[15] wiederum umfaßt eine oder mehrere Einkommensperioden. Ihre Unterscheidung von der Einkommensperiode ist dann erforderlich, wenn Dispositionen des Entscheidungsträgers über eine Einkommensperiode hinausreichen (z. B. Kauf dauerhafter Konsumgüter oder Bildung konsumbezogener Ersparnisse).

Daraus resultieren zwei Aufteilungsprobleme über die verfügbaren Mittel des Aktors im Entscheidungszeitpunkt t_0:

1. Wenn einerseits Einkommens- und Konsumausgabenperiode übereinstimmen und andererseits keine Ersparnis erfolgt, ist nur die optimale Aufteilung des Budgets auf die zu kaufenden Güter das Problem. Diese Frage ist in der Literatur ausführlich behandelt, die optimale Verteilung der verfügbaren Mittel wird durch das „Gesetz des Ausgleichs der gewogenen Grenznutzen“ oder das „Zweite Gesetz von Gos-

---

[12] Vgl. *Morgenstern,* Oskar: Das Zeitmoment in der Wertlehre, ZfN Bd. 5, 1934, S. 433 - 458, S. 440 - 446.

[13] Vgl. im einzelnen dazu *Morgenstern:* (1934) S. 443 f., *Münnich,* Frank: Wahlwahrscheinlichkeit und Präferenz, Jahrbücher für Nationalökonomie und Statistik Bd. 180, 1967, S. 244 - 264, S. 247 f., *Patinkin,* Don: Money, Interest and Prices. An Integration of Monetary and Value Theory, Second Edition New York 1965, S. 4, der z. B. auf die Woche abstellt.

[14] Z. B. Monat, Jahr, vgl. *Mayer,* Hans: Zur Frage der Rechenbarkeit des subjektiven Wertes, in: Wirtschaftstheorie und Wirtschaftspolitik, Festschrift für Alfred Amonn zum 70. Geburtstag, hrsg. von Valentin F. Wagner und Fritz Marbach, Bern 1953, S. 57 - 78, S. 78 Fußnote 24, *Morgenstern:* (1934) S. 440.

[15] Vgl. *Morgenstern:* (1934) S. 440, 446.

sen" gekennzeichnet[16]. Auf dieses Problem braucht daher nicht näher eingegangen zu werden, auch nicht auf die Aufteilung eines zu Beginn der Konsumperiode gekauften teilbaren Bestandes von einem Gut *A* auf die einzelnen Bedürfnisabschnitte (z. B. Tage) dieser Konsumperiode[17].

2. Wenn eine Einkommensperiode mehrere Konsumausgabenperioden oder eine Wirtschaftsperiode mehrere Einkommensperioden umfaßt, kommt die Verteilung des Einkommens bzw. der Einkommen auf die einzelnen Konsumperioden als Problem hinzu. Die bei diesem Aufteilungsvorgang für die unmittelbar bevorstehende Konsumperiode nicht zur Verausgabung disponierten Geldmittel heißen Ersparnis. Ohne hier bereits auf Einzelheiten einzugehen, sollen nach dem Sparzweck folgende Arten unterschieden werden:

a) Konsumtive Ersparnis: die Mittel werden im Entscheidungszeitpunkt t_0 im Hinblick auf einen ganz bestimmten konsumtiven Verwendungszweck zu einem bestimmten Zeitpunkt zurückbehalten. Morgenstern bezeichnet diese Ersparnis als Vordisposition[18]. Um Mißverständnisse auszuschalten, wird die zwar übliche, aber sachlich nicht zutreffende Gleichsetzung von konsumtiver und Zweckersparnis nicht vorgenommen[19]. Berücksichtigt man die Unsicherheit im Einkommensanfall und/oder in der Bedürfnisentstehung, dann ist die daraus resultierende Mittelreservierung (üblicherweise als „Vorsichtskasse" bezeichnet) hier einzuordnen: es handelt sich um konsumtive Ersparnis unter Unsicherheit (zur Kassenhaltung vgl. S. 64 ff.).

---

[16] Vgl. *Stackelberg*, Heinrich von: Grundlagen der theoretischen Volkswirtschaftslehre, 2. Aufl. Tübingen-Zürich 1951, S. 122 - 126, *Woll*, Artur: Allgemeine Volkswirtschaftslehre, 3. Auflage München 1971, S. 110 - 114, unter Verwendung des Lagrangefaktors *Henderson*, James M. und Richard E. *Quandt*: Mikroökonomische Theorie, Berlin und Frankfurt 1967, S. 17 f., *Allen*, R. G. D.: Mathematical Economics, Second Edition New York u. a. 1966, S. 658 f., *Schumann*, Jochen: Grundzüge der mikroökonomischen Theorie, Berlin, Heidelberg, New York 1971, S. 27 - 30.

[17] Diese Unterscheidung von Erwerb und Verteilung eines Güterbestandes findet sich bereits bei Pareto, vgl. *Bresciani-Turroni*, Costantino: Gegenwärtige Strömungen in der italienischen Wirtschaftswissenschaft, Weltwirtschaftliches Archiv Bd. 59, 1944, S. 173 - 209, S. 185, ferner *Münnich:* (1967) S. 247 Fußnote 8, *Hicks*, John R.: A Revision of Demand Theory, Oxford 1956, S. 36, zur zeitlichen Verteilung eines Güterbestandes vgl. *Fossati*, Eraldo: Über die dynamische Theorie und eine besondere Anwendung auf die Theorie des Nutzens, ZfN Bd. 12, 1948/49, S. 254 - 266, 262 - 264 (identisch mit der Festschrift für Hans Mayer, S. 122 - 126), *Bachmann:* (1963) S. 134 - 142.

[18] Vgl. *Morgenstern:* (1934) S. 447.

[19] So auch „*Sparmotive*, Sparziele und Sparneigung privater Haushalte. Ergebnis der Einkommens- und Verbrauchsstichprobe 1969", Wirtschaft und Statistik 1971, S. 137 - 142, S. 137 Fußnote 5.

b) Ein abstrakter Zweck hingegen liegt der Sparentscheidung zu Grunde in der Absicht, aus den Lebensphasen bedingte Einkommensunterschiede auszugleichen. Damit ist vor allem die Ersparnis zur Sicherung der Altersversorgung gemeint. Es handelt sich um eine als langfristig geplante Ersparnis unter Unsicherheit mit abstraktem Zweck. Realiter dazu kaum abgrenzbar, für die Diskussion der Grenznutzenfunktion jedoch (zunächst) zweckmäßig, ist die Unterscheidung einer dritten Art von Ersparnis:

c) Fehlt eine bestimmte Absicht über die spätere Verwendung der Mittel im Zeitpunkt der Ersparnisbildung, sprechen wir von residualer Ersparnis. Mangels derzeit „besserer" Verwendungsmöglichkeiten im Konsumbereich einerseits und ohne Verwendungszweck aus der Sicht des Entscheidungszeitpunktes t_0 andererseits ist diese Ersparnis Restgröße und nicht das Ergebnis einer zielbezogenen Disposition. Morgenstern spricht von „zweckanonymem" Sparen (1934, S. 447).

4. Nutzenmessung und individuelle Nachfragefunktion[20]

Es ist naheliegend, den vom Käufer erwarteten Nutzen durch den Geldbetrag zu messen, den er maximal für den Erwerb der Gütermenge aufwenden würde. Diesem Konzept der Nutzenmessung kann man ein aus der Sicht des Käufers unteilbares oder teilbares Angebot zu Grunde legen[21], wobei wir uns auf letzteres beschränken. Danach leitet sich die Grenznutzenfunktion $U'(X) = f(X)$ für das Gut A aus der individuellen Nachfragefunktion wie folgt ab. Der Preis P_A, für das Individuum als Datum anzusehen, wird fiktiv alternativ variiert, während sich das Individuum mit seiner Nachfragemenge anpaßt. Für die marginale Mengeneinheit wird der Schluß als zulässig angesehen, daß der von ihr erwartete Nutzen in Geldeinheiten gemessen gleich dem jeweiligen Preis

---

20 Zur Nutzenmessung vgl. u. a. *Rosenstein-Rodan:* (1927) S. 1205, *Weber/Streißler:* (1964) S. 4 - 7, *Schneeweiß*, Hans: Nutzenaxiomatik und Theorie des Messens, Statistische Hefte 4, 1963, S. 178 - 220, *Schneider*, Dieter: Die Preis-Absatz-Funktion und das Dilemma der Preistheorie, Zeitschrift für die gesamte Staatswissenschaft 122. Band, 1966, S. 587 - 628, S. 601 f., 613 f., *Krelle*, Wilhelm: Präferenz- und Entscheidungstheorie, Tübingen 1968, S. 10 f., *Gottinger*, Hans-Werner: Die Existenz einiger Klassen deterministischer Nutzenfunktionen, Jahrbücher für Nationalökonomie und Statistik Bd. 183, 1969, S. 97 - 124, S. 98 f., *Skala*, Heinz J.: Empirische Bedeutung und Nutzenmessung, Jahrbücher für Nationalökonomie und Statistik Bd. 184, 1970, S. 509 - 516.

21 Diese unabdingbare Unterscheidung fehlt bei *Porstmann*, weshalb seine Diskussion und Kritik der Nachfragefunktion von Marshall völlig fehlgeht, vgl. *Porstmann*, Reiner: Zur Theorie der Nachfrage unter besonderer Berücksichtigung des Konsumentenüberschusses, Berlin 1971, S. 180 - 187.

ist („Grenzwerttheorem"). Gilt diese Aussage, so folgt für die marginal ausgegebenen Geldeinheiten ein Geldgrenznutzen $u'(G)$ von $u'(X) / P_A = 1 = u'(G)$.

Für dieses Konzept der Nutzenmessung[22] spricht auf den ersten Blick, daß nicht die physisch/psychische Befriedigung gemessen werden soll, sondern nur die Erwartung des Individuums, welche die Motivstärke seiner Disposition über verfügbare Mittel für den Kauf einer teilbaren Gütermenge ist. Da die Gültigkeit des Grenzwerttheorems für jeden Punkt der individuellen Preis-Nachfragefunktion behauptet wird, folgt daraus eine Identifikation von Nachfrage- und Grenznutzenfunktion[23].

Die Problematik dieses Konzeptes liegt in zwei Arten von Interdependenzen: Nutzen- und Ausgabeninterdependenzen. Nutzeninterdependenzen liegen vor, wenn der für eine Kaufentscheidung maßgebende erwartete Nutzen als abhängig von anderen Dispositionen zur gleichen Zeit oder im Zeitablauf angesehen wird. Obwohl in der Annahme der Nutzenunabhängigkeit bereits eine erhebliche Einschränkung liegt[24], wird sie für die folgenden Ausführungen getroffen. Mit der Ausgabeninterdependenz ist hingegen der Verbund aller Ausgabenmöglichkeiten über den verfügbaren Mittelbetrag (Y_0) gemeint. Aus ihm resultieren folgende Fragen:

1. Sind die Nachfragefunktionen der zum Kauf erwogenen Güter in bezug auf das Budget kompatibel? Wenn ja, welche Beziehung besteht zwischen Nachfrage- und Grenznutzenfunktion für ein Gut, und läßt sich der Nutzen oder wenigstens der Grenznutzen durch einen Geldbetrag indirekt messen?

2. Läßt sich die explizite Berücksichtigung der Kompatibilität der Nachfragekurven z.B. mittels des Lagrangefaktors durch die Annahme ersetzen, daß der (Verwendungs-)Grenznutzen des Geldes konstant ist?

---

[22] Vgl. z. B. *Marshall*, Alfred: Handbuch der Volkswirtschaftslehre (nach der 4. engl. Aufl. 1898), Stuttgart und Berlin 1905, S. 140 - 142, 165 - 172 (bzw. Principles of Economics, 8. Aufl. (reprint 1956), London 1920, S. 79 - 84, 103 - 109), *Samuelson:* (1964) II, S. 45 - 48, 53, 56, 64 Fußnote 1 (bzw. Economics, Eighth Edition New York u. a. 1970, S. 412 - 414, 417), *Rosenstein-Rodan:* (1927) S. 1205.

[23] Die Verbindung zwischen Grenznutzen- und Nachfragefunktion wird nur von Samuelson ausführlich (unter Andeutung der einschränkenden Prämissen) gebracht, ferner *Henderson/Quandt:* (1967) S. 7 f., kursorisch *Woll:* (1971) S. 105, im übrigen wird die individuelle Nachfragefunktion mit Hilfe der Indifferenzkurvenanalyse abgeleitet, vgl. z. B. *Woll:* (1971) S. 116 - 119, *Schumann:* (1971) S. 40 - 43, *Sauermann*, Heinz: Einführung in die Volkswirtschaftslehre, 2. Band Wiesbaden 1964, S. 50 f., *Schneider*, Erich: Einführung in die Wirtschaftstheorie, II. Teil, 8. Aufl. Tübingen 1963, S. 20 - 22.

[24] Vgl. *Schneider*, D.: (1966) S. 597, 599 - 602, 617 - 623, zu den neueren Ansätzen der Ermittlung unabhängiger Nutzenfunktionen für Bedarfsgruppen (Güterbündel) vgl. *Gottinger*, Hans Werner: Beiträge zur funktionalen Separabilität bei Nutzenfunktionen, Zeitschrift für die gesamte Staatswissenschaft 125. Band, 1969, S. 406 - 436, 606 - 623.

Die Fragen sind gesondert danach zu erörtern, ob in der betrachteten Konsumausgabenperiode Ersparnis gebildet wird oder nicht.

a) Fall I: Die Summe aller Konsumausgaben (C_0) ist gleich dem Verfügungsbeitrag (Y_0)

ad 1. Kompatibilität der Nachfragefunktionen besagt, daß für alle möglichen Kombinationen der Güterpreise P_K mit $K = A, B, \ldots N$ die Summe (C_0) aller Konsumausgaben (C_K) stets gleich dem Verfügungsbetrag Y_0 ist[25]. Berücksichtigt man die Kompatibilität, erweist sich die Identifikation von Nachfrage- und Grenznutzenfunktion als unhaltbar. Das zeigt bereits folgende Überlegung: bei einem *alternativ*[26] niedrigeren Preis P_A im elastischen Bereich der Nachfragekurve $(-\infty < -\eta < -1)$ ist die Grenzausgabe ΔC_A positiv, so daß die für Gut A aufgewandte Ausgabe C_A zunimmt, während sie im unelastischen Bereich $(-1 < -\eta < 0)$ abnimmt[27]. Die zusätzlich benötigten Mittel einer positiven Grenzausgabe ΔC_A werden bis zum Ausgabenmaximum von C_A zunehmend wichtigeren anderen Verwendungsarten entzogen, d. h. der hinter den Geldeinheiten der positiven Grenzausgabe stehende Verzichtnutzen steigt (bzw. fällt bei einer Preissenkung im unelastischen Bereich der Nachfragekurve). Die kompatible Nachfragekurve liegt daher unter der mit der Grenznutzenkurve identifizierten Nachfragekurve. Dieses Ergebnis ist das genaue Gegenteil zum Ansatz von Hicks[28]. Zutreffend ist zwar, daß beim Kauf der gleichen Menge zu einem vergleichsweise niedrigeren Preis Mittel verfügbar bleiben (S. 188 unten), übersehen wird aber, daß die mengenmäßige Ausdehnung auf Grund der Preissenkung im elastischen Bereich der Nachfragefunktion darüber hinaus zusätzliche Mittel beansprucht. Die „Grenzbewertung" — damit ist der Geldbetrag gemeint, den man bei *sukzessivem* Angebot für eine weitere Gütereinheit maximal zahlen würde — erhöht sich also nicht, wie Hicks vorträgt, sondern verringert sich. Der Effekt, daß sich die zusätzlichen Mittel bei einer Abfolge positiver Grenzausgaben bis zum Ausgabenmaximum von C_A stetig „verteuern", ist noch stärker, wenn anstelle alternativer Preissetzungen sukzessive Preissetzungen mit fallendem Preis P_A betrachtet

---

[25] Vgl. *Morgenstern*, Oskar: Demand Theory Reconsidered, The Quarterly Journal of Economics Vol. 62, 1948, S. 165 - 201, S. 173, auch abgedruckt in „Spieltheorie und Wirtschaftswissenschaft", Wien-München 1963, S. 129 - 182 (mit störenden Druckfehlern in den Formeln), S. 140.

[26] Zur alternativen und sukzessiven Preisstellung vgl. im Anhang S. 186 f.

[27] Zu den Beziehungen zwischen mengenmäßiger und monetärer Nachfrage vgl. *Schneider*, E.: (1963) S. 36 - 44, *Woll:* (1971) S. 92 - 95.

[28] *Hicks*, John R.: Vier Arten der Konsumentenrente, in: „Konsum und Nachfrage", hrsg. von Erich von Monika Streissler, Köln und Berlin 1966, S. 187 - 201, S. 188 f. (Quelle: Review of Economic Studies Bd. 11, 1943, S. 31 bis 41). Hicks geht von sukzessiver anstelle der üblichen alternativen Preisstellung des Anbieters aus.

werden[29], die dazu führen, daß das Individuum (z. T.) seine Konsumentenrente an den Verkäufer bezahlt.

Der rechnerische Nachweis wird in Anhang I (S. 183) geführt. Dort wird von zwei linearen, unabhängigen Grenznutzenfunktionen für zwei Güter *A* und *B* ausgegangen (Gleichungen (1) und (2)). Wird die Kompatibilität der Nachfragekurven nicht beachtet, können die Grenznutzenfunktionen mit den Nachfragefunktionen identifiziert werden (Gleichung (6) für Gut *A*). Bei Beachtung des Ausgabenverbundes hingegen ergibt sich die Nachfrage nach Gut *A* als Funktion der Güterpreise, des Budgets und der Bedürfnisstruktur in bezug auf die angebotenen Güter, vertreten durch die Grenznutzenfunktionen (Gleichung (5)). Das gerechnete Beispiel zeigt für *alternative* Werte des Preises P_A anschaulich die „Verteuerung" des Geldes (repräsentiert durch den Knappheitsfaktor α) mit steigender Ausgabensumme C_A für Gut *A*. Das Maximum von α und von C_A liegt bei dem gleichen Preis (Gleichungen (9) und (10)). Für irgendeinen Preis P_A mit $a > P_A > 0$ (wobei a der erste Parameter der linearen Grenznutzenfunktion des Gutes *A* ist) ist die nachgefragte Menge bei Beachtung der Kompatibilität kleiner als ohne ihre Berücksichtigung. Mithin kann aus einer unter Beachtung der Kompatibilität ermittelten Nachfragefunktion nicht einfach durch Identifikation auf die zugehörige Grenznutzenfunktion geschlossen werden. Für einen Punkt dieser kompatiblen Nachfragefunktion muß der zugehörige Knappheitsfaktor α (mit $\alpha > 1$[30]) bekannt sein, denn erst das Produkt $P_A \cdot \alpha$ läßt auf den erwarteten Nutzen $u'(X)$ aus der marginalen Einheit der zu diesem Preis gekauften Menge schließen. Die Ermittlung des Knappheitsfaktors setzt aber die Kenntnis der Grenznutzenfunktionen bereits voraus!

Die früher als Grenzwerttheorem bezeichnete Aussage, daß der Grenznutzen in Geldeinheiten gemessen gleich dem Preis der Gütereinheit sei, erweist sich als tautologische Formalaussage. Wie die Funktion für den Knappheitsfaktor α zeigt (Anhang I Gleichung (4)), steht hinter dem ausgewiesenen Geldgrenznutzen $u'(G) = u'(X)/P_A = 1$ tatsächlich ein ganz unterschiedlicher Nutzen der marginalen Geldeinheit, der nach dem Grenzwerttheorem nicht expliziert wird.

---

29 Zum sukzessiven Preisangebot vgl. *Morgenstern:* (1948) S. 169 - 172 (die deutsche Fassung (1963) S. 135 - 139 ist unbrauchbar). Eine Kritik der Argumentation *Morgensterns* findet sich im Anhang II, S. 186. Die „Grenzbewertung" von Hicks setzt ebenfalls sukzessive Preisstellung voraus, um die Konsumentenrente und damit Ausgabeninterdependenzen zu explizieren (*Hicks* selbst S. 188 oben, *Morgenstern:* (1948) S. 169 f.). Die gleich anschließende Annahme, daß der Marktpreis einheitlich gegeben ist (S. 188 Mitte), ist damit unvereinbar.

30 Die Begründung für $\alpha > 1$ wird erst im Laufe der Diskussion im 2. Kapitel entwickelt.

Da der Grenznutzen des Geldes, vertreten durch α, für alle möglichen Preisstellungen von P_A nicht konstant ist, fehlt zugleich die gesuchte konstante Maßeinheit[31].

ad 2. Um diese konstante Maßeinheit zu gewinnen und eine explizite Berücksichtigung der Kompatibilität zu umgehen, liegt es nahe, konstanten Grenznutzen des Geldes in bezug auf Änderungen des Preises P_A bei gegebenem Budget B anzunehmen[32]. Aus dieser Annahme folgt — da wir den Fall $C_0 = Y_0$ behandeln — daß die Konstanz des Geldgrenznutzens (identisch mit α[33]) zumindest für einen Geldbetrag im Umfang der maximalen Ausgabe C_A für das preisvariierte Gut A gegeben sein muß. Die c.-p.-Bedingung im Zusammenhang mit der individuellen Nachfragefunktion[34] bedarf einer speziellen inhaltlichen Auslegung, wenn mit der Nachfragefunktion die Nutzenmessung verbunden wird: implizit regulierende Variable[35] ist jetzt die Geldverwendung mit einem konstanten Nutzen je Geldeinheit genau gleich dem durch das Budget realisierten Grenznutzenniveau α.

Version 1 hätte zu unterstellen, daß zur Finanzierung der preisbedingten Änderung der Ausgabe C_A anteilig alle anderen Ausgaben C_K (mit $K = B, C, \ldots N$) herangezogen werden. Die offensichtliche

---

31 Auf diese Weise — mit dem aktuellen Geldgrenznutzen des Budgets — ist daher eine Messung des Nutzens in Geldeinheiten nicht möglich, wie bereits Hirsch — aus der Sicht der Einkommenstheorie des Geldes besonders naheliegend — argumentierte; vgl. *Hirsch,* Willy: Grenznutzentheorie und Geldwerttheorie (unter besonderer Berücksichtigung der „österreichischen" Schule), Jena 1928, S. 46 - 48, 62 (ohne nach dem elastischen und unelastischen Bereich der Nachfragekurve zu trennen); vgl. auch *Illy,* Leo: Das Gesetz des Grenznutzens. Untersuchung über die Wirtschaftsrechnung des Konsumenten, Wien 1948, S. 53 - 59, 149, 158 f., 161 f.

32 Vgl. *Marshall:* (1905) Anm. VI S. 687; S. 172 wird die Bedeutung dieser Annahme als nicht erheblich dargestellt. Dabei ist strittig, worauf sich die Konstanz des Geldgrenznutzens bei Marshall bezieht: auf eine Preisänderung bei gegebenem Budget oder auf eine Budgetänderung bei gegebenen Preisen; vgl. dazu *Samuelson,* Paul A.: Constancy of the marginal utility of income, in: Studies in Mathematical Economics and Econometrics. In Memory of Henry Schultz, edited by Oscar Lange u. a., Chicago 1942, S. 75 - 91, S. 78, 80. *Patinkin,* Don: Demand Curves and Consumer's Surplus, in: Measurement in Economics. Studies in Mathematical Economics and Econometrics. In Memory of Yehuda Grunfeld, by Carl F. Christ u. a., Stanford/California 1963, S. 83 - 112, S. 106 - 108. *Samuelson:* (1964) II S. 46, 48, 64 (r. Sp.) geht von $\partial \alpha / \partial P_A =$ konstant aus, *Henderson/Quandt:* (1967) S. 8 von $\partial \alpha / \partial Y_0 =$ konstant aus. Unklar ist die Formulierung bei *Morgenstern:* (1948) S. 168 (bzw. 1963, S. 132), der anscheinend die Konstanz auf den Grenznutzen des preisvariierten Gutes A bezieht, also $\partial u'(X) / \partial X =$ konstant.

33 Vgl. *Samuelson,* Paul A.: Foundations of Economic Analysis, Cambridge/Mass. 1947, S. 192, *Pearce,* I. F.: A Contribution to Demand Analysis, Oxford 1964, S. 44.

34 Vgl. bereits *Marshall:* (1905) S. 171, im übrigen zu ihrer inhaltlichen Problematik D. *Schneider:* (1966) S. 591 - 598, 608 - 612.

35 Vgl. D. *Schneider:* (1966) S. 593 f.

Änderung in der Verteilung der Budgetmittel muß annahmegemäß ohne Einfluß auf α bleiben, was mit dem fallenden Grenznutzen der einzelnen Geldverwendungsarten im Konsumbereich unvereinbar ist.

Verfolgt man daher die Konsequenzen der Annahme, so wird (zumindest im relevanten Bereich) für alle Güter des Budgets konstanter Grenznutzen in bezug auf eine Variation des Ausgabenbetrages C_K für jedes Gut behauptet[36]. Ferner resultiert aus dieser Annahme, wie Samuelson gezeigt hat, für alle Güter eine Einkommenselastizität von + 1[37] und eine Nachfrage-Preiselastizität von − 1[38]. Darüber hinaus folgt aus der Annahme konstanten Grenznutzens des Geldes in bezug auf eine Preisvariation zwingend eine Abnahme des Geldgrenznutzens in bezug auf eine Variation des Budgets[39].

Der Wert des „konstanten" Grenznutzens ist in der Version 1 also situationsabhängig[40], erst gleichzeitig mit dem aufgeteilten Budget bekannt, und der Bereich der Konstanz ist mit der jeweiligen Budgetgrenze verknüpft.

Version 2 schränkt die Annahme der Konstanz des Geldgrenznutzens auf ein Gut, im folgenden N bezeichnet, ein. Es sind zwei Unterfälle danach zu unterscheiden, ob das Niveau des konstanten Grenznutzens endogen oder exogen festgelegt wird.

Unterfall 21. Es wird angenommen, daß innerhalb des realisierten Budgets eine residuale Geldverwendungsart existiert, deren Nutzen je dafür verwendeter Geldeinheit gerade gleich dem aktuellen Grenznutzenniveau α des Budgets ist. Nachdem also das Ergebnis der Budgetverteilung bekannt ist, wird dem Gut N ein preisbezogener (hier identisch mit ausgabenbezogener) Grenznutzen $\alpha_N = \alpha$ zugeschrieben. Das von Samuelson nachgewiesene Ergebnis[41] ist offensichtlich: eine Erhöhung

---

[36] Der Nachweis kann mit dem allgemeinen Beispiel aus Anhang I gebracht werden. Gleichung (4) für α wird nach P_A differenziert und die Ableitung gleich Null gesetzt. Die Bedingung $\partial \alpha / \partial P_A = 0$, die der Version 1 zu Grunde liegt, ist nur dann erfüllt, wenn b und d, die Steigungsparameter der linearen Grenznutzenfunktionen, gleich Null sind:

$$(41) \qquad \partial \alpha / \partial P_A = \frac{abdP_B^2 - ad^2 P_A^2 + 2\,bd^2\,BP_A - 2\,bcdP_A\,P_B}{d^2\,P_A^2\,P_{\mathrm{A}}^2}$$

Die Symbole sind im Anhang I unter Ziffer 1) (S. 183) erklärt.

[37] Vgl. *Samuelson:* (1942) S. 81.

[38] Vgl. *Samuelson:* (1942) S. 82.

[39] Vgl. *Samuelson:* (1942) S. 79 (das Symbol m_ϕ entspricht unserem α, S. 75 unten).

[40] D. h. abhängig vom Bedürfnissystem (vertreten durch die Grenznutzenfunktionen), dem Budgetvolumen und den Güterpreisen.

[41] *Samuelson:* (1942) S. 85, Gleichung (46).

der verfügbaren Mittel muß vollständig für das Gut N verwendet werden, weil hier der Nutzen je Geldeinheit konstant ist, während er in den anderen Verwendungsarten abnimmt. Dieses Ergebnis ist die Folge des bereits im Ansatz abwegigen Unterfalles 21[42].

Ein weiterer Einwand kommt aus der Unverträglichkeit der das Meßkonzept stützenden Annahmen mit dem rationellen Verteilen der verfügbaren Mittel über die Zeit. Stellt z. B. das Individuum fest, daß die für t_0 und t_1 geplanten Budgets unterschiedliche Budgetgrenznutzen ($\alpha_0 \neq \alpha_1$) aufweisen, so kann ein Ausgleich in der relativen Knappheit durch eine zeitliche Umverteilung der Mittel nur erzielt werden, wenn das Meßkonzept suspendiert wird.

Unterfall 22. Es wird angenommen, daß es ein Gut N mit konstantem Nutzen (e) je Mengeneinheit gibt. Ob dieses Gut bei der Budgetaufteilung berücksichtigt wird oder nicht, hängt von dem preisbezogenen Nutzen $\alpha_N = e/P_N$ im Verhältnis zum realisierbaren Budgetgrenznutzen α ab. Bei den Ausführungen von Samuelson (1942, S. 84 - 86) ist nicht klargestellt, ob der Fall 21 oder 22 diskutiert wird, da nicht zwischen dem Budgetgrenznutzen α und dem preisbezogenen Grenznutzen α_N des Gutes N unterschieden wird. Es ist daher notwendig, für den Unterfall 22 einen eigenen Ansatz zu formulieren, um eindeutige Aussagen und die Ausgangsbasis für den Fall II (positive Ersparnisbildung) zu erhalten.

Exkurs: Die Funktion für den Budgetgrenznutzen α bei Existenz eines Gutes N mit konstantem Grenznutzen

1. Symbole und Grundgleichungen:

A, B, N	=	drei unabhängige Güter, d. h. es besteht keine Nutzeninterdependenz
X, Y, Z	=	Mengen der Güter A, B, N
P_A, P_B, P_N	=	Preise der Güter A, B, N
B	=	Budget zum Kauf der Güter A, B und N
α	=	Lagrangefaktor; der Verwendungsgrenznutzen bei Erhöhung des Budgets um eine Geldeinheit
a, b	=	Parameter der linear fallenden Grenznutzenfunktion für Gut A
c, d	=	dto. für Gut B
e	=	der konstante Grenznutzen je Einheit des Gutes N
$\alpha_N = e/P_N$	=	der preisbezogene Grenznutzen des Gutes N

[42] *Samuelson:* (1942) S. 85: „... all empirical budgetary studies show this hypothesis to be absurd.“

Die Gesamtnutzenfunktion lautet

(4) $$U_0 = aX - \frac{b}{2} X^2 + cY - \frac{d}{2} Y^2 + eZ - \alpha (P_A X + P_B Y + P_N Z - B)$$

Die partiellen Ableitungen, die gleich Null gesetzt werden, lauten

(5) $$\partial U_0/\partial X = 0 = a - bX - \alpha P_A$$

(6) $$\partial U_0/\partial Y = 0 = c - dY - \alpha P_B$$

(7) $$\partial U_0/\partial Z = 0 = e - \alpha P_N$$

(8) $$\partial U_0/\partial \alpha = 0 = -(P_A X + P_B Y + P_N Z - B)$$

2. Gefragt ist nach den Nachfragemengen X bzw. Y, bei denen die preisbezogenen Grenznutzen gleich dem konstanten Grenznutzen $\alpha_N = e/P_N$ sind, bei denen also $\alpha = \alpha_N$ gilt.

(5a) $$\alpha = (a - bX)/P_A$$

(6a) $$\alpha = (c - dY)/P_B$$

(7a) $$\alpha = e/P_N$$

Aus der Gleichsetzung von (5a) und (7a) folgt

(9) $$X = (aP_N - eP_A)/bP_N$$

(9) gibt für Gut A die Sättigungsmenge in bezug auf den mit alternativer Geldverwendung für Gut N erzielbaren Nutzen an. Das zeigt sich, wenn man die Ausgangsbedingung $\alpha = \alpha_N$ mit (7a) verbindet und nach P_N auflöst:

(10) $$P_N = e/\alpha_N \; .$$

In (9) eingesetzt folgt

(11) $$X = a/b - \alpha_N P_A/b \; .$$

Der alternativ je Geldeinheit erzielbare Nutzen α_N limitiert also die Nachfrage nach X.

Die entsprechende Sättigungsmenge für Gut B ergibt sich durch Gleichsetzung von (6a) und (7a) und Auflösung nach Y mit

(12) $$Y = (cP_N - eP_B)/dP_N \; .$$

Die Nachfrage nach Gut N ist von den Relationen a/P_A und c/P_B zu e/P_N und dem Budgetvolumen B abhängig. Ist $a/P_A < e/P_N$ und $c/P_B < e/P_N$, wird nur Gut N nachgefragt.

Sind die Relationen umgekehrt, ist die Nachfrage nach N Restgröße bei ausreichendem Budget. Lösen wir (8) nach Z auf, erhalten wir

$$Z = (B - P_A X - P_B Y)/P_N \; . \tag{13}$$

Werden für X und Y die Sättigungsmengen (9) und (12) eingesetzt, ergibt sich

$$Z = \frac{bdP_N B - dP_A (aP_N - eP_A) - bP_B (cP_N - eP_B)}{bdP_N P_N} \tag{14}$$

3. Die Funktion für den Budgetgrenznutzen α

Aus Gleichung (7) wird (7b) $P_N = e/\alpha$ in (8) eingesetzt und nach X aufgelöst:

$$X = (B - P_B Y - Ze/\alpha)/P_A \; . \tag{15}$$

Um Y zu ersetzen, wird (7b) in (12) eingesetzt und nach Y aufgelöst:

$$Y = (c - \alpha P_B)/d \; . \tag{16}$$

In (15) eingesetzt ergibt für X

$$X = (\alpha dB - \alpha P_B (c - \alpha P_B) - deZ)/\alpha dP_A \; . \tag{17}$$

Setzen wir (17) für X in Gleichung (5) ein, erhalten wir

$$\alpha^2 (dP_A^2 + bP_B^2) - \alpha (adP_A + bcP_B - bdB) - bdeZ = 0 \; . \tag{18}$$

Nach α aufgelöst ergibt sich die gesuchte Funktion für den Budgetgrenznutzen:

$$\alpha_{(1/2)} = \frac{(adP_A + bcP_B - bdB)}{2\,(dP_A^2 + bP_B^2)} \pm \\ \pm \frac{\sqrt{(adP_A + bcP_B - bdB)^2 + 4\,bdeZ\,(dP_A^2 + bP_B^2)}}{2\,(dP_A^2 + bP_B^2)} \tag{19}$$

Gleichung (19) weist den Budgetgrenznutzen α als abhängig aus von der Bedürfnisstruktur (= den Parametern der Grenznutzenfunktionen), den Preisen, dem Budgetumfang und der Menge Z des Gutes N.

Setzt man in (19) für Z die Gleichung (14) ein, ergibt sich nach einigem Umformen

$$\alpha_{(1/2)} = \\ = \frac{P_N (adP_A + bcP_B - bdB) \pm \{P_N (adP_A + bcP_B - bdB) - 2\,e\,(dP_A^2 + bP_B^2)\}}{2\,P_N (dP_A^2 + bP_B^2)} \tag{20}$$

Daraus folgt für $\alpha_{(1)}$ und $\alpha_{(2)}$

(20a) $$\alpha_{(1)} = \frac{(adP_A + bcP_B - bdB)}{dP_A^2 + bP_B^2} - e/P_N$$

für das „knappe Budget“, gekennzeichnet durch $Z < 0$ und

(20b) $$\alpha_{(2)} = e/P_N$$

für das „ausreichende“ und „reichliche Budget“, gekennzeichnet durch $Z \geq 0$.

Der Nachweis dafür läßt sich wie folgt führen. Gleichung (8) wird nach B aufgelöst und für X bzw. Y die Gleichungen (9) und (12) eingesetzt. Für B erhält man dann

(21) $$B = \frac{dP_A(aP_N - eP_A) + bP_B(cP_N - eP_B) + bdP_N^2 Z}{bdP_N}$$

(21) in (20a) eingesetzt ergibt

(20aa) $$\alpha_{(1)} = -\frac{bdP_N Z}{(dP_A^2 + bP_B^2)}.$$

Nur bei negativem Z hat $\alpha_{(1)}$ nach (20aa) einen positiven Wert, ist $\alpha_{(1)}$ ökonomisch sinnvoll. Z ist nach (14) negativ, wenn die Ausgabensumme für die auf den Geldnutzen von Gut N bezogenen Sättigungsmengen der anderen Güter (hier A und B) das Budget bereits überschreiten würde.

Die Gegenüberstellung von (20a) in Verbindung mit (20aa) mit (20b) zeigt folgenden sachlichen Unterschied: der konstante Geldgrenznutzen e/P_N ist nach (20b) in jedem Fall eine Lösung unabhängig von dem Versorgungsstand. Das ist die Folge des eingeführten Gutes N, so daß $\alpha_N = e/P_N = \alpha_{(2)}$ gilt. (20a) weist hingegen mit $\alpha_{(1)}$ nicht mehr eine „absolute Knappheit“ aus, sondern die Knappheit in bezug auf den mit alternativer Geldverwendung erzielbaren Geldnutzen e/P_N[43]. Bezeichnen wir $\alpha_{(1)}$ als „relative Knappheit“, so liegt diese nur so lange vor — ist $\alpha_{(1)}$ nur dann positiv — wie das Budget bei gegebener Bedürfnisstruktur und gegebenen Preisen nicht ausreicht, Einheiten von Gut N zu kaufen. Das „ausreichende Budget“ ist daher dadurch gekennzeichnet, daß Z gerade gleich Null ist. In diesem Fall ist die relative Knapp-

[43] Für den Budgetgrenznutzen α, der bisher im Mittelpunkt der Diskussion stand, gilt daher $\alpha = \alpha_{(1)} + \frac{e}{P_N}$.

heit nach (20a) gleich Null, der Budgetgrenznutzen (absoluter Stand) nach (20b) mit $\alpha_{(2)}$ gleich e/P_N[44].

Die im Anhang I entwickelte Gleichung (4) hingegen — identisch mit dem ersten Summanden von (20a) — trennt in Übereinstimmung mit der Literatur nicht zwischen relativer und absoluter Knappheit mit der Folge, daß bei reichlichem Budget Gütermengen bis zum Grenznutzen von Null (physisch/psychische Sättigungsmengen) gekauft werden. Die Einführung eines Gutes mit konstantem Grenznutzen hingegen maximiert den Gesamtnutzen aus der Verwendung der Budgetmittel unter Berücksichtigung dieser residualen Geldverwendungsmöglichkeit[45].

Fassen wir den Exkurs zusammen:

a) Gleichung (20) gibt den Budgetgrenznutzen α an, abhängig unter anderem von dem Budgetvolumen.

b) Sind die Mittel knapp, drückt $\alpha_{(1)} = \alpha - \alpha_N$ mit $\alpha_N = e/P_N$ den Knappheitsgrad in bezug auf die residuale Geldverwendung mit konstantem Geldgrenznutzen α_N aus.

c) Sind die Mittel ausreichend oder reichlich, gilt $\alpha = \alpha_N$. Gütermengeneinheiten mit zwar positivem Geldgrenznutzen, der aber $< \alpha_N$ ist, werden bei der Zielsetzung der Nutzenmaximierung nicht mehr gekauft.

d) Bei linear fallenden Grenznutzenfunktionen für die Güter A bis M[46] und konstantem Grenznutzen für N hat der Verlauf des relevanten Budgetgrenznutzens α einen Knick[47]:

e) Nicht von vornherein wird konstanter Geldgrenznutzen α_N des Gutes N mit dem aktuellen Budgetgrenznutzen α gleichgesetzt[48], vielmehr wird erst ermittelt, ob in der gegebenen Situation $\alpha > \alpha_N$ oder $\alpha = \alpha_N$ gilt.

---

44 Geht man von (19) aus, folgt mit $Z = 0$ gerade umgekehrt für $\alpha_{(1)} = e/P_N$ und $\alpha_{(2)} = 0$. Diese Umkehrung hängt mit der Reihenfolge der Vorzeichen der Wurzel und von Z zusammen und ist sachlich ohne Bedeutung.

45 Das analoge Problem findet sich bei der Zielsetzung der Gewinnmaximierung wieder. Wie Pack zutreffend ausführt, ist der Gewinn nach Abzug von kalkulatorischen Kosten auf das Eigenkapital zu maximieren. Bei Heinen hingegen ist die Frage nicht eindeutig behandelt. Vgl. *Pack*, Ludwig: Maximierung der Rentabilität als preispolitisches Ziel, in: „Zur Theore der Unternehmung", Wiesbaden 1962, S. 124 f., *Heinen*, Edmund: Das Zielsystem der Unternehmung, Wiesbaden 1966, S. 61, 64.

46 Ein Gut K fällt in den Begehrskreis, wenn die Voraussetzung erfüllt ist, daß der preisbezogene Funktionsparameter $a_K/P_K > e/P_N$ ist.

47 α fällt mit zunehmendem B linear, wie die Ableitung von (20a) zeigt: $\partial \alpha_{(1)}/\partial B = -bd/(dP_A^2 + bP_B^2)$.

48 Vgl. z. B. *Samuelson:* (1942) S. 84, Gleichung (43).

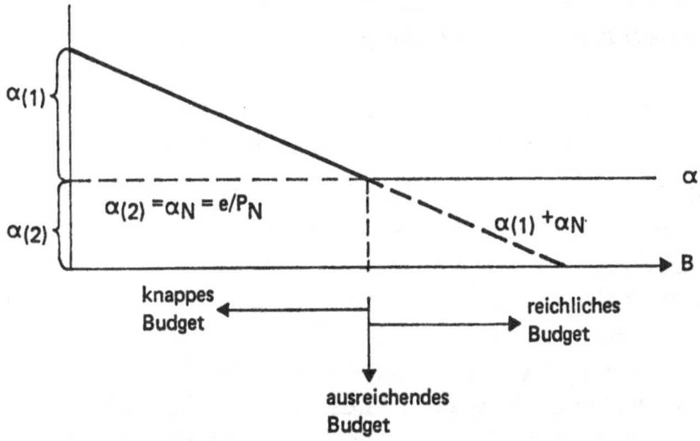

f) Nur wenn $\alpha = \alpha_N$, liegen überhaupt die Voraussetzungen vor, daß der Geldgrenznutzen in bezug auf eine Preisänderung (hier Preissenkung im elastischen Bereich der Nachfragefunktion mit der Folge zusätzlichen Mittelbedarfes für die positive Grenzausgabe) oder eine Budgetänderung konstant bleiben könnte. Eine eindeutige Aussage ist nur unter Berücksichtigung des Umfanges der Änderung möglich.

g) Die bisherigen Interpretationen der „constancy of marginal utility of money" haben das Problem nicht erschöpfend analysiert. Die von vornherein für jeden Budgetumfang, im Niveau aber erst nach Rechnung festgelegte Konstanz des Geldgrenznutzens muß bei Aufdeckung der impliziten Zusammenhänge die Unhaltbarkeit dieses Vorgehens zeigen[49].

h) Die literaturüblichen Ansätze zur Maximierung des Nutzens unter einer finanziellen Beschränkung lassen den Güterkauf bis zu einem Grenznutzen von Null zu[50]. D. h. mit zunehmendem Budget verringert sich der Wert des Geldes gegen Null. Die Handlungsmöglichkeit, Geld mangels „besserer" Verwendungsmöglichkeit in der Kasse zu belassen, ist also entweder nicht berücksichtigt, oder das Geld

[49] Vgl. vor allem *Samuelson:* (1942) und (1947) S. 189 - 195.

[50] Die nutzenmaximierenden Gütermengen werden dabei aus den partiellen Ableitungen in der Art wie Gleichung (5) und (6) ermittelt, vgl. *Allen:* (1966) S. 658 f., *Henderson/Quandt:* (1967) S. 17, *Schumann:* (1971) S. 28, *Ott*, Alfred E.: Grundzüge der Preistheorie, Göttingen 1968, S. 91, *Krelle*, Wilhelm: Die „Neue Österreichische Schule" in der Nationalökonomie (Bemerkungen zu: Neue Beiträge zur Wirtschaftstheorie, Festschrift anläßlich des 70. Geburtstages von Hans Mayer, Wien 1949), Jahrbücher für Nationalökonomie und Statistik, Bd. 164, 1952, S. 454 - 465, S. 458 f., *Jüttner*, D. Johannes: Zur Geldtheorie Don Patinkins, Berlin 1971, S. 39 f. Die Ergebnisse des Exkurses legen es demgegenüber nahe, die finanzielle Beschränkung nicht einfach mit α an die Gesamtnutzenfunktion anzuschließen, sondern mit $\alpha_{(1)}$.

wird (implizit) als wertlos behandelt. Damit haben wir den Übergang zur Situation mit positiver Ersparnis erreicht.

b) Fall II: Die Summe aller Konsumausgaben (C_0) ist kleiner als der Verfügungsbetrag (Y_0)

Die mit $C_0 < Y_0$ definierte Situation ist durch Bildung einer positiven Ersparnis in der Konsumperiode gekennzeichnet. Der Einbezug der Ersparnisbildung in die Optimierungsüberlegungen der Haushaltstheorie ist wenig befriedigend. Soweit nicht ganz auf eine Analyse verzichtet wird[51], bedient man sich der Indifferenzkurvenanalyse zur Erläuterung des Sparvorganges in einem Zwei-Perioden-Modell[52]. Eine ausführlichere Problembehandlung findet sich bei Henderson/Quandt und Pearce[53], während Patinkin über die Erklärung des Sparvorganges hinausgreifend bereits kompliziertere Zusammenhänge zu erfassen sucht[54].

In diesem mehr einleitenden Abschnitt werden nur Vorfragen behandelt. Dazu greifen wir auf die bereits getroffene Unterteilung der Ersparnis zurück und unterscheiden zwei Fälle.

1. Unterfall: Bei der Ersparnis der betrachteten Konsumperiode handelt es sich um konsumtive Ersparnis (konkreter Sparzweck). Diese Ersparnis $S_{0(C_t)}$ ist das Ergebnis der Abwägung der gegenwärtigen mit den zukünftigen Bedürfnissen aus der Sicht des Entscheidungszeitpunktes t_0. Da ein konkreter konsumtiver Verwendungszweck zu einem späteren Zeitpunkt besteht, kann die konsumbezogene Ersparnis wie ein Gut neben den anderen Konsumgütern im Begehrskreis des Individuums angesehen werden. Zu klären ist dabei, wie die künftigen Bedürfnisse bei der Konkurrenz um das Budget Y_0 gewertet werden.

Wie bisher ist auch im 1. Unterfall auf die Kompatibilität der Nachfragefunktionen auf Grund der Ausgabeninterdependenz zu achten[55]. Die Ansicht, daß der Ausgleich einer preisänderungsbedingten Variation der Konsumausgabe C_A durch eine Anpassung der Konsumausgabensumme C_0 zu Lasten/zu Gunsten der Ersparnis S_0 ein konstantes Realeinkommen gewährleiste[56], kann nicht geteilt werden, und selbst bei

---

[51] So z. B. Erich *Schneider:* (1963), *Sauermann:* (1964), *Samuelson:* (1964) Bd. II, *Watson,* Donald Stevenson: Price Theory and its Uses, Boston u. a. 1963.

[52] Vgl. Irving *Fisher:* (1932) S. 195 - 210, *Stackelberg:* (1951) S. 130 - 141, *Woll:* (1971) S. 226 - 231.

[53] *Henderson/Quandt:* (1967) S. 243 - 254, *Pearce:* (1964) S. 75 - 100.

[54] *Patinkin:* (1965), vgl. auch *Jüttner:* (1971).

[55] Anderer Ansicht ist *Morgenstern:* (1948) S. 173 (bzw. 1963, S. 140).

[56] So D. *Schneider:* (1966) S. 594, 609 c) in Wiedergabe der Friedman-Version zur Nachfragefunktion.

konstantem Realeinkommen ist noch keine Aussage zum Geldgrenznutzen und seiner Konstanz als Voraussetzungen zur indirekten Nutzenmessung möglich. Gleicht das Individuum preisbedingte Änderungen von C_A einseitig über $S_{0(C_t)}$ aus, so ist der Einfluß der Preisänderung auf das Realeinkommen bzw. die Ausgabeninterdependenz nur auf den Zeitablauf verschoben worden, um in t_0 selbst vernachlässigt zu werden.

2. *Unterfall:* Die Ersparnis der betrachteten Konsumperiode ist so umfangreich, daß ein Teil davon der residualen Ersparnis zugerechnet werden kann. Bewußt wird hier die Wertung und Einordnung der auf einen abstrakten Zweck zurückzuführenden Ersparnis (vgl. S. 26 unter b) übersprungen, um mit der residualen Ersparnis $S_{0\,(R)}$ einen Anknüpfungspunkt zu gewinnen[56a].

Zu dieser Ersparnis gehören die Mittel, die dadurch gekennzeichnet sind, daß

a) der mit ihrer Verausgabung für Konsumgüter verbundene Nutzenabgang nicht durch den erwarteten Konsumnutzen der Kaufgegenstände kompensiert wird (der Konsumentenüberschuß also negativ wäre) und

b) aus der Sicht von t_0 keine konkrete oder abstrakte Absicht über die spätere Verwendung im Konsumbereich besteht.

Die residuale Ersparnis soll durch folgende Aussagen (Thesen) näher beschrieben werden:

1. Auch die Geldeinheit der residualen Ersparnis hat einen Nutzen, d. h. Geld wird bei zunehmender Menge im Verfügungsbereich einer Einzelwirtschaft in keinem Falle „wertlos“.
2. Dieser Nutzen ist nicht aus irgendeiner gegenwärtig spezifizierten künftigen Verwendungsart des Geldes abgeleitet.
3. Da eine konsumtive Verwendung der residualen Ersparnis ex definitione im Entscheidungszeitpunkt t_0 unbestimmt ist, haben die Geldeinheiten der residualen Ersparnis den gleichen Nutzen.
4. Damit existiert für das Individuum eine potentielle und residuale Geldverwendungsart mit konstantem Grenznutzen.
5. Im Exkurs haben wir Gut N als Gut mit konstantem Geldgrenznutzen $\alpha_N = e/P_N$ verwendet. Dieses Gut identifizieren wir nunmehr zumindest mit der residualen Ersparnis. Ob diese Geldverwen-

[56a] Mit dem Nebeneinander von konsumtiver und residualer Ersparnis vermeiden wir, daß Ersparnis entweder nur und von vornherein bewußt als späterer Konsum verstanden wird oder nur als Selbstzweck losgelöst von der möglichen Verwendung für Konsumausgaben zu später liegenden Zeitpunkten. Zu dieser einseitigen „entweder — oder“-Betrachtung vgl. Hirshleifer (1970) S. 31 f.

dungsart realisiert wird, ergibt sich erst mit der Aufteilung des Budgets.

6. Der Unterschied zwischen Ersparnis mit abstraktem Zweck und residualer Ersparnis kann über das Niveau von e erfaßt werden, wenn die Unabhängigkeit von e vom Sparvolumen gegeben ist[57].

7. Für eine Zeitpunktbetrachtung gilt $P_N = 1$.

8. Soweit in späteren Beispielen mit kardinalen Nutzenfunktionen gerechnet wird, wird für Geldeinheiten der residualen Ersparnis $e = 1$ gesetzt, d. h. der Nutzen wird mit der Geldeinheit identifiziert.

9. Wie im Exkurs ausgeführt, mißt $\alpha_{(1)}$ mit $\alpha_{(1)} \geqslant 0$ den Knappheitsgrad des verfügbaren Budgets in bezug auf die für $\alpha_N = e/P_N$ angesetzte residuale Geldverwendungsart.

10. Der Budgetgrenznutzen — der Nutzen einer zusätzlich verfügbaren Geldeinheit — hingegen ist $\alpha = \alpha_N + \alpha_{(1)}$ mit $\alpha_{(1)} \geqslant 0$.

11. Es ist nicht möglich, den mit $\alpha_{(1)}$ erfaßten Knappheitsgrad positiv zu kennzeichnen z. B. dahingehend, daß $\alpha_{(1)}$ den Konsumentenüberschuß einer weiteren verfügbaren Geldeinheit angeben würde. Die an sich anschauliche und bisweilen auch in dieser Arbeit schon verwendete Vorstellung des Konsumentenüberschusses läßt sich zwar formal definieren, jedoch inhaltlich nicht konkretisieren (im einzelnen vgl. Anhang III S. 187).

12. Die im Exkurs verwendete Gesamtnutzengleichung (4) führte einerseits das Gut N mit konstantem Grenznutzen explizit an und verband andererseits die finanzielle Beschränkung in der üblichen Art mit dem Lagrangefaktor α. Die explizite Berücksichtigung von N erübrigt sich, wenn der konstante Geldgrenznutzen dieses Gutes gleich mit dem Lagrangefaktor verbunden wird, den wir in dieser Verbindung mit β bezeichnen. Die Gesamtnutzenfunktion lautet dann

$$(22) \qquad U_0 = aX - \frac{b}{2} X^2 + cY - \frac{d}{2} Y^2 - (e/P_N + \beta)(P_A X + P_B Y - B)$$

und die partiellen Ableitungen

$$(23) \qquad \partial U_0/\partial X = a - bX - (e/P_N) P_A - \beta P_A \qquad \text{mit } u'(X) \geq 0$$

$$(24) \qquad \partial U_0/\partial Y = c - dY - (e/P_N) P_B - \beta P_B \qquad \text{mit } u'(Y) \geq 0$$

$$(25) \qquad \partial U_0/\partial \beta = -(P_A X + P_B Y - B)\ .$$

Setzt man die partiellen Ableitungen gleich Null und löst (24) nach Y auf, um den erhaltenen Ausdruck in (25) einzusetzen, die ihrer-

57 Auf die Zusammenhänge zwischen Sparzweck und Nutzen ist später genauer einzugehen.

seits nach X aufgelöst in Gleichung (23) eingesetzt wird, so erhält man für β

$$\beta = \frac{adP_A + bcP_B - bdB}{dP_A^2 + bP_B^2} - e/P_N \,. \tag{26}$$

Diese Funktion für β stimmt überein mit der Gleichung (20a) für $\alpha_{(1)}$ im Exkurs.

In den Grenznutzenfunktionen (23) und (24) limitiert der alternativ erzielbare Geldnutzen e/P_N die Sättigungsmengen für A bzw. B, die sich im Fall $\beta = 0$ für X bzw. Y ergeben.

Die bisher festgestellten Beziehungen sollen kurz zusammengestellt werden:

$$\beta = \alpha - \alpha_N \qquad \text{mit } \beta \geq 0 \tag{27}$$

$$\alpha_N = e/P_N \,. \tag{28}$$

Für den Zusammenhang zwischen relativer Knappheit β und dem preibezogenen Grenznutzen eines Gutes, hier z. B. A, gilt aus (23)

$$\beta = (a - bX)/P_A - e/P_N \qquad \text{mit } \beta \geq 0 \tag{29}$$

und unter Verwendung von (27) folgt

$$\alpha = (a - bX)/P_A \qquad \text{mit } \alpha \geq \alpha_N \tag{30}$$

für die bekannte Beziehung zwischen aktuellem Budgetgrenznutzen und dem preisbezogenen Grenznutzen aus Gut A.

Es ist zweckmäßig, an dieser Stelle die Ergebnisse Samuelsons[58] mit unserem Ansatz zu vergleichen. Samuelson diskutiert unterschiedliche Interpretationsmöglichkeiten der Konstanz des Geldgrenznutzens (symbolisiert durch den Lagrangefaktor α). Neben α wird das Budget B und n Güter mit ihren Preisen P_K mit $K = 1 \ldots N$ in die Überlegungen und Beweise einbezogen.

Ausgehend von der Feststellung, daß z. B. eine Verdoppelung aller Preise und des Budgets den Budgetgrenznutzen α halbiert, wird gefolgert, daß α nicht zugleich gegenüber einer Budgetvariation und einer Änderung aller n Güterpreise konstant sein kann, die Ableitung von α muß also gegenüber einer der $(n + 1)$ Variablen ungleich Null sein.

Diese Aussage trifft für die zweite Lösung der Gleichung (20) des Exkurses zu:

---

[58] *Samuelson:* (1947) S. 189 - 195.

(20b) $$\alpha_{(2)} = \alpha_N = e/P_N$$

(20ba) $$\partial\,\alpha_{(2)}/\partial\,B = 0$$

(20bb) $$\partial\,\alpha_{(2)}/\partial\,P_K = 0 \qquad \text{für } K = 1,2\,\ldots M$$

(20bc) $$\partial\alpha_{(2)}/\partial\,P_N = -\,e/P_N^2$$

Übereinstimmend mit Samuelson ist $\alpha = \alpha_{(2)}$ von n Variablen unabhängig und nur von einer Variablen abhängig.

Für $\alpha = \alpha_N + \alpha_{(1)} \equiv \alpha_N + \beta = \dfrac{adP_A + bcP_B - bdB}{dP_A^2 + bP_B^2} > e/P_N$ hingegen gilt das genaue Gegenteil:

(27aa) $$\partial\,\alpha/\partial\,B < 0$$

(27ab) $$\partial\,\alpha/\partial\,P_K > 0 \qquad \text{für } K = 1,2\,\ldots\,M$$

(27ac) $$\partial\,\alpha/\partial P_N = 0\ .$$

Der Budgetgrenznutzen α mit $\alpha > \alpha_N$ ist von n Variablen abhängig und nur von einer Variablen unabhängig.

Dieser Fall kommt bei Samuelson nicht vor, da er von vornherein den Budgetgrenznutzen α mit dem konstanten Geldnutzen α_N des Gutes N identifiziert, im Ergebnis also nur den zuerst erörterten Fall $\alpha = \alpha_{(2)} = \alpha_N$ behandelt. Die hierfür nachgewiesenen Ergebnisse sind durchaus nicht absurd, sondern sachlich zutreffend[59]. Sie können aber auf den nicht untersuchten Fall des knappen Budgets mit $\alpha > \alpha_{(2)}$ (weil $\beta > 0$) nicht übertragen werden, weil schon die Voraussetzungen hinsichtlich der partiellen Ableitungen nicht gegeben sind.

Wenn die Diskussion im Hinblick auf die Konstanz des Budgetgrenznutzens überhaupt ein Ergebnis hat, dann die naheliegende Feststellung, daß bei knappem Budget α unmöglich in bezug auf eine Budget- oder Preisänderung konstant sein kann, ausgenommen die Konstanz in bezug auf den nicht relevanten Preis P_N. Aus dem aktuellen Budgetgrenznutzen α läßt sich somit kein konstanter Nutzenmaßstab gewinnen, wenn $\beta > 0$ ist.

Näher einzugehen ist auf die Feststellungen zu Punkt 7 und 8. Es bedarf keiner ausführlichen Darlegung, daß mit dem Nutzen einer Geldeinheit der residualen Ersparnis nicht ein selbständiger, eigenständiger Nutzen der Geldeinheit als solcher gemeint ist; diese Ansicht wäre im Hinblick auf Papier- und Buchgeld abwegig. Auch der sogenannte Liqui-

[59] *Samuelson:* (1942) S. 84 - 86.

ditätsnutzen, verstanden als der Vorteil der sofortigen Verfügbarkeit im Sinne von Veit[60], kann nicht gemeint sein, denn abgesehen von der Frage seiner Eigenständigkeit unterliegt er dem „Gesetz" des abnehmenden Grenznutzens[61]. Es handelt sich vielmehr um die stark vereinfachte Berücksichtigung von im Entscheidungszeitpunkt t_0 noch nicht spezifizierten Verwendungsmöglichkeiten. Dieses Nichtwissen — sei es auf Grund derzeit fehlender Kenntnis von Handlungsmöglichkeiten oder der zeitlichen Beschränkung des Planungszeitraumes — rechtfertigt jedenfalls nicht, die Mittel als „wertlos" im Entscheidungsfeld anzusetzen, d. h. für Geld generell eine Sättigungsmenge zu unterstellen, denn in diesem Fall müßte es dem Individuum gleichgültig sein, ob es die Mittel besitzt oder nicht.

Die Einführung des Geldnutzens α_N dient also dem Zweck, Teile des anderenfalls durch Angabe der Handlungsmöglichkeiten und Erwartungen explizit zu erklärenden Entscheidungsfeldes in implizit erklärtes umzuwandeln. Die Notwendigkeit, nicht mehr erklärte Bereiche in einer sie vertretenden Größe zusammenzufassen, findet sich auch bei anderen ökonomischen Fragestellungen[62]. Aus dieser sachlichen Klärung zu Gut N folgt, daß P_N kein selbständiger Preis sein kann, sondern als ganz allgemein aufzufassender Preisindex zwar für eine Zeitpunktbetrachtung gleich 1 gesetzt werden kann, im Zeitablauf aber von Güterpreisänderungen nicht unabhängig sein kann. Die nebeneinanderstehenden Gleichungen (20bb) und (20bc) bzw. (27ab) und (27ac) sind also die Folge einer zumindest im Zeitablauf sachlich nicht begründbaren Verselbständigung des Gutes N gegenüber den Gütern 1 bis M. Andererseits würde die Berücksichtigung des Zusammenhanges zwischen P_K und P_N die Angabe voraussetzen, mit welchem Gewicht das Gut K in P_N eingegangen ist. Gewichtsangaben für M Güter wären aber bereits Geldverwendungsspezifikationen. Diese Konfliktkonstellation bleibt also.

---

60 *Veit*, Otto: Reale Theorie des Geldes, Tübingen 1966.

61 Vgl. *Veit:* (1966) S. 68 f.

62 Z. B. in der Investitionsrechnung mit Hilfe des Kalkulationszinsfußes, der bei der Ermittlung des Ertragswertes einer Investition die Rendite der Supplementinvestitionen vertritt. Will man die damit verbundenen Implikationen vermeiden, muß man die Aktionsmöglichkeiten für den Planungszeitraum ausdrücklich angeben. Dieses Vorgehen zeigt sich besonders deutlich in dem Modellansatz von Jacob. An die Stelle der Suplementinvestitionen zum Kalkulationszinsfuß treten die expliziten Investitionsmöglichkeiten. Für die Verwendung residualer Mittel behält das Modell die Möglichkeit von homogenen Finanzinvestitionen mit geringer Rendite bei. Vgl. *Jacob:* (1964) S. 61 f. In zeitlicher Hinsicht, an der Grenze des Planungszeitraumes, stellt sich das alte Problem erneut, wenn auch in abgeschwächter Form, vgl. H. *Hax:* (1964) S. 438. Zum Zinsfuß und Endwert in der Zielfunktion bei Investitionsentscheidungen vgl. auch *Swoboda*, Peter: „Planungsmodelle, simultane" im Handwörterbuch des Rechnungswesens, Stuttgart 1970, Spalten 1403 - 1412, Spalte 1404 f.

Für das Beispiel einer gleichzeitigen Verdoppelung aller Güterpreise und des Budgets kann festgehalten werden:

a) bei knappem Budget mit $\alpha > \alpha_N$ wird α, der Nutzen einer weiteren Geldeinheit des Budgets, halbiert;

b) bei reichlichem Budget $\alpha = \alpha_N$ verdoppelt sich P_N aus der Verdoppelung der Güterpreise heraus, und α, der Nutzen einer Geldeinheit der Residualverwendung, wird halbiert;

c) die relative Knappheit $\beta = \alpha - \alpha_N$ mit $\beta > 0$, d. h. die Dringlichkeit, über eine weitere Geldeinheit zu verfügen, wird ebenfalls halbiert.

Diesen Unterabschnitt abschließend ist noch kurz auf die Gesamtnutzenfunktion einzugehen. Die Einführung einer residualen Geldverwendungsart mit konstantem Grenznutzen hat zur Folge, daß sich die Gesamtnutzenfunktion mit zunehmendem Budget nicht asymptotisch einer Parallelen zur Abszisse nähert, sondern linear ansteigt. Der Gesamtnutzen ergibt sich als Integral über die abhängig vom jeweiligen Budget B^* als Teile der Geldnutzen realisierten β zuzüglich des Produktes $(e/P_N)\, B^*$.

$$U_{0\,(B^*)} = \int_0^{B^*} (\beta)\, dB + (e/P_N)\, B^* \tag{31}$$

Setzt man für β die Gleichung (26) ein, erhält man

$$U_{0\,(B^*)} = \left[\frac{(adP_A + bcP_B)\, B}{dP_A^2 + bP_B^2} - \frac{bdB^2}{2\,(dP_A^2 + bP_B^2)} - \frac{eB}{P_N}\right]_0^{B^*} + \left(\frac{e}{P_N}\right) B^* \tag{32}$$

$$U_{0\,(B^*)} = \left[\frac{[(adP_A + bcP_B)\, P_N - e\,(dP_A^2 + bP_B^2)]\, B^*}{P_N\,(dP_A^2 + bP_B^2)} - \frac{bd\,(B^*)^2}{2\,(dP_A^2 + bP_B^2)}\right] + \left(\frac{e}{P_N}\right) B^* \tag{33}$$

Der erste Summand (die große eckige Klammer) erfaßt den Zusatznutzen („Nutzenüberschuß") durch die Verwendung von Geld zum Kauf der Güter A und B anstelle der Verwendung für das Residualgut N. Bei diesem Summanden ist die Bedingung $\beta > 0$ zu beachten. Er erreicht sein Maximum bei dem ausreichenden Budget B_a, das durch $\beta = 0$ für die letzte Geldeinheit gekennzeichnet ist. Bei Budget B_a reichen die verfügbaren Mittel gerade aus, die Sättigungsmengen in bezug auf den alternativ erzielbaren Geldnutzen α_N zu kaufen. Wir erhalten B_a aus Gleichung (14) (S. 34), indem $Z = 0$ gesetzt und nach B aufgelöst wird:

(34) $$B_a \equiv B = \frac{(adP_A + bcP_B)\,P_N - e\,(dP_A^2 + bP_B^2)}{bdP_N}$$

Setzt man für die Fälle $B^* \geqslant B_a$ den Ausdruck (34) für B^* in den ersten Summanden von (33) ein, folgt

(35) $$U_{0\,(B^* \geqq B_a)} = \frac{[(adP_A + bcP_B)\,P_N - e\,(dP_A^2 + bP_B^2)]^2}{2\,bdP_N^2\,(dP_A^2 + bP_B^2)} + \frac{eB^*}{P_N}$$

Diese für das reichliche Budget geltende Gesamtnutzengleichung setzt sich aus einem konstanten Nutzenbetrag und dem mit dem Budget linear steigenden „Basisnutzen" e/P_N zusammen.

Beispiel: die Entwicklung des Gesamtnutzens abhängig vom Budget B^*

$$P_A = 2 \qquad P_B = 1 \qquad P_N = 1$$

$$a = 3{,}56 \qquad c = 1{,}65 \qquad e = 1$$

$$b = 0{,}104 \qquad d = 0{,}016.25$$

(33) $$U_{0\,(B^* < B_a)} = 0{,}7\,B^* - 0{,}005\,(B^*)^2 + B^*$$

(34) $$B_a = 70$$

(35) $$U_{0\,(B^* \geqq B_a)} = 0{,}7\,B_a - 0{,}005\,B_a^2 + B^*$$
$$= 24{,}5 + B^*$$

B^*	20	30	40	50	60	70	80	90
$U_{0\,(B^*)}$	32	46,5	60	72,5	84	94,5	104,5	114,5

Die hier entwickelte Gesamtnutzenfunktion wird von Mao als hybrid utility function[63] bezeichnet, eine Verbindung von fallender Grenznutzenfunktion für niedrige Werte der Variablen und konstantem Grenznutzen bei höheren Werten der Variablen.

Mit der Entwicklung der Gesamtnutzenfunktion wurde jedoch anderen Problemen vorgegriffen, auf die zunächst einzugehen ist.

5. Der Nutzen aus einer Konsumausgabe für einen teilbaren Güterbestand

Die Berücksichtigung des Zeitmomentes in der Nutzentheorie läßt eine klare Behandlung in der Literatur vermissen, weil die einzelnen Aspekte

[63] *Mao*, James C. T.: Models of Capital Budgeting, E-V VS E-S, Journal of Financial and Quantitative Analysis, Vol. IV, 1970, S. 657 - 675.

unzureichend voneinander getrennt werden[64]. Wenn mit A ein beliebiges teilbares Gut bezeichnet wird, so sind zu unterscheiden:

1. der Zeitraum, für den im Hinblick auf ein Bedürfnis mit dem Erwerb einer Gütermenge M_A vorzusorgen ist[65] (Konsumperiode, bei Jevons Wirtschaftsperiode),

2. die Aufteilung dieser Gütermenge M_A in Teilmengen X_{iA} über die Konsumperiode für die einzelnen Konsumakte (dieser Sachverhalt ist bei Gossen als „wiederholtes Genießen" behandelt, S. 6 - 11),

3. daraus resultierend für die einzelnen Teilmengen X_{iA} eine Zeitspanne zwischen Erwerbs- und Verbrauchszeitpunkt,

4. die Dauer eines Bedürfnisses T_{BD} als Zeitspanne zwischen der ersten Bedürfnisempfindung und Beginn der Befriedigung durch den Konsumakt; die Gefühlsstärke in einem Zeitpunkt soll als „Bedürfnisintensität" bezeichnet werden,

5. die Dauer des Konsumaktes T_{KA}; die in einem Zeitpunkt verbrauchte Gütermenge wird als Konsumintensität bezeichnet, der Vorgang selbst als Teil-Konsumakt (die Abfolge der Teil-Konsumakte wird bei Gossen mit „fortgesetztem Genießen" bezeichnet),

6. die Dauer der empfundenen Bedürfnisbefriedigung T_{ND} durch den Konsumakt (bzw. die Dauer der empfundenen Verringerung einer Mangelempfindung), künftig kurz als Nutzendauer eines Konsumaktes bezeichnet. Bei einem wiederauflebenden Bedürfnis liegt in der Regel zwischen dem Ende der Nutzendauer und dem Beginn der nachfolgenden Bedürfnisdauer (des gleichen Bedürfnisses) eine „gefühllose" Zeitdifferenz.

Wegen der Überlagerung der Empfindungen erscheint es nicht möglich, für den einzelnen Nutzenbeitrag eines Teil-Konsumaktes eine eigene Dauer zu formulieren. Die Nutzendauer stellt daher auf die zeitliche Wirkung eines Konsumaktes als Ganzem ab. Die Nutzendauer kann mit der Dauer des Konsumaktes übereinstimmen, muß es aber nicht. Die Literatur ist durchweg von einer Gleichsetzung ausgegangen.

---

[64] Vgl. *Jevons*, W. Stanley: The Theory of Political Economy, 4. Aufl. London 1911, reprint 1924, S. 61 - 69, *ders.*: Die Theorie der Politischen Ökonomie, deutsch nach der 4. Auflage, Jena 1924, S. 59 - 66, *Rosenstein*, P. N.: Das Zeitmoment in der mathematischen Theorie des wirtschaftlichen Gleichgewichtes, Zeitschrift für Nationalökonomie Bd. I, 1930, S. 129 - 142, S. 135 f., *Bachmann:* (1963) S. 116 - 119, 141. Anders die sorgfältige Auseinandersetzung bei *Gossen*, Hermann Heinrich: Entwicklung der Gesetze des menschlichen Verkehrs und der daraus fließenden Regeln für menschliches Handeln, Neue Ausgabe (2. Aufl.) Berlin 1889.

[65] M_A steht hier für das sonst verwendete X, um nicht die Symbole von Jevons ändern zu müssen.

7. Die Nutzenintensität ist das in einem Zeitpunkt der Nutzendauer empfundene positive Gefühl,

8. der Nutzen $U(X_{iA})$ aus der Teilmenge X_{iA} ist das Integral über alle Nutzenintensitäten der aus X_{iA} resultierenden Nutzendauer.

Damit erklärt sich der Konsumnutzen als eine zweidimensionale Größe, als das Ergebnis von Nutzenintensität und Nutzendauer.

Im Hinblick auf den Nutzenbegriff ist der erwartete Nutzen die Bedeutung, welche ein Wirtschaftssubjekt einem Wirtschaftsgut im Zeitpunkt des Erwerbes beilegt in dem Bewußtsein, daß von der Verfügung darüber die Befriedigung eines Bedürfnisses in bestimmter Intensität und Dauer abhängig ist.

Der Vorteil der Definition des Nutzens als Integral über alle Nutzenintensitäten aus dem Konsumakt liegt in der allgemeinen Fassung: die Fälle, in denen die Nutzendauer über die Dauer des Konsumaktes hinausgeht, werden erfaßbar. Nur bei Verwendung dieses allgemeineren Nutzenbegriffes ist es z. B. zulässig, sämtliche Dienstleistungen als Verbrauchsgüter zu bezeichnen[66].

Die Aufhebung der impliziten Unterstellung, daß die Nutzendauer mit der Dauer des Konsumaktes übereinstimme, hat zur Folge, daß der Grenznutzen $u'(X_{iA})$ als Änderung des Wertes des Integrals nur mittelbar mit der zusätzlich verbrauchten Gütereinheit verbunden ist. Die übliche Grenznutzenfunktion $U'(X_{iA}) = f(X_{iA})$ erweist sich also als eine vereinfachte Wiedergabe eines komplexen Zusammenhanges[67].

Im Hinblick auf die Literatur ist festzustellen, daß Gossen nicht zwischen Dauer des Konsumaktes und der Dauer des Genusses aus einem Konsumakt unterscheidet[68]. Sein Gesetz vom fallenden Grenznutzen meint die Abnahme der Nutzenintensität während des Konsumaktes bei konstanter Konsumintensität. Allgemeiner: der Nutzenbeitrag aus jedem Teil-Konsumakt nimmt im Laufe des Konsumaktes ab (S. 5 f.). Da dem einzelnen Nutzenbeitrag keine eigene zeitliche Extension zu-

---

[66] Vgl. *Streissler*, Erich: „Einleitung" zu dem Aufsatzband „Konsum und Nachfrage", Köln und Berlin 1966, S. 27, Anmerkung 6.

[67] So wurde nicht erörtert, welche Bedeutung die Konsumintensität für den Wert des Integrals hat. Diese Frage darf nicht verwechselt werden mit der Abhängigkeit des Gesamtnutzens aus der Gesamtmenge M_A von der zeitlichen Verteilung dieser Menge auf die einzelnen X_{iA}, vgl. dazu *Gossen:* (1889) S. 10 f., *Bachmann:* (1963) S. 134 - 142, die Ausführungen S. 141 f. allerdings sachlich unhaltbar, weil aus dem Integral über die Bedürfnisintensitäten („die ganze erlittene Beschwerde") auf den Güternutzen zu schließen versucht wird.

[68] Auf Gossens Beispiel der Betrachtung eines Kunstwerkes angewendet folgt, daß mit der Beendigung der Betrachtung auch in jedem Falle der Genuß beendet ist, S. 5, 9.

geschrieben wird, läßt sich der Gesamtnutzen aus dem Konsumakt als Funktion der während des Konsumaktes verbrauchten Gütermenge ausdrücken: $U(X_{iA}) = f(X_{iA})$ [69].

Die beiden Dimensionen Intensität und Dauer finden bei Menger[70] eine kurze Erwähnung und bei Jevons eine ausführliche Behandlung, auf die einzugehen ist[71].

Es bedeuten

T	=	dic Konsumperiode
M_A	=	der Vorrat eines Gutes A zu Beginn der Konsumperiode, auf den Index wird im folgenden verzichtet
M/T	=	das Versorgungsniveau durch Gut A in jeder kleinen Zeiteinheit während der Konsumperiode T (rate of supply). Die Quotientenbildung unterstellt eine kontinuierliche Abfolge von Teilkonsumakten in der Konsumperiode. Dauer des Konsumaktes und Nutzendauer sind wie bei Gossen gleichgesetzt
U	=	der Nutzengrad, ist die Stärke des Gefühles aus dem Verbrauch einer kleinen Mengeneinheit (gemessen wie M) des Gutes A in einer kleinen Zeiteinheit (gemessen wie T) (p. 65 bzw. S. 63). U ist um so größer, je knapper die Versorgungslage ist, je kleiner also M/T. Bei gegebener Gütermenge M wird U eine Funktion von der Dauer der Konsumperiode T (p. 67 bzw. S. 65)
$U \cdot M/T$	=	die Stärke des Gefühles, wenn man pro Zeiteinheit M/T Gütereinheiten gemäß der tatsächlichen Versorgungslage verbraucht[72]; (die gedankliche Reihenfolge müßte umgekehrt von UM/T zu U verlaufen, da U ein Durchschnittswert sein muß).

Um den Gesamtnutzen zu erhalten, wird nun UM/T mit T multipliziert. Das verbleibende $U \cdot M$ ergibt nach Jevons den Nutzen aus dem Verbrauch der Gütermenge M während T. Jevons wundert sich selbst darüber, daß die zeitliche Dimension beim Nutzen gar nicht erscheint. Was nämlich fehlt, ist die Aussage darüber, ob nicht die im Nutzengrad U auf eine kleine Zeiteinheit definierte Gefühlsstärke aus dem Konsum einer kleinen Mengeneinheit tatsächlich länger dauert als eben diese Zeiteinheit, was durch einen Zeitmultiplikator, der die Durchschnitts*dauer* des Gefühles wiedergibt, zu berücksichtigen gewesen wäre[73]. Sein

---

[69] Zu beachten ist, daß Gossen nicht von einem Verbrauchsgut, sondern einem Gebrauchsgut ohne „Wertverzehr" ausgeht (Betrachtung eines Kunstwerkes).

[70] *Menger*, Carl: Grundsätze der Volkswirtschaftslehre, (1. Aufl.) Wien 1871, reprint: The collected Works of Carl Menger, Vol. I, London 1934, S. 121 f., in der 2. Aufl. Wien-Leipzig 1923 nicht mehr enthalten.

[71] *Jevons:* (1911/1924) pp. 61 - 69 (bzw. 1924, S. 61 - 66).

[72] The kind of quantity thus symbolised by MU/T must be interpreted as meaning "so much commodity producing a certain amount of pleasurable effect *per unit of time*". *Jevons:* (1911/1924) p. 66, zweite Satzhälfte im Original gesperrt gedruckt.

Fehlen bedeutet, daß der Nutzenbeitrag aus jedem Teil-Konsumakt nur einen Augenblick andauert, so daß sich der Gesamtnutzen ohne Zeitdimension aus Gütermenge mal Nutzengrad U ergibt.

Die Fehlererklärung bei Rosenstein-Rodan (1930, S. 136), daß das T im Zähler die „Dauer des Bedürfnisses" (T') meine, das T im Nenner hingegen die Dauer der Wirtschaftsperiode, so daß eine Kürzung nicht möglich sei, weist zwar auf den nicht berücksichtigten zeitlichen Aspekt, ohne den Fehler selbst zu beheben. Danach würde sich der Gesamtnutzen N mit $N = U\,(M/T)\,T'$ errechnen, d. h. Jevons' Gesamtnutzen UM würde durch die Multiplikation mit T'/T (i. d. R. < 1) kleiner als tatsächlich ausgewiesen werden. Dabei ist die „Dauer des Bedürfnisses" T' in die Nutzendauer umzudeuten, denn es handelt sich um die Dauer eines positiven Gefühles durch einen Konsumakt (bzw. Teilkonsumakte), bestenfalls um die Dauer *der Verringerung* eines Bedürfnisses.

Dauer eines Bedürfnisses und Dauer des Nutzens aus der Befriedigung dieses Bedürfnisses sind also zwei ganz verschiedene, scharf zu trennende Sachverhalte[74].

6. Der Nutzen aus einer Konsumausgabe für ein Nutzenpotential (Gebrauchsgut)

Die bisher behandelten Konsumausgaben waren mit einem einmalig anfallenden Nutzenertrag verbunden (Verbrauchsgüter). Auf die Verteilung eines Verbrauchsgüterbestandes über die Konsumperiode für die einzelnen Konsumakte wurde hingegen nicht eingegangen.

Die jetzt zu betrachtenden Konsumausgaben haben wegen technischer Unteilbarkeit des Gutes einen über den Zeitablauf verteilten Nutzenertrag. Dieser Sachverhalt wird zur Unterscheidung von zwei Konsumbegriffen verwendet: Konsum i. w. S. stellt auf die Nutzung von Leistungen knapper Güter zur Bedürfnisbefriedigung ab, Konsum i. e. S. meint hingegen die Verwendung, die Verausgabung des Einkommens zur Beschaffung dieser Güter[75]. Der Kauf eines Gebrauchsgutes setzt

---

73 Wenn es auch nicht sinnvoll erscheint, die Gefühlsdauer aus einem Teil-Konsumakt als eigene Variable zu formulieren, wäre der Zeitmultiplikator aber aus T_{ND}/T_{KA} mit $T_{ND} \geqslant T_{KA}$ ermittelbar.

74 Wegen ihrer Ungereimtheit in dieser Hinsicht bedürfen die Ausführungen von *Bachmann:* (1963, S. 119) keines Kommentares.

75 Vgl. *Streissler:* (1966) S. 13, *Pearce:* (1964) S. 14, 39 - 43. Konsum i. w. S. hat eine Aufwandrechnung zur Folge mit den aus der Bilanztheorie bekannten Problemen (wobei Pearce undiskutiert an den pagatorischen Größen, den Anschaffungspreisen der Gebrauchsgüter, festhält, S. 39), wenn nicht eine Kostenrechnung, da Zinsen auf das im Gebrauchsgut „gebundene" Kapital verrechnet werden (S. 41 f.). Der Zweck einer solchen von den Zahlungen losgelösten Verrechnung ist für das Individuum/Haushalt nicht recht einsichtig.

voraus, daß der möglicherweise über Jahre verteilte erwartete Nutzen zusammengefaßt auf den Zeitpunkt der Kaufentscheidung mindestens den Kaufpreis „wert" ist, mindestens den erwarteten Nutzen bei anderweitiger Geldverwendung[76] erreicht. Der somit erforderliche Vergleich bezieht sich also nicht nur auf den alternativen Gesamtnutzen der beiden möglichen Ausgabearten, sondern auch auf die zeitliche Struktur der Realisierung der Teilnutzen. Somit läuft die Fragestellung darauf hinaus, ob das Individuum später anfallenden Nutzen tendenziell geringer bewertet. Eine solche Tendenz, zeitverschiedene Nutzen wegen des Zeitunterschiedes zu „bewerten", soll als Zeitpräferenz bezeichnet werden.

Hat das Individuum unter den alternativen Geldverwendungen einige Konsumausgabearten, die die Befriedigung anderer Bedürfnisse (bei geringerer Bedürfnisintensität) — und damit den Nutzen — sofort in vollem Umfang realisieren, so ist die Berücksichtigung des Zeitunterschiedes im Nutzenanfall erforderlich.

Verstehen wir unter einer positiven Zeitpräferenz die geringere Wertung eines später anfallenden Nutzens, so führt diese dazu, daß Ausgaben mit zeitverteiltem Nutzenanfall nicht mit der einfachen Nutzensumme bewertet werden, sondern mit ihrem „Nutzenertragswert". Diese Bezeichnung trifft auch dann zu, wenn der gesamte Nutzen sofort anfällt oder der Zeitpräferenz der Wert Null zugeschrieben wird. Sie ermöglicht es, für unsere ausgabenorientierten Überlegungen die zeitliche Struktur des Nutzenanfalles einer bestimmten unteilbaren Konsumausgabe zu vernachlässigen, um die mit der Zeitpräferenz verbundenen Probleme allein bei der Bewertung zeitpunktverschiedener Konsumausgaben zu erörtern.

Existiert eine positive Zeitpräferenz, werden Konsumausgaben mit zeitverteiltem Nutzenanfall geringer bewertet im Vergleich zur einfachen Summe der Nutzen. Dieser „Bewertungsabschlag" beeinflußt nicht nur die Struktur der Konsumausgaben für die Konsumperiode, sondern auch ihr Volumen, falls das Ausgabenbudget mittels positiver oder negativer Ersparnis vom zunächst verfügbaren Mittelbetrag abweichen kann. In diesem Fall verkleinert eine positive Zeitpräferenz das Budgetvolumen der in t_0 vorgesehenen Konsumausgaben — ein (scheinbarer) Widerspruch zum „Gesetz von der Minderschätzung künftiger Bedürfnisse" im Sinne von Böhm-Bawerk[77]. Wir haben jedoch bisher nur die Bewertung einer Konsumausgabe abhängig von der zeit-

[76] Zur Problematik dieser gängigen Formulierung vgl. Anhang III (S. 187).

[77] *Böhm-Bawerk*, Eugen von: Kapital und Kapitalzins, Zweite Abteilung: Positive Theorie des Kapitales, I. Band in der 4. Aufl., Jena 1921, unveränderter Nachdruck Meisenheim/Glan 1961, S. 327.

lichen Verteilung des Nutzens dieser Ausgabe betrachtet (Bewertungswirkung der Zeitpräferenz), ohne den Ausgabenzeitpunkt selbst zu beachten. Im Hinblick darauf ist zu formulieren: besteht die Tendenz, eine bestimmte Konsumausgabe zeitlich vorzuziehen, um den aus ihr resultierenden — wie auch immer über die Zeit strukturierten — Nutzenstrom möglichst frühzeitig beginnen zu lassen[78], so existiert eine positive Zeitpräferenz. Sie führt dazu, das Ausgabenbudget in t_0 zu Lasten späterer Ausgabenperioden zu vergrößern (Ausgabewirkung der Zeitpräferenz).

Eine begriffliche Trennung in Bewertungs- und Ausgabezeitpräferenz ist jedoch nicht notwendig, denn es handelt sich um die gleiche „Ursache“: der Unterschied im zeitlichen Anfall eines Nutzens wird bewertet. Die Begründung liegt darin, daß ein Bedürfnis nicht nur eine Zeitpunkt- sondern auch eine Zeitraumextension hat. Wenn das Empfinden eines Mangels ein (psychisches) Gewicht hat (Bedürfnisintensität), hat auch die Bedürfnisdauer ein solches. Die Frage, warum ein Bedürfnis möglichst rasch befriedigt werden soll, ist nur die andere Seite der Frage, warum eine Bedürfnis überhaupt befriedigt werden soll[79]. Wenn I. Fisher die Bevorzugung von Gegenwartsgütern vor Zukunftsgütern auf die Bevorzugung von früherem Genußeinkommen vor aufgeschobenem Genußeinkommen (= Konsum) zurückführt, so ist dies zwar eine zutreffende Feststellung, für die jedoch keine Begründung gegeben wird[80]. Die Bevorzugung zeitlich früherer Bedürfnisbefriedigung läßt sich nur damit erklären, daß die Verkürzung der Bedürfnisdauer positiv von dem Individuum gewertet wird. Die Befriedigung eines gegebenen Bedürfnisses wird um so geringer geschätzt, je später sie erfolgt. Nicht die Befriedigungsintensität (der Nutzen) selbst ist bei späterer Befriedigung kleiner, wohl aber seine Einschätzung aus der Sicht des Betrachtungszeitpunktes t_0. Diese Einschätzung („Bewertung“) eines Nutzens im Hinblick auf den Zeitpunkt seiner Realisierung ist keine Fehleinschätzung, kein Dauerirrtum im Sinne Böhm-Bawerks[81], sondern Auswirkung der Berücksichtigung der zeitlichen Extension eines Bedürfnisses.

Eine positive Zeitpräferenz läßt sich daher nutzentheoretisch begründen und ist unabhängig von der Existenz eines positiven Zinssatzes[82], ein Problembereich, auf den später ausführlich einzugehen ist.

---

78 I. *Fisher:* (1932) S. 53 f.

79 Zur Klarstellung sei angemerkt, daß für das Individuum und damit für seine Dispositionen relevant nur noch die *vor* ihm liegende Dauer der Mangelempfindung ist. Bedürfnisdauer ist im folgenden also stets vom Betrachtungszeitpunkt aus in die Zukunft gerichtet zu verstehen.

80 I. *Fisher:* (1932) S. 52 - 54.

81 *Böhm-Bawerk:* (1921) Positive Theorie I S. 332.

82 Diese Verbindung findet sich bei *Stackelberg:* (1951) S. 134 - 141.

7. Indifferenzkurvenanalyse und Zeitpräferenz[83]

Die Indifferenzkurvenanalyse geht von einem indizierten und für den betrachteten Fall konstant gehaltenen Gesamtnutzenniveau (Versorgungslage) aus und variiert die ihm zugrunde liegenden Gütermengen. Auf den Zwei-Güter-Fall (Güter *A* und *B*) reduziert, wird nach dem marginalen Substitutionsverhältnis dX/dY zwischen den Mengen der Güter *A* und *B* gefragt. Wegen dem vorausgesetzt konstanten Gesamtnutzen muß der Nutzen der abgehenden Gütergrenzmenge gleich dem Nutzen der hinzukommenden Gütergrenzmenge sein. Diese Nutzenänderungen sind daher nur ausnahmsweise zugleich identisch mit Grenznutzen, wenn das Grenzmengenverhältnis gleich 1 ist[84]. Das gesuchte marginale Substitutionsverhältnis, üblicherweise als Grenzrate der Substitution bezeichnet, ist also ein nutzengleiches Grenzmengenverhältnis. Die beiden gleichgroßen Nutzenbeträge sind rein mengenbestimmt, wenn es sich um zwei unabhängige Güter handelt[85], anderenfalls wirken Grenzmengeneffekt und Güterverwandtschaft zusammen.

Die Indifferenzkurvenanalyse unterstellt, daß der Entscheidungsträger in der Lage ist, unterschiedliche Gütermengenkombinationen zu bewerten[86], wobei sich die Bewertung auf die Gütermengendifferenzen zwischen den Güterkombinationen unter Berücksichtigung des technischen und psychischen Nutzenverbundes (Gutsverwandtschaft) bezieht[87]. Mit Hilfe von „größer", „gleich" und „kleiner" — ohne die Differenzen zu quantifizieren — wird daraus eine Rang- oder Präferenzordnung formu-

---

[83] Zur Darstellung der Indifferenzkurvenanalyse vgl. *Woll:* (1971) S. 108 bis 115, E. *Schneider:* (1963) II, S. 13 - 26, *Stackelberg:* (1951) S. 122 - 126, *Sauermann:* (1964) II, S. 27 - 35, *Henderson/Quandt:* (1967) S. 10 - 17, *Samuelson:* (1964) II, S. 57 - 62 (bzw. 1970, pp. 421 f.), *Schumann:* (1971) S. 8 - 17, *Müller*, J. Heinz: Indifferenzprinzip, ökonomisches, HdSW Bd. 5, Stuttgart-Tübingen-Göttingen 1956, S. 195 - 198, S. 195 f.

[84] *Illy* möchte abweichend vom üblichen Sprachgebrauch diese Nutzenänderungen als Grenznutzen verstanden wissen, (1948) S. 154 f.

[85] Vgl. *Gottinger:* (1969 a) S. 111 f.

[86] Vgl. *Stackelberg:* (1951) S. 110, *Sauermann:* (1964) II, S. 27, *Henderson/Quandt:* (1967) S. 8, *Gottinger:* (1969 a) S. 101.

[87] Zum Nutzenverbund vgl. *Rosenstein-Rodan:* (1927) S. 1193, *Bachmann:* (1963) S. 63 - 76, 105 - 114 (dogmenhistorisch), *Stackelberg*, Heinrich von: Die Entwicklungsstufen der Werttheorie, Schweizerische Zeitschrift für Volkswirtschaft und Statistik, 83. Jahrgang, 1947, S. 1 - 18, S. 7 f., D. *Schneider:* (1966) S. 617 - 623 (zur Nachfrageverwandtschaft in der Nachfragetheorie), *Schreiber*, Wilfrid: Versuch einer Ausgestaltung der subjektiven Wertlehre in numerisch operationalen Funktionsausdrücken, Jahrbücher für Nationalökonomie und Statistik Bd. 184, 1970, S. 289 - 297, S. 294. Zum Einfluß der Gutsverwandtschaft auf die Gestalt der Indifferenzkurven vgl. *Woll:* (1971) S. 109, *Ott:* (1968) S. 82, *Bachmann:* (1963) S. 92 - 104, *Krelle:* (1968) S. 107, unzutreffend *Porstmann:* (1971) S. 103, der die Anwendbarkeit der Indifferenzkurven auf unverbundene Güter einschränkt.

liert, in der die Linien der Gleichschätzung, die Indifferenzkurven, eine besondere Bedeutung haben. Überträgt man die Axiome der ordinalen Nutzentheorie auf die Gütermengendifferenzen, folgt kardinale Meßbarkeit des Nutzens als Voraussetzung[88]. Die Indifferenzkurvenanalyse kommt mit ordinalen Nutzen aus, weil die Beurteilung des Bedürfnis-Güterzusammenhanges — im Hinblick auf die Indifferenzkurven die Ermittlung nutzengleicher Grenzmengen — dem Individuum zugeschoben wird[89]. Nachdem das Individuum diese Bewertungsaufgabe gelöst hat, übernimmt man die Ergebnisse[90], um zu zeigen, daß im Optimum das Grenzmengenverhältnis gleich dem umgekehrten Preisverhältnis ist oder die Grenzrate der Substitution der Konsumausgaben dC_A/dC_B den Wert 1 annimmt und damit das zweite Gesetz von Gossen „reale Bedeutung" hat[91]. Der für die Indifferenzkurvenanalyse herausgestellte Vorteil, mit einem ordinalen Nutzenkonzept auszukommen[92], ist eine Folge der Einschränkung des von dem Erklärungsmodell explizit erfaßten Bereiches gegenüber dem implizit berücksichtigten. Sie sieht es nicht als ihre Aufgabe an, zu erklären, wie das Individuum zu seiner Präferenz und Präferenzordnung kommt. Eine Präferenz resultiert aus dem Vergleich der Nutzen der zur Wahl stehenden Alternativen[93]. Ihre Bestimmungsgrößen sind mithin die gleichen wie die des Nutzens: die Dringlichkeit der Bedürfnisse und die Beurteilung der im Entscheidungsfeld zur Wahl angebotenen Gütermengenkombinationen im Hinblick auf ihre Eignung als Bedürfnisbefriedigungsmittel[94]. Diese Bestimmungsgrößen interessieren jedoch nicht, weil die Ausgangsbasis auf die aus einem Nutzenvergleich resultierende Präferenz verlegt wird. Man begnügt sich, ein System von Annahmen (Ordnungsaxiomen) herauszuarbeiten, dem die Präferenzordnung des Konsumenten (rationales Verhalten unterstellt) genügen muß.

Solche axiomatisch abgesicherten Präferenzordnungen[95] wiederum sind in neueren Arbeiten Grundlage für die Entwicklung von Nutzenfunktionen[96].

---

[88] Vgl. *Krelle:* (1968) S. 10 - 12, 81 f.

[89] Vgl. z. B. die Darstellung bei E. *Schneider:* (1963) II, S. 13 f.

[90] Vgl. *Morgenstern:* (1931) S. 27 f., *Rittig*, Gisbert: Die Indeterminiertheit des Preissystems, Jahrbuch für Sozialwissenschaft Bd. I, 1950, S. 213 - 244, Bd. II, 1951, S. 62 - 91, hier I S. 240, 242, *Patinkin:* (1965) S. 7.

[91] *Stackelberg:* (1951) S. 123, 115 f., *Ott:* (1968) S. 74, S. 86.

[92] Vgl. z. B. *Müller:* (1956) S. 196, *Henderson/Quandt:* (1967) S. 9, *Gottinger:* (1969 a) S. 98, 101.

[93] Vgl. *Krelle:* (1968) S. 3 - 5, *Illy:* (1948) S. 158 f.

[94] Es ist daher sachlich unrichtig, Bedürfnis- und Präferenzstruktur gleichzusetzen, so z. B. *Sauermann:* (1964) II, S. 27, *Ott:* (1968) S. 27, E. *Schneider:* (1963) S. 17, *Woll:* (1971) S. 73, 110.

[95] Vgl. dazu z. B. *Schneeweiß* (1963) S. 179 - 193, *Krelle:* (1968) S. 7 - 12.

Entsprechend wird bei Berücksichtigung des Zeitmomentes aus intertemporalen Präferenzordnungen eine intertemporale Nutzenfunktion abgeleitet[97]. Wiederum ist die Präferenzordnung Ausgangsbasis, obwohl ihre Bausteine, die intertemporalen marginalen Präferenzraten, jetzt neben der Bewertung der substitutiven Grenzmengen eine Bewertung der Zeitdifferenz voraussetzen. Die intertemporalen Ordnungsaxiome[98] können jedoch nur von dem zusammengefaßten Ergebnis dieser beiden Bewertungen ausgehen, eine explizite Berücksichtigung der beiden Bewertungsdeterminanten ist nicht möglich. Somit ist die Zurückführung einer intertemporalen marginalen Präferenzrate allein auf das Zeitmoment und ihre Deutung als marginale Diskontrate[99] unzulässig. Auf dieses Problem werden wir im Zusammenhang mit der Definition der Zeitpräferenz bei I. Fisher zurückkommen.

8. Spar- und Vermögensmotive

Um die Bedeutung der Zeitpräferenz innerhalb der Mikrotheorie abgrenzen zu können, ist es notwendig, auf den Sparvorgang und die sich anschließende Strukturierung des Vermögens näher einzugehen. Nach der begrifflichen Klärung des „Sparens" ist kurz auf die Sparmotive zurückzukommen. Ihnen sind die Vermögensmotive gegenüberzustellen, wobei vor allem die Kassenhaltung zu untersuchen ist: ist Kasse ein Gut mit einem originären Nutzen oder handelt es sich um (einen Teil der) konsumbezogenen Ersparnis unter Unsicherheit? Die nutzentheoretische Begründung der Kassenhaltung ist wenig geklärt, was erstaunlich ist in Anbetracht der Bedeutung, die dem Angebot und der Nachfrage nach Kasse in makroökonomischen Modellen eingeräumt wird[100].

a) Der Begriff der Ersparnis und Sparmotive

Der Teil der Verfügungsmittel Y_0, der in t_0 nicht für Konsumausgaben (C_0) verwendet wird, wird als Ersparnis (S_0) der Konsumperiode ($t_0 \rightarrow t_1$) bezeichnet. Ersparnis ist damit nur negativ definiert: das Motiv der Nichtverausgabung und die Art der nichtkonsumtiven Verwendung der gesparten Mittel in t_0 (d. h. die Art der Vermögensbildung) sind nicht Begriffsbestandteile des Sparens[101].

---

[96] Vgl. *Gottinger:* (1969 a) S. 114 - 121, insbesondere S. 119, *ders.:* (1969 b) S. 433, *ders.:* Über die Existenz einer stetigen, reellen Nutzenfunktion, ZfN Bd. 30, 1970, S. 283 - 290, *Opitz,* Otto: Numerische Funktionen in der Präferenzen- und Entscheidungstheorie, ZfN Bd. 31, 1971, S. 13 - 31.

[97] Vgl. *Gottinger:* (1969 b) S. 430 - 434.

[98] Vgl. die Zusammenstellung bei *Gottinger:* (1969 b) S. 431.

[99] So z. B. *Gottinger:* (1969 b) S. 432.

[100] Vgl. dazu den Überblick bei *Jüttner:* (1971) S. 17 - 22.

Nach den Sparmotiven hatten wir (S. 25 f.) eine Dreiteilung vorgenommen. Über die Rangordnung der Sparmotive besteht keine einheitliche Meinung[102].

Ersparnis zur Sicherung der Altersversorgung hatten wir (S. 26) als Ersparnis mit abstraktem Zweck bezeichnet. Durch die Abgrenzung gegenüber der konsumbezogenen Ersparnis wird dem unterschiedlichen Informationsstand Rechnung getragen. Es wird nicht unterstellt, daß das Individuum seine Situation auf Jahre (Jahrzehnte) hinaus überschaue[103], um unter Berücksichtigung seines zwischenzeitlichen Einkommens — das auch von der zwischenzeitlichen Ersparnisbildung abhängt — eine nutzenmaximale Verteilung seiner Konsumausgaben über die Zeit vorzunehmen[104]. Die Einschätzung der Notwendigkeit und

---

101 Vgl. *Preiser*, Erich: „Sparen und Investieren", in: Bildung und Verteilung des Volkseinkommens, 2. Aufl. Göttingen 1961, S. 9 - 64, S. 17. Die in Fußnote 10 geäußerte Ansicht, daß man Mittel, die für den späteren Kauf eines kostspieligen Verbrauchsgutes in t_0 gespart werden, zum Verbrauch in t_0 rechnen könne – (diese Ansicht ist von keinem der beiden Konsumbegriffe gedeckt) –, ist ein Widerspruch zum vorausgehenden Satz: „Das Motiv des Sparens ist für seine Definition gleichgültig." *Woll:* (1971) S. 227. Die Hypothese „Gegenwartssparen heißt beabsichtigter Zukunftskonsum" (S. 228) wird zwar anschließend weit gefaßt, bleibt aber eine unbegründete Einschränkung, da die Ersparnisbildung einseitig mit einem Motiv verbunden wird. „Beabsichtigter Zukunftskonsum" liegt nur dann vor, wenn bei der Bildung der Ersparnis in t_0 eine konkrete Verwendungsabsicht besteht. *Streissler:* (1966) S. 13. *Farrell,* Michael J.: Die neuen Theorien der Konsumfunktion, in: „Konsum und Nachfrage", hrsg. von Erich Streissler, Köln und Berlin 1966, S. 338 - 357, S. 339. Anders *Houthakker,* der Vermögensmotive in den Begriff des Sparens einbezieht: „... saving ... is more usefully regarded as the planned acquisition of certain (usually financial) assets or the reduction of liabilities.", *Houthakker,* H. S.: The Present State of Consumption Theory (a survey article), Econometrica Vol. 29, 1961, S. 704 - 740, S. 728 f.

102 Eine Erhebung des Statistischen Bundesamtes ergab z. B. folgende Rangfolge der Sparziele: 1. Vorsorge für Notfälle, 2. Altersversorgung, 3. konsumbezogene Ersparnis, 4. Ersparnisbildung ohne konkrete Zweckangabe. Vgl. *„Sparmotive ..."* (1971); dabei muß Position 4. auch Ersparnisse einschließen, mit deren Hilfe eine Verbesserung des sozialen Status erstrebt wird, wie sie als Motiv langfristigen Sparverhaltens insbesondere Rudloff betont, vgl. *Rudloff,* Hartmut: Vermögensbestand, Sparverhalten und Wirtschaftswachstum, Berlin 1969, S. 17 f., auch *Bohn,* Peter: Konsumenten- und Sparerverhalten. Ihre Bedeutung für Finanz- und Konjunkturpolitik, Stuttgart 1969, S. 78 f. *Schmölders* hingegen betont auf Grund seiner Erhebungen das konsumorientierte Sparen, vgl. *Schmölders,* Günter: Der Umgang mit Geld im privaten Haushalt, Berlin 1969, S. 59 - 78.

103 Diese umfassende Kenntnis und daraus resultierend die Betrachtung des Vermögens allein aus der Sicht der Strukturierung der Konsumausgaben über die Zeit weist auch *Rudloff* zurück, (1969) S. 17.

104 Die kurzen Ausführungen von *Farrell* zeigen folgendes Problem: um Doppelzählungen zu vermeiden (S. 339), können entweder nur die nominellen Ersparnisse im Zeitraum ihrer Bildung zum Einkommen gezählt werden oder nur die späteren Zinserträge daraus zuzüglich der Liquidationserlöse aus dem Vermögen. Wenn man sich wie Farrell für das erstere entscheidet, ist der Fehlansatz offensichtlich: für eine optimale Verteilung der Konsum-

Dringlichkeit, lebensphasenbedingte Einkommensunterschiede auszugleichen, kann durch eine globale Nutzengröße im Entscheidungsfeld vertreten werden. Das im Exkurs verwendete Gut *N* als Geldverwendungsart mit konstantem Geldgrenznutzen kann diese Aufgabe übernehmen, die relative Dringlichkeit findet in dem Niveau von *e* ihren Ausdruck. Einwenden könnte man allerdings, daß das Bedürfnis, Mittel für die Altersversorgung von der jetzigen konsumtiven Verwendung zurückzuhalten, nicht unabhängig zumindest vom bereits vorhandenen Vermögen sei. Empirische Untersuchungen bestätigen diesen Einwand allerdings nicht[105]. Aus der Sicht eines einzelnen Entscheidungszeitpunktes braucht diese Frage nicht weiter verfolgt werden. Die mögliche Ersparnis einer Konsumperiode ist zu gering, um über ihren Betrag ein wahrnehmbares Abnehmen des Nutzens je Geldeinheit dieser Ersparnis annehmen zu können. Die Veränderung in der Bedürfnisstruktur im Zeitablauf aber — d. h. die je Entscheidungszeitpunkt erneute Beurteilung der Dringlichkeit der Dotierung der Rücklagen für den Ausgleich lebensphasenbedingter Einkommensunterschiede — ist ein Problembereich außerhalb unseres Untersuchungsbereiches[106].

b) Vermögensmotive und Vermögensnutzen

Die Trennung zwischen Spar- und Vermögensmotiven entspricht dem „doppelten Verzicht“[107] zur Erklärung des Zinseinkommens. Zuerst ist zu unterscheiden, ob Mittel für Konsumausgaben verwendet werden oder nicht (Sparentscheidung), sodann, in welcher Art von Vermögen die Mittel im zweiten Fall über die Zeit „gehalten“ werden (Vermögensentscheidung)[108, 109].

ausgaben über die Zeit (bei Kenntnis aller künftigen (Arbeits-)Einkommen, der Konsumgüterpreisentwicklung und der Bedürfnisse im Zeitablauf, wie es von Farrell (S. 339 f.) unterstellt wird) sind nicht die Ersparnisse ihrem Nominalbetrag nach sondern die Erträge der Ersparnisse inklusive der Liquidationserlöse im Zeitablauf relevant. Demzufolge ist weder *v*, die Summe aus dem gegenwärtigen Vermögen und dem Barwert aller künftigen Arbeitseinkommen, eine brauchbare Entscheidungsgrundlage für die Strukturierung des Konsumausgabenstromes, noch ist ein diesem *v* äquivalenter Einkommensstrom (Nominaleinkommen *Y* je Periode) ermittelbar, weil er die Sparleistungen der einzelnen Perioden als bekannt voraussetzt. Implizit wird damit der Konsumausgabenstrom als bereits bekannt unterstellt, während er nach Farrell erst in Abhängigkeit von *Y* ermittelt werden soll (S. 340), vgl. *Farrell:* (1966) in „Konsum und Nachfrage“.

105 Vgl. *Bohn:* (1969) S. 83 - 86, gestützt vor allem auf die Untersuchungsergebnisse von George Katona.

106 Zur Berücksichtigung von Änderungen in der Bedürfnisstruktur im Zeitablauf vgl. *Krelle,* Wilhelm: Dynamisierung der Nutzenfunktion (Abstrakt), Bonn (Institut für Gesellschafts- und Wirtschaftswissenschaften der Universität Bonn) 1971 (16 Seiten), S. 3 (Problemstellung).

107 *Veit:* (1966) S. 231 f.

108 Die Trennung zwischen Spar- und Vermögensmotiv fehlt z. B. bei Keynes (vgl. die Aufführung seiner „Sparmotive“ bei *Bohn:* (1969) S. 73),

Im Hinblick auf das Vermögen sollen vier Aspekte unterschieden werden:

1. der Grad der Geldnähe einer Vermögensart[110],
2. der erwartete finanzielle Ertrag einer Vermögensart,
3. der Grad der Ertragssicherheit, das Ertragsrisiko einer Vermögensart,
4. der nichtfinanzielle Ertrag einer Vermögensart[111, 112, 113].

Die einzelnen Vermögensarten innerhalb des Vermögens lassen sich durch eine Kombination der vier Kriterien kennzeichnen. Stellen wir beispielsweise drei Vermögensarten nach ihrer „üblichen" Beurteilung im Zeitpunkt des Kaufabschlusses gegenüber:

Vermögensaspekt	Vermögensgegenstand: Obligation	Aktie	Kunstwerk
1. Geldnähe	geldnah	geldnah	geldfern
2. erwarteter finanzieller Ertrag	laufend und „landesüblich"	laufend, einmalig	einmalig
3. Ertragsrisiko	unbedeutend	erheblich	erheblich
4. erwarteter nichtfinanzieller Ertrag	keiner	laufend, aber unbedeutend	laufend und bedeutend

Das Beispiel dient in erster Linie dazu, Abgrenzungsprobleme aufzuzeigen.

(1) Wir rechnen den nichtfinanziellen Ertrag generell dem Konsumnutzen zu. Liegt ihm Ertragsvermögen zugrunde, wird er als „Ver-

---

aber auch bei Bohn selbst (S. 76 f.), das Zinsmotiv gehört zu den Ausführungen über die Wahl der Vermögensart (S. 86 - 90).

109 Dabei können die möglichen (zugänglichen) Vermögensarten auf die Sparentscheidung einwirken.

110 Vgl. *Veit:* (1966) S. 42 - 48.

111 Vgl. insbesondere *Rudloff:* (1969) S. 16 - 18, 28 f., der dem Vermögensbestand einen originären Nutzen zuweist, der bereits die Sparentscheidung beeinflußt.

112 Als weiterer Aspekt könnte die Reagibilität einer Vermögensart auf Preisniveauänderungen diskutiert werden, vgl. *Bohn:* (1969) S. 88 - 90, *Holzheu,* Franz: Vermögensdispositionen, Kreditmärkte und internationale Kreditbeziehungen, Tübingen 1971, S. 32 f. Sie schlägt sich jedoch im finanziellen Ertrag aus dem Vermögensobjekt nieder und ist daher in 2. eingeschlossen.

113 *Bohn:* (1969) S. 87 f. gibt 1., 3. und Bequemlichkeit als die wichtigsten Gesichtspunkte für die Wahl der Vermögensart an. Abgesehen von den reichen Sparern wird der finanzielle Ertrag als unbedeutendes Motiv angegeben (S. 96). So auch *Paschke,* Werner: Bestimmungsgründe des persönlichen Sparens, Berlin 1961, S. 140 - 155, *Holzheu:* (1971) S. 51. Zum finanziellen Ertrag als Motiv zum Aktienkauf vgl. *Hielscher,* Udo: Das optimale Aktienportefeuille. Grundlagen der Kapitalanlagenplanung am Aktienmarkt, Frankfurt 1969, S. 116 - 127.

mögensnutzen" bezeichnet. Dieser Vermögensnutzen resultiert aus dem Vermögensbestand, ohne zu einem „Wertverzehr" des Vermögensgegenstandes zu führen. Zur näheren Erklärung ist auf die Abgrenzung zwischen Konsumausgabe und Ausgabe für einen Vermögensgegenstand einzugehen.

(2) Wird der Begriff „Wirtschaftsgut" als Oberbegriff verwendet, so ist innerhalb dieser Kategorie zu unterscheiden

a) Konsum-Verbrauchsgut,

b) Konsum-Gebrauchsgut oder Konsum-Vermögensgegenstand, zusammengefaßt als „Konsumvermögen" bezeichnet[114],

c) Vermögensgegenstand[115], zusammengefaßt als „Ertragsvermögen" bezeichnet.

Die Abgrenzung zwischen Konsum- und Ertragsvermögen erfolgt hilfsweise nach folgendem Kriterium: liegt bei Abschluß des obligatorischen Geschäftes die Absicht vor, laufende Einzahlungen und/oder durch Verkauf zu einem späteren Zeitpunkt eine positive Zahlungsdifferenz gegenüber der Anschaffungsausgabe (i. w. S.) zu erzielen, handelt es sich um den Erwerb von Ertragsvermögen. Dieses Kriterium ermöglicht es, auch Realvermögen des Haushaltes zum Ertragsvermögen zu rechnen[116], ohne jedoch Gegenstände des Konsumvermögens wegen eines möglichen Restverkaufserlöses einschließen zu müssen.

Das für Ertragsvermögen definierte Abgrenzungskriterium hat zur Folge, daß das Halten von Kasse kein Ertrags- sondern Konsumvermögen ist[117], während andererseits der Kassenbestand gerade auf einen

---

114 Vgl. *Streissler:* (1966) S. 13 und S. 27, Anm. 5, *Bohn:* (1969) S. 74. Bohn rechnet der Sparleistung i. e. S. die „Nettoinvestition" des Konsumenten hinzu, die als Summe der Ausgaben für Gebrauchsgüter abzüglich den Ausgaben für den Ersatz von Gebrauchsgütern definiert wird. Diese „Rechnung ohne Abschreibungen" ist sachlich wenig befriedigend, weil es weder eine reine pagatorische Rechnung („Konsum im engeren Sinne", vgl. *Streissler:* (1966) S. 13) noch eine konsequente Aufwandsrechnung („Konsum im weiteren Sinne") ist. *Pearce:* (1964) S. 14, 39 - 43 und *Holzheu:* (1971) S. 9 und 49 sehen in dem Kauf eines Konsum-Gebrauchsgutes nur einen Aktivtausch. Damit steht nicht der Kaufentschluß, der Verzicht auf finanzielle Dispositionsfähigkeit im Mittelpunkt. Ermöglicht wäre dadurch eine Vermögensrechnung, die — ihr Zweck sei dahingestellt — die immateriellen „Investitionen" des Konsumenten konsequenterweise einbeziehen müßte (vgl. den Hinweis bei *Rudloff:* (1969) S. 19 Fußnote 26). Auf dieses Abgrenzungsproblem geht *Holzheu* bei der Behandlung der Bilanzdispositionen des Haushaltes erst gar nicht ein (1971, S. 50 - 57).

115 Die Begriffe Wirtschaftsgut und Vermögensgegenstand sind hier losgelöst von ihren Begriffsinhalten in der Bilanztheorie zu verstehen.

116 *Rudloff:* (1969) äußert sich zwar kritisch zur üblichen Gleichsetzung von Realvermögen mit Konsumvermögen (S. 97), ohne jedoch Konsequenzen zu ziehen. Er beschränkt sich vielmehr auf das finanzielle Vermögen, unterteilt in monetäres und nicht-monetäres finanzielles Vermögen (S. 100, 19 f.).

Verzicht auf konsumtive Verwendung der Mittel zurückzuführen ist. Es fehlt also andererseits die Umwandlung von Geld in einen Gegenstand des Konsumvermögens mit der Folge, daß aus der Sicht des Entscheidungszeitpunktes zumindest ein Teil des finanziellen Einstandes (Anschaffungsausgabe) nicht wieder zurückgewonnen wird.

Diese Zwitterstellung des Kassenbestandes ist für später im Auge zu behalten.

(3) Die Zusammenhänge zwischen finanziellem Ertrag und Sicherheit dieses Ertrages sind Gegenstand der Portfolioanalyse. Sicherheit bezieht sich auf die möglichen Abweichungen (Streuung) in den Zahlungen aus dem Vermögensgegenstand einschließlich seines Verkaufserlöses. Zurechenbarkeit der Zahlungen auf den Vermögensgegenstand vorausgesetzt, handelt es sich bei der Streuung in den Zahlungen um das isoliert erfaßte Ertragsrisiko. Seine Bewertung hingegen ist wegen der Interdependenzen nur unter Einbezug des gesamten Vermögens möglich[118]. Die üblicherweise verwendeten quadratischen Nutzenfunktionen zur Ermittlung des optimalen Portefeuilles / der optimalen Vermögensstruktur beziehen sich auf das gesamte Vermögen. Der Grenznutzen geht bei einer Vermögenszunahme gegen Null; damit jedoch negative Grenznutzen ausgeschlossen bleiben, müssen die Funktionsparameter entsprechend gewählt[119] bzw. bei wachsendem Vermögen jeweils angepaßt werden. Diese Anpassungsnotwendigkeit befriedigt sachlich wenig, hinzu kommt die inhaltliche Unbestimmtheit der Nutzenfunktion: meint sie nur einen originären Nutzen aus dem Vermögensbestand oder den möglichen Konsumnutzen aus dem remonetisierten Vermögen (also einen derivaten Nutzen) oder beide[120]?

(4) Schwieriger ist es, die Geldnähe eines Vermögensgegenstandes zu kennzeichnen. Häufig wird der Begriff der Liquidität mit der Geldnähe gleichgesetzt[121]. Demnach wird von diesen Autoren Liquidität als Eigen-

---

[117] Vgl. *Veit:* (1966) S. 239 (der Liquiditätsnutzen als eine Art des Verbrauches).

[118] Vgl. *Hielscher:* (1969) S. 186 - 188, *D. Schneider:* (1970) S. 350.

[119] Vgl. *Franke,* Günter: Verschuldungs- und Ausschüttungspolitik im Licht der Portefeuille-Theorie, Köln u. a., 1971, S. 19.

[120] Vgl. *Pearce:* (1964) S. 78: „The utility from saving comes partly from interest earned, partly from the satisfaction that the power to command wealth for its own sake gives, and partly from goods which it is intended to purchase in the future." Die Ansicht, daß der Zinsertrag Nutzenkomponente des Vermögens ist, wird allerdings nicht geteilt. Der Nutzen des finanziellen Ertrages ist als Einkommensbeitrag explizit zu bewerten. Darauf wird später näher eingegangen.

[121] Vgl. *Veit:* (1966) S. 32, 42, 237; *Holzheu:* (1971, S. 22), der daneben die Begriffe „Abtretbarkeit" (shiftability) und „moneyness" anführt; *Sandig,* Curt: Finanzierung mit Fremdkapital, Stuttgart 1965, S. 42, der jedoch über-

schaft eines einzelnen Vermögensgegenstandes bezeichnet. Das gilt vor allem für Veit, obwohl gesehen wird, daß mit dem gleichen Begriff andererseits ein Zustand, ein (wichtiges) Merkmal der finanziellen Situation eines Individuums/Rechtsträgers[122] gemeint ist[123]. Liquidität als Zustand verstanden, als Zahlungsfähigkeit über die Zeit, ist ein komplexes Phänomen. Die Begriffsdefinition von Witte[124] meint das finanzielle Gleichgewicht zu jedem Zeitpunkt, spricht aber den Aspekt der finanzwirtschatflichen Elastizität[125] zu wenig an, die sich in Bereitschaftsdispositionen zeigt. Diese Bereitschaftsdispositionen umfassen einmal die Strukturierung des Vermögens unter dem Aspekt der Geldnähe der Vermögensteile, zum anderen die Gestaltung der Kreditfähigkeit. Die Liquidität hängt vom betragsmäßigen und zeitlichen Deckungsgrad der erwarteten Aus- und Einzahlungen ab, dem vorhandenen Vermögensbestand, der Geldnähe seiner Komponenten und der Kreditfähigkeit des Individuums/Rechtsträgers[126]. Liquidität als Zustand (über die Zeit) ist also nur subjektbezogen definierbar[127]. Wenn Veit Liquidität als ein Mittel der Befriedigung des Bedürfnisses nach dem Zustand des Liquideseins definiert[128], so ist diese Definition nicht deckungsgleich

---

wiegend die Begriffe Marktwertnähe oder Marktnähe verwendet (S. 41); laut *Claassen:* (1970, S. 50) auch Keynes; *Sohn,* Gerhard: Liquidität, Unsicherheit und Geldnachfrage, Frankfurt 1971, S. 76, 105 - 112; Sohn verweist zwar auf die divergierenden Begriffe, ohne sich mit den Unterschieden in den Begriffsinhalten aufzuhalten (S. 106); anders *Jarchow,* Hans-Joachim: Theoretische Studien zum Liquiditätsproblem, Tübingen 1966, S. 10, der für die Geldnähe die Begriffe Liquidierbarkeit oder Monetisierung verwendet.

122 Zur begrifflichen Abgrenzung von Rechtsfähigkeit, Handlungsfähigkeit, Schuld- und Vermögensfähigkeit vgl. *Fabricius,* Fritz: Relativität der Rechtsfähigkeit, München und Berlin 1963, S. 29, 31, 44, 59 f., zur Einheitszuständigkeit der Rechtsgemeinschaften S. 139 - 144.

123 Vgl. *Veit:* (1966) S. 31 f.; *Witte,* Eberhard: Die Liquiditätspolitik der Unternehmung, Tübingen 1963, S. 8 f.: die Verflüssigungsfähigkeit der Vermögensteile ist nur ein — wenn auch bedeutsamer — Teilaspekt der Zahlungsfähigkeit.

124 *Witte:* (1963) S. 15: „Liquidität ist die Fähigkeit der Unternehmung, die zu einem Zeitpunkt zwingend fälligen Zahlungsverpflichtungen uneingeschränkt erfüllen zu können; sie muß während des Bestehens der Unternehmung zu jedem Zeitpunkt gegeben sein."

125 Dieser Begriff findet sich bei *Riebel,* jedoch als Oberbegriff für a) Liquidität (die auf die Umsatzelastizität eingeschränkt wird) und b) Kapital- und Kreditelastizität, vgl. *Riebel,* Paul: Die Elastizität des Betriebes, Köln und Opladen 1954, S. 5 f., zum Wesen und Begriff der Elastizität allgemein S. 93 - 100. Ähnlich *Schmölders:* (1969, S. 121), der subjektive Liquidität als das Gefühl finanzieller Bewegungsfreiheit definiert hat. Die vergleichsweise geringe finanzwirtschaftliche Elastizität des Haushaltes als Determinante der Strukturierung seines Vermögens findet sich nur bei *Holzheu:* (1971, S. 53 f.) erwähnt.

126 Die Literatur verwendet hier den Begriff der „generellen Liquiditätsposition" (whole liquidity position), vgl. *Jarchow:* (1966) S. 9.

127 So auch *Jarchow:* (1966) S. 10; vgl. *Veit:* (1966) S. 33 Fußnote 2 für C. R. Whittlesey.

mit dem später verwendeten objektbezogenen Liquiditätsbegriff im Sinne von Liquiditätsgrad = Geldnähe[129]. Formulieren wir das zunächst als Begriffsstreiterei anzusehende Problem schärfer. Die Geldnähe ist neben den Ertragserwartungen, dem Ertragsrisiko und den nichtfinanziellen Vorteilen ein wichtiges Merkmal (Eigenschaft) eines Vermögensgegenstandes. Sie gehört zu den „characteristics" im Sinne von Lancaster[130], nach denen das Individuum Wirtschaftsgüter im Hinblick auf ihre Eignung zur Bedürfnisbefriedigung beurteilt. Die Geldnähe eines Vermögensgegenstandes ist ein marktorientiertes, verkaufsorientiertes Merkmal, und seine wichtigsten Bestimmungsgrößen sind die Homogenität des Vermögensgegenstandes, die Marktorganisation und die Markthäufigkeit für diesen Gegenstand. Unter Einschaltung des Informationsstandes des Individuums über die Wiederverkaufsmöglichkeiten könnte man eine objektive und subjektive Merkmalsausprägung der Geldnähe unterscheiden[131]. Unterstellen wir die Existenz des Liquiditätsbedürfnisses, so resultiert aus der subjektiven Beurteilung der Geldnähe die Eignung des Vermögensgegenstandes zur Befriedigung des Liquiditätsbedürfnisses. Daraus wird der Schluß gezogen, daß aus der Geldnähe eines Vermögensgegenstandes ein originärer, an den Vermögensbestand (und nicht an seine Verwertung) gebundener Liquiditätsnutzen resultiert[132]. Dabei handelt es sich um einen isoliert festgelegten Liquiditätsnutzen des einzelnen Vermögensgegenstandes.

Greifen wir auf unsere Unterscheidung zwischen Geldnähe und Liquidität (als Zustand über die Zeit) zurück, zeigt sich, daß die isolierte „Bewertung" des Merkmales „Geldnähe" eines Vermögensgegenstandes nicht möglich ist. Was die Geldnähe eines Gegenstandes dem Individuum im Einzelfall „nutzt", hängt von seiner Liquiditätssituation ab. Der Vergleich mit dem objektverbundenen Ertragsrisiko und seiner Bewertung im Rahmen des Vermögensverbundes durch den Portfolioansatz bietet sich an.

Wir können zunächst feststellen, daß die Vermögensmerkmale „Ertragsrisiko" und „Geldnähe" in der Kassenhaltung ihren gemeinsamen Bezugspunkt haben: Kasse ist „sicher" in bezug auf das Ertragsrisiko,

---

128 *Veit:* (1966) S. 32; vgl. auch die Systematisierung der die Liquidität als Zustand berührenden Vorgänge bei *Jarchow:* (1966) S. 7.

129 *Veit:* (1966) S. 42 - 48.

130 *Lancaster,* Kelvin J.: A new Approach to Consumer Theory, The Journal of Political Economy, Vol. 74, 1966, S. 132 - 157, S. 134.

131 Vgl. *Schimmelbusch,* der die Menge der objektiven Merkmalswerte als „objektive Qualität" eines (Konsum-)Gutes zusammenfaßt und ihre Beurteilung durch den einzelnen Konsumenten als „subjektive Qualität", *Schimmelbusch,* Heinz: Elemente einer Theorie irreversiblen Konsumentenverhaltens, Göppingen 1971, S. 50 - 56.

132 Vgl. *Veit:* (1966) S. 68 - 70, *Rudloff:* (1969) S. 29, 53 - 56.

und Kasse ist geldgleich in bezug auf die Geldnähe irgendeines anderen Vermögensgegenstandes. Es ist deshalb nicht möglich, Nachfrage nach Kasse eindeutig (und einseitig) auf das Liquiditätsbedürfnis zurückzuführen und dabei unbeachtet zu lassen, daß das Halten von Geld auch eine Art der „Geldverwendung“ im Sinne einer Vermögensart ohne Ertragsrisiko ist (Wertaufbewahrungsfunktion des Geldes). Dieses „Doppelgesicht“ des Kassenbestandes wird in der Literatur unzureichend beachtet[133].

Existiert ein Liquiditätsbedürfnis als Quelle eines originären Liquiditätsnutzen, so wäre ein Vermögensgegenstand nicht nur im Hinblick auf Ertrag und Ertragsrisiko, sondern auch auf seinen Beitrag zur Liquidi-

---

[133] Entgegen der Wortfolge im Titel behandelt *Sohn* (1971) das Liquiditätsbedürfnis als Determinante des Kassenbestandes nur beiläufig (S. 107 bis 114) und im übrigen das Halten von Kasse aus der Sicht der Portfoliotheorie (Ertragsrisiko) und des finanziellen Ertrages (Spekulationskasse). *Veit:* (1966, S. 31) sieht nur den Liquiditätsaspekt der Kassenhaltung, ohne den Sicherheitsaspekt ausführlich zu diskutieren. Die Folgen zeigen sich bei der Diskussion (S. 235 - 240), ob Geld einen Zins bringt. Auch bei Nichtexistenz eines eigenständigen Liquiditätsnutzens kann sich das Halten von Kasse aus finanziellen Ertrags- und Ertragsrisikoüberlegungen heraus als die beste Handlungsweise ergeben. Es ist somit völlig offen, ob eine Grenzrate der Substitution zwischen Kassenhaltung und anderen Vemögensarten (S. 236) mit oder ohne einen eigenständigen Liquiditätsnutzen zustande kommt. Wenig konsistent sind die Ausführungen von *Claassen,* Emil M.: Die Liquiditätstheorie der Zinsstruktur, Jahrbücher für Nationalökonomie und Statistik Bd. 177, 1965, S. 201 - 240. In seinem Ansatz zur Erklärung der Zinsstruktur führt Claassen neben geographischen Faktoren das Ertragsrisiko und die Fristenstruktur (Laufzeiten) der Schuldtitel an (S. 201 - 203). Welcher Zusammenhang zwischen Fristenstruktur und Liquiditätsstruktur besteht, wird nicht behandelt (spätere Ausführungen sprechen für eine Identifikation, S. 216), und ob die Relevanz der drei Strukturfaktoren isolierbar ist, wird nicht als Problem angesehen. Die Zinsstruktur wird kurzerhand auf die Liquiditätsentscheidungen der Individuen (Haushalte und Unternehmen) zurückgeführt, obwohl es das Anliegen Claassens ist, eine allgemeine Preistheorie der monetären Vermögensformen zu entwickeln (S. 211 f., andere Vermögensmerkmale also mit einbezogen werden müssen). Der unterschiedliche Liquiditätsgrad (= Geldnähe) der Vermögensgegenstände wird auf das Halten von Kasse bezogen, und die Kassenhaltung ihrerseits wird auf die Motive Bequemlichkeit (Transaktionskosten) und Sicherheit zurückgeführt (S. 212 f.). Ob und in welcher Beziehung Geldnähe und Sicherheit stehen, bleibt unerörtert (S. 214), die Anwendung der Portfoliotheorie läßt den Aspekt der Geldnähe völlig fallen (S. 217 - 225). Bei der Erklärung der Wahl der Vermögensart werden die Motive Geldnähe und Risiko ebenfalls unzureichend auseinander gehalten. Für den „kleinen Sparer“ wird z. B. angeführt: Sicherheit vor Liquidität/Geldnähe bei *Bohn:* (1969) S. 81, *Rudloff:* (1969) S. 99, Sicherheit vor Ertrag bei *Holzheu:* (1971) S. 50 f., *Paschke:* (1961) S. 145, „Liquidität“ vor Ertrag bei *Paschke:* (1961) S. 146, *Bohn:* (1969) S. 87. Bei der Wahl einer geldnahen Vermögensart wäre zusätzlich das Sparmotiv zu berücksichtigen. Insbesondere konsumbezogene Ersparnis (und ihre mögliche Determinante, die Regelmäßigkeit des Einkommens) legt eine fungible Vermögensart nahe, vgl. *Holzheu:* (1971) S. 51, *Paschke:* (1961) S. 143; *Holzheu:* (1971, S. 50, 52) weist darüber hinaus darauf hin, daß der „kleine Sparer“ wenig Möglichkeit habe, durch Mischung die Einzelrisiken der Vermögensarten auszugleichen, was die Vorliebe für sichere Anlagen erkläre.

tätssituation über die Zeit hin zu bewerten. Eine Nutzenfunktion zur Ermittlung der optimalen Struktur eines Vermögensbestandes müßte also das Merkmal der Geldnähe mitberücksichtigen.

Überprüft man die Literatur darauf hin, kann davon keine Rede sein. Naheliegende Überlegungen versuchen, die Geldnähe als „Verlust" im Falle eines Notverkaufes beim einzelnen Objket[134] oder bei einem Vermögensverbund zu quantifizieren[135]. Portfolio-Ansätze sind spätestens dann zur Berücksichtigung der Liquidität gezwungen, wenn Realinvestitionen einbezogen werden. Die vorliegenden Ansätze[136] laufen auf die Frage hinaus, ob die Konsequenzen einer Verletzung des finanziellen Gleichgewichtes expliziert und in Zahlungen quantifiziert werden können. Schlagen sich die Folgen finanzieller Schwierigkeiten in zusätzlichen Auszahlungen und/oder verringerten Einzahlungen nieder, wird das Liquiditätsrisiko ein Teil des Ertragsrisikos des Gesamtvermögens, und das Liquiditätsbedürfnis wäre das Bedürfnis, derartige, aus unzurei-

---

[134] Vgl. z. B. *Veit:* (1966) S. 42, *Holzheu:* (1971) S. 22, der kurz auf das Problem des Referenzwertes eingeht, *Witte:* (1963) S. 9 f. unter Verwendung des Begriffes der Liquidierbarkeit.

[135] Vgl. *Engels*, Wolfram: Rentabilität, Risiko und Reichtum, Tübingen 1969, S. 59 - 65, 70 - 72, *Franke*, Günter: Verschuldungs- und Ausschüttungspolitik im Licht der Portefeuille-Theorie, Köln u. a., 1971, S. 135 f.

[136] Vgl. z. B. *Peters*, Lutz: Simultane Produktions-Investitionsplanung mit Hilfe der Portfolio-Selection, Berlin 1971, S. 76, Ziff. 4, 100 - 106; S. 24 - 26 wird kurz Bernoulli-Prinzip und lineares Programm mit stochastischen Nebenbedingungen gegenüber gestellt. Letzteres erfordert die Vorgabe einer Wahrscheinlichkeit für das Eintreten finanzieller Schwierigkeiten. Damit mag die vorgegebene höchstzulässige Übertretungswahrscheinlichkeit in gewisser Weise die Risikoneigung des Entscheidungsträgers widerspiegeln (vgl. *Peters:* (1971) S. 26), abgeschnitten ist jedoch von der Frage, welche Auswirkungen das Eintreten finanzieller Schwierigkeiten hat. Zur ausführlichen Kritik vgl. *Hax*, Herbert: Investitionsentscheidungen bei unsicheren Erwartungen, in: Entscheidung bei unsicheren Erwartungen, hrsg. von Herbert Hax, Köln und Opladen 1970, S. 129 - 140, S. 133 f., D. *Schneider:* (1970) S. 377 f., 388 - 390. *Laux* unterstellt, daß die Verschuldung nur in dem Umfang erfolgen kann, daß aus der Sicht der Schuldner und Anteilseigner keine finanziellen Schwierigkeiten auftreten, vgl. *Laux*, Helmut: Kapitalkosten und Ertragsteuern, Köln u. a., 1969, S. 133. *Franke:* (1971) schließt aus, daß der Anteilseigner zahlungsunfähig werden kann, im Zweifelsfall würde er über anderes Vermögen zum Ausgleich verfügen (S. 16). Dieses nichtspezifizierte Vermögen ist damit allerdings nicht in die Überlegungen zur optimalen Strukturierung des Gesamtvermögens einbezogen. Im Hinblick auf finanzielle Schwierigkeiten bei der Gesellschaft werden Einschränkung des Investitionsprogrammes, Teil- und Gesamtliquidation diskutiert (S. 14, Ziff. 4, 120, 126 - 141). *Swoboda* behandelt das von der Kapitalstruktur abhängige Konkursrisiko und seine Verringerung durch Änderungen im Investitionsbereich (einschließlich Notverkäufen) oder Halten von Liquiditätsreserven. Die Strukturierung dieser Reserven als ein Problem der Wahrscheinlichkeit ihrer Inanspruchnahme, der möglichen Zinserträge und Transaktionskosten, mithin abhängig nur von Zahlungsgrößen und unabhängig von Nutzenvorstellungen, veranlaßt zur Überprüfung der Motive der Kassenhaltung als Bestimmungsgrößen eines originären Liquiditätsnutzens. Vgl. *Swoboda*, Peter: Finanzierungstheorie Würzburg-Wien 1973, S. 78 - 87.

chender Liquidität resultierende Zahlungen/Zahlungsverringerungen zu vermeiden. Läßt sich das Liquiditätsrisiko auf Zahlungen zurückführen, bleibt von einem originären Liquiditätsnutzen so wenig übrig wie von einem originären Sicherheitsnutzen des Vermögensbestandes.

Diese Überlegungen zwingen dazu, auf die in der Literatur angeführten Determinanten des Liquiditätsbedürfnisses als Voraussetzung des originären Liquiditätsnutzens zurückzugehen. Exemplarisch sind die Motive der Kassenhaltung zu überprüfen.

c) Der Nutzen der Kassenhaltung

(1) Motive der Kassenhaltung

Für die Motive der Kassenhaltung wird regelmäßig auf Keynes verwiesen, der Einkommens-, Vorsichts- und Spekulationsmotiv unterscheidet[137]. Daraus abgeleitet werden — gedanklich nebeneinandergestellt — Transaktions-, Vorsichts- und Spekulationskasse unterschieden, während sich realiter die Motive überdecken und nicht in getrennten Kassenbeständen niederschlagen[138]. Damit lassen sich jedoch nicht Verquickungen bereits bei den Motiven rechtfertigen. Bereits Keynes ordnet die Vorsorge für unvorhergesehene Gelegenheiten zu vorteilhaften Käufen dem Vorsichtsmotiv zu (S. 164). Damit fehlt jedoch ein Kriterium zur Abgrenzung gegen das Spekulationsmotiv[139]. Das Halten von Kasse, um alternativ eintretende Verluste zu vermeiden, günstigere Anlagemöglichkeiten oder den vorteilhafteren Kauf von Konsumgütern abzuwarten, beruht auf einem erwarteten finanziellen Ertrag des gehaltenen Geldbestandes. Welchen (Konsum-)Nutzen dieser Ertrag bringt, hängt von seiner Verwendung ab und hat nichts mit einem originären Nutzen des Kassenbestandes als solchem zu tun[140]. Die Literatur begnügt sich damit, die von Keynes getroffenen Unterscheidungen zu wiederholen. Daher erstaunt es nicht, daß die Aspekte, Kasse als eine Art des Vermögens zu halten mit der Absicht, einen finanziellen Ertrag (unter Un-

---

[137] *Keynes,* John Maynard: Allgemeine Theorie der Beschäftigung, des Zinses und des Geldes, München und Leipzig 1936, S. 164.

[138] Bereits *Keynes:* (1936) S. 163, im übrigen vgl. *Otruba,* Heinrich: Zur mikroökonomischen Geldnachfragetheorie, Zeitschrift für Nationalökonomie Bd. 30, 1970, S. 309 - 325, S. 309 f., *Jarchow:* (1966) S. 8.

[139] Interessanterweise führt Alvin H. Hansen die vorteilhaften Käufe beim Vorsichtsmotiv nicht an, ohne auf diese Abweichung hinzuweisen, vgl. *Hansen,* Alvin H.: Keynes' ökonomische Lehren. Ein Führer durch sein Hauptwerk, Stuttgart und Düsseldorf 1959, S. 126 - 128.

[140] Es ist daher ein Widerspruch bei *Veit,* wenn er einen vorteilhaften Tausch (= Kauf, vgl. S. 70, 238, 232, auch S. 37 oben) als Ertrag des Geldes im Sinne seiner Theorie eines eigenständigen Liquiditätsnutzens ansieht. Der Liquiditätsnutzen setzt einen (weiter-)bestehenden Kassenbestand voraus (Veit: S. 68 selbst, auch S. 232).

sicherheit) zu erzielen, mit den Aspekten, Kasse zur Abwicklung von Transaktionen unter Unsicherheit zu halten, vermengt werden. Unbemerkt wird der finanzielle Ertrag der Kassenhaltung zur Begründung eines eigenständigen Liquiditätsnutzens verwendet[141]. Die Erwartungen hinsichtlich des finanziellen Ertrages aus dem Halten von Kasse sind zwar eine Bestimmungsgröße für den Umfang der Kassenhaltung, aber kein eigenständiges Bedürfnis im Sinne des Nutzenbegriffes.

(2) Der Liquiditätsnutzen bei Patinkin

(2a) Das Grundmodell

Auf die Ausführungen von Don Patinkin[142] zur Begründung eines eigenständigen Nutzens aus der Kassenhaltung wird zwar gern verwiesen[143], eine Auseinandersetzung fehlt jedoch. Patinkin entwickelt im 1. Kapitel (S. 3 - 12) das Modell einer Tauschwirtschaft ohne Geld. Die Produktion liegt außerhalb der Wirtschaft, jedes Individuum erhält am Montag vormittag einen Warenkorb zugeteilt. Einziges Problem ist die Umverteilung der Güter während der „Marktstunden" am Montag nachmittag. Dabei sind die Austauschrelationen für den einzelnen Marktteilnehmer vorgegebene Größen. „Nachfrage" (demand) eines Marktteilnehmers ist die Gesamtmenge X_A des Gutes A, über die das Individuum bei Marktschluß verfügen möchte, „Marktnachfrage" (excess demand) die Differenzmenge zwischen X_A und der im Warenkorb bei Markteröffnung bereits vorhandenen Menge x_A des Gutes A. Negatives Vorzeichen bedeutet Angebot (excess supply, S. 7).

Im Zwei- Güter-Fall hängt die Marktnachfrage (excess demand) eines Marktteilnehmers ab von

1. den Warenkorbmengen x_A und x_B,
2. der Tauschrelation zwischen beiden Gütern auf dem Markt,
3. dem Deckungsgrad zwischen erhaltenem und gewünschtem Warenkorb.

Mit der Einführung des Geldes in die Tauschwirtschaft erübrigt es sich angeblich, den unter 3. angeführten Deckungsgrad als eigenen Bestimmungsgrund der Marktnachfrage zu berücksichtigen (Patinkin S. 17, Fußnote 7). Bei gegebenen Güterpreisen in Geldeinheiten kann die Erstausstattung zu Marktbeginn umgerechnet werden in den nominalen

---

[141] *Patinkin*, im folgenden näher behandelt, *Veit:* (1966) S. 70, 238, *Rudloff:* (1969) S. 17, 29, zu G. *Sohn:* vgl. S. 62, Fußnote 133.

[142] *Patinkin*, Don: Money, Interest and Prices. An Integration of Monetary and Value Theory, 2. ed., New York 1965.

[143] *Rudloff:* (1969) S. 47 - 62, *Jüttner:* (1971) S. 38 - 52, *Veit:* (1966) S. 76 f., 144 - 147.

Verfügungsbetrag (= nominales Einkommen). Diese Umrechnung weist jedoch das Budget nur als Verfügungspotential aus, nicht aber als Geldbetrag. Nur die excess demand und excess supply sind mit Zahlungen verbunden, der Umfang der Geldumsätze am Markttag ist nach wie vor von dem Deckungsgrad bei dem einzelnen Individuum abhängig[144]. Da die Kassenhaltung auch mit dem Umfang der Geldumsätze zusammenhängt, findet sich bereits hier die erste Unstimmigkeit in dem Modellansatz von Patinkin.

(2b) Der Bezug auf reale Größen

Nunmehr führt Patinkin drei Arten von Preisen ein und stellt seine Modellaussagen auf „reale" Größen um. Die Auseinandersetzung mit dieser für die Analyse unnötigen Komplizierung — unseres Erachtens steht sie der Erzielung von Ergebnissen sogar im Weg — findet sich im Anhang IV. Wir erwähnen hier nur, daß Patinkin kein neues Ergebnis erzielt gegenüber der seit Keynes bekannten Abhängigkeit der Transaktionskasse vom Einkommen (Konsumausgabenbudget).

(2c) Die Bestimmungsgründe für das Halten von Kasse bei Patinkin

In dem Modell einer monetären Tauschwirtschaft hat das Individuum einen Kassenbestand als Vortrag der vorangegangenen Konsumperiode und erhält exogen/ohne Gegenleistung einen Warenkorb als Erstausstattung jeden Montag vormittag. Montag nachmittag ist Gelegenheit zum Kauf und Verkauf zu gegebenen Güterpreisen gegeben. An den übrigen Wochentagen können keine Verträge abgeschlossen werden, diese Tage dienen zur Abwicklung der am Montag geschlossenen Kontrakte (S. 13). Erst auf S. 80 wird klargestellt, daß nicht auch die Liefertermine zufällig über die Woche verteilt sind, sondern nur die Ein- und Auszahlungen auf Grund der Kontrakte vom Montag nachmittag (S. 14, 79). Aus letzterem folgt, daß das Individuum die Gesamtsumme der Aus- und Einzahlungen und die Größenstruktur der Einzelbeträge kennt, nicht aber ihre zeitliche Verteilung. Um im Laufe der Woche jederzeit zahlungsfähig (nicht auch vertrags-/kauffähig!) zu sein, hält das Individuum Kasse. Die so begründete Kassenhaltung ist ihrem Umfange nach zunächst einmal abhängig von dem nominalen Transaktionsvolumen des Markttages. Dieses hängt wiederum von dem Deckungsgrad zwischen dem Warenkorb der Erstausstattung zu dem gewünschten Warenkorb ab, mithin von einer Größe, die Patinkin in seinem Modell überhaupt nicht definiert.

---

[144] Vgl. Anhang V, S. 205 zur Grenzausgabe bei einer Preisänderung im Modellansatz von Patinkin. Zum Deckungsgrad als Bestimmungsgröße des Transaktionsvolumens vgl. auch *Fama*, Eugene und Merton H. *Miller:* The Theory of Finance, New York u. a. 1972, S. 28 oben.

Die zweite Bestimmungsgröße für die Kassenhaltung, die Größenverteilung der Ein- und Auszahlungsbeträge, ist auf S. 87 wenigstens angesprochen.

Tritt Zahlungsunfähigkeit ein, drohen „Unbequemlichkeiten" und/oder Strafzahlungen (S. 14, 79 f.). Letztere lassen die Zahlungsunfähigkeit zu einer Kostenfrage werden. Die Unbequemlichkeiten[145] werden zur Begründung des Nutzens aus dem Halten von Geld angeführt (S. 79), sie bestehen nach der Modellbeschreibung jedenfalls nicht darin, daß das Individuum Konsumbedürfnisse unbefriedigt lassen muß, weil die Liefertermine unsicher sind, oder daß während der Woche Bedürfnisse auftreten, für die nicht vorgesorgt wurde. Sind die beiden letzten „Unsicherheitsfaktoren" bei Patinkin[146] nicht anführt, so ist doch plötzlich (S. 18) von *planned* expenditures on commodities die Rede. Daran schließt sich der Gedankensprung an, daß der Umfang der gewünschten Kasse nur unter Berücksichtigung ihres realen Wertes beurteilt werden könne (S. 19). Geldverwendungsorientierte Bestimmungsgrößen der Kassenhaltung haben nichts mit der Unsicherheit der Zahlungsfälligkeiten aus abgeschlossenen Kauf- und Verkaufsgeschäften zu tun[147].

(2d) Die Berücksichtigung von Preisänderungen

Unbemerkt wechselt Patinkin von den Bestimmungsgrößen der Transaktionskasse unter Unsicherheit zu denen der Ersparnisbildung einer Konsumperiode über. Hält man Kasse, weil man sich zu künftigen Auszahlungen bereits verpflichtet hat[148], liegt Transaktionskasse vor. Das Halten von Kasse hingegen für künftige Käufe (vertragliche Verpflichtung *und* Auszahlung liegen in der Zukunft) hat damit nichts zu tun, sondern ist eine mögliche Art, Ersparnisse über die Zeit zu halten (Kasse/Geld als Vermögensart, Geld als Wertaufbewahrungsmittel).

Kassenhaltung zum Zweck der Finanzierung der Konsumausgaben in t_1 erfordert zur Bestimmung ihres Umfanges den Ansatz der für t_1 gültigen Grenznutzenfunktionen, Preise und Einzahlungen. Dieses Pro-

---

145 Sie werden unbegründet, wenn finanzielles Vermögen täglich umgewandelt werden kann, wie auf S. 80 zugelassen wird.

146 Im Gegensatz z. B. zu Karl Schlesinger, der bereits neben unsicheren Fälligkeiten die Möglichkeiten unerwarteter Auszahlungen und ausfallender erwarteter Einzahlungen berücksichtigt, vgl. *Schlesinger*, Karl: Theorie der Geld- und Kreditwirtschaft, München und Leipzig 1914, S. 96.

147 Mit dem Modellansatz unvereinbar ist es auch, wenn Abweichungen zwischen in $(t - 1)$ geplantem und in t_0 tatsächlich vorhandenem Kassenbestand als zulässig angesehen werden (S. 18 f.), denn über die Ein- und Auszahlungssummen besteht keine Unsicherheit (S. 84 selbst).

148 Abgeschlossene, aber noch nicht abgewickelte Kaufverträge bei Patinkin, anstehende Tilgungsraten für Passivkredite bei *Keynes* (S. 164), dort allerdings unter dem Vorsichtsmotiv angeführt!

blem ist unzureichend bei Patinkin dargestellt. Der von ihm herausgestellte Realkasseneffekt (vgl. z. B. S. 18, Fußnote 9) erweist sich in diesem Zusammenhang als der Versuch, die Auswirkung von Preisänderungen auf das derzeitige Sparverhalten zu erfassen. Dazu wird dem Substitutions- und Einkommenseffekt (letzterer nonmonetary-wealtheffect, S. 20) der herkömmlichen Theorie[149] noch der Realkasseneffekt (real-balance effect) zur Seite gestellt. Nicht gesehen wird, daß auf dieser rudimentären Basis keine Analyse möglich ist. Proportionale Änderungen aller Güterpreise (S. 22 f., 29 f.) bei unverändertem nominalen Anfangskassenbestand sind ein Problem von geringer Relevanz, werden aber ausgiebig behandelt. Patinkin zieht für diesen Fall den Schluß, daß das Individuum (im Falle einer Preiserhöhung) seine ursprünglich geplanten Nachfragemengen in t_0 und t_1 reduziert (S. 23 oben). Diese Schlußfolgerung setzt voraus, daß die Preisniveauerhöhung mit Marktbeginn in t_0 eintritt und auch für t_1 gilt. Das Ergebnis ist in diesem Fall banal[150].

Wird jedoch die Preisniveauerhöhung nur für einen der beiden Zeitpunkte erwartet oder handelt es sich um eine Einzelpreiserhöhung, so ist keine eindeutige Aussage mehr möglich. Das soll hier für den analogen Zwei-Güter-Fall mit einer Preisänderung erörtert werden.

Die Lehrbücher unterscheiden zwar für das preisvariierte Gut sorgfältig nach dem Normalfall und dem Fall eines inferioren Gutes[151], sind jedoch hinsichtlich Aussagen über die Änderung in der Nachfragemenge (Y) des zweiten Gutes sehr zurückhaltend. Die von Sauermann graphisch[152] dargestellte Nachfragefunktion $Y = f(P_A, \overline{P_B}, \overline{B})$ — eine Begründung wird nicht gegeben — entspricht der von uns im Anhang I, Ziffer 8 errechneten Nachfragekurve für Y bzw. für die Ausgaben C_B für Y[153]. Schumann (1971, S. 43) bezeichnet diesen Verlauf als „durchaus normal", was zu begründen wäre, denn Woll (1971, S. 117) bezeichnet die Vergrößerung *beider* Nachfragemengen bei einer Preissenkung von P_A als normale Reaktion[154].

---

149 Vgl. z. B. *Woll:* (1971) S. 116 - 119, E. *Schneider:* (1963) S. 23 - 25, *Sauermann:* (1964) S. 50 f., *Schumann:* (1971) S. 38 - 43.

150 *Rudloff:* (1969, S. 59) behauptet ein Aufrechterhalten der bisherigen realen Güternachfrage in t_0 zu Lasten der geplanten Ersparnis der Periode $t_0 - t_1$ bzw. des Anfangskassenbestandes in t_0.

151 E. *Schneider:* (1963) S. 23 Ziffer 6, *Woll:* (1971) S. 117, *Schumann:* (1971) S. 39 f., 42.

152 *Sauermann:* (1964) S. 51, Abb. 19, auch *Schumann:* (1971) S. 42 f.

153 Zu errechnen aus: Budget ($B = 40$) ./. C_A (Spalte f). Da $P_B = 1$ ist, stimmen die Werte für Y und C_B überein.

154 *Woll:* (1971, S. 117 - 119) diskutiert zwar unterschiedliche Verläufe der Preis-Konsum-Kurve und daraus abgeleitet Nachfragekurven, die Unterschiede werden jedoch nur mit der Existenz eines inferioren Gutes begründet.

Läßt man den Giffen-Fall außerhalb der Betrachtung, so führt eine Preiserhöhung für Gut *A* (vgl. Anhang I S. 183)

1. zu einer Verringerung der Nachfragemengen *X* und *Y*, wenn *X* vor Preiserhöhung im unelastischen Bereich der individuellen Nachfragekurve für Gut *A* lag,
2. zu einer Verringerung von *X* bei gleichzeitiger Vergrößerung von *Y*, wenn *X* vor Preiserhöhung im elastischen Bereich der individuellen Nachfragekurve für Gut *A* lag.

Eine Nachprüfung, wie diese Abhängigkeit von der Nachfrage-Preis-Elastizität im Zwei-Güter-Fall berücksichtigt wird, führt zu dem Ergebnis, daß die Indifferenzkurve von der Preiskonstellation P_A/P_B abhängig sind. Der Nachweis wird in Anhang V geführt. Hier genügt die Feststellung, daß die lehrbuchübliche Indifferenzkurvenanalyse zur Ermittlung der Wirkungen einer Preisänderung bei der Zeichnung der Kurven auch das erst noch gesuchte Ergebnis schon kennen muß.

Im Hinblick auf Patinkins Ansatz können wir festhalten, daß sich die Wirkungen von Preisänderungen auf die Nachfragemengen — sei es verschiedener Güter in einem Zeitpunkt oder der Güter im Zeitablauf — mit Hilfe von Indifferenzkurven nicht erklären lassen. Wird zudem noch auf der Basis realer Größen, die ein konstantes Mengengerüst als Bezugsgrundlage erfordern, argumentiert, so ist bereits der theoretische Rahmen des Ansatzes in Frage gestellt.

(2e) Geldnachfrage und -angebot

Eines der wichtigsten Anliegen der Theorie Patinkins, von einer Preisänderung auf die Änderung in der Nachfrage nach Geld zu schließen, scheitert im Dickicht der Begriffe. Es werden nämlich jeweils zwei ganz verschiedene Sachverhalte für die Begriffe Nachfrage und Marktnachfrage (excess demand) nach Geld verwendet. Patinkin unterscheidet nicht zwischen dem Geld als Gut im Sinne eines Wertaufbewahrungsmittels und dem Geld als Tauschmittel. Daher übersieht er, daß das Geld das einzige Gut ist, das sowohl nachgefragt (durch Güterverkäufe) als auch angeboten (durch Güterkäufe) wird. Excess demand in bezug auf das Geld kann daher als Wertsumme der Verkaufskontrakte (= Brutto-Marktnachfrage nach Geld, vgl. unten Definition 2) oder nur als der Saldo aus den Transaktionsvolumina verstanden werden (unten Definition 4). Diese Netto-Marktnachfrage nach Geld ist identisch mit der Änderung des Kassenbestandes und ist im Rahmen des Modells der einzelwirtschaftliche Sparbetrag.

Soll nicht nur (makroökonomisch) die Bildung und Entwicklung des Preisniveaus erklärt werden, sondern auch die Preisstruktur, wäre von der Brutto-Marktnachfrage nach Geld auszugehen. Sie ist jedoch in dem Modell Patinkins nicht definiert, weil sie, wie bereits angeführt wurde, von den Deckungsgraden der Warenkörbe der Erstausstattungen mit den gewünschten Warenkörben abhängt.

Zur Vereinfachung numerieren wir die Sachverhalte, die unter Nachfrage nach Geld verstanden werden können.

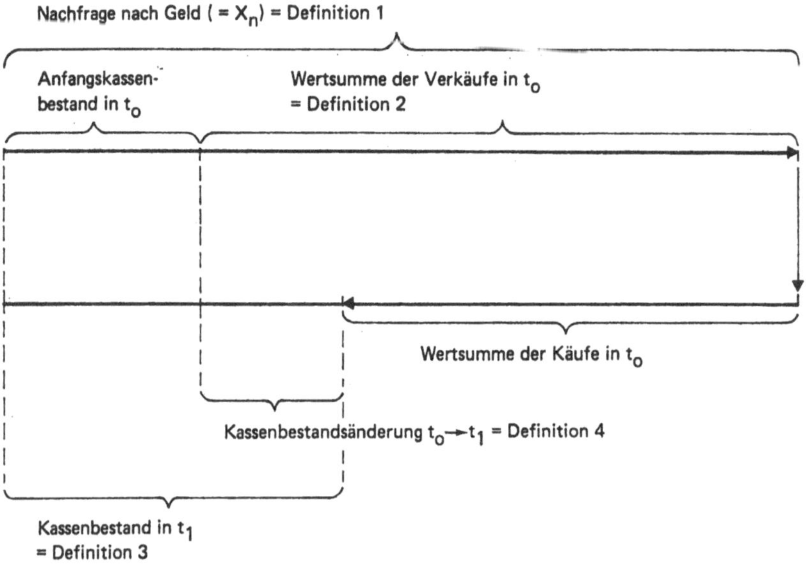

Definition 1: Entsprechend den Ausführungen zu den $(n - 1)$ Gütern ist unter Nachfrage nach Geld (einzelwirtschaftlich) die Summe aus Anfangskassenbestand zuzüglich der Wertsumme der während der Marktdauer abgeschlossenen *Ver*kaufskontrakte zu verstehen (als Symbol dafür verwendeten wir X_n).

Definition 2: Unter der *Markt*nachfrage (excess demand im bisherigen Sinne von Patinkin) nach Geld ist mithin die Wertsumme der Verkaufskontrakte = Wertsumme des einzelwirtschaftlichen Güterangebots zu verstehen (so auch Patinkin S. 24 erster Satz, S. 24 unten: It follows that the amount of the individual's excess demand for money ... is necessarily equal to the aggregate money value of the amounts of his excess supplies of commodities ...).

Definition 3: Die Nachfrage nach Geld ergibt sich aus folgendem Rechengang: Anfangskassenbestand t_0 + Wertsumme der *Ver*kaufskontrakte während der Marktstunden in t_0 abgeschlossen ./. Wertsumme der Kaufkontrakte in t_0. Die Geldnachfrage in diesem Sinne ist also identisch mit dem per t_1 (nächsten Montag) zu Marktbeginn gewünschten Kassenbestand (so Patinkin S. 24, 2. Absatz, 1. Hälfte, S. 26 oben, S. 27, 3. Absatz explizit definiert[155].

Definition 4: Geldnachfrage meint nicht den gesamten per t_1 zu Marktbeginn gewünschten Kassenbestand (Definition 3), sondern nur die Veränderung in den Anfangskassenbeständen t_1 gegenüber t_0. Diese Veränderung wird (S. 24, 2. Absatz, 2. Hälfte) mit „amount of excess demand for money" bezeichnet, obwohl sachlich keine Deckung mit Definition 2 vorliegt (so wenig sich 3 mit 1 deckt), (auch Patinkin S. 25, 2. und 3. Absatz).

Die mit Definition 4 erfaßte Größe ist die Periodenersparnis in t_0 aus der Konsumperiode t_0 bis t_1. Sie ist die Nachfrage nach Geld im Sinne eines Wertaufbewahrungsmittels, also die Nachfrage nach einer Vermögensart (eindeutig, solange die Umwandlung von Geld in andere Vermögensarten im Modell ausgeschlossen bleibt, vgl. S. 21, Fußnote 18). Rechnerisch ergibt sich die Geldnachfrage nach Definition 4 als Differenz aus den Wertsummen der Kauf- und Verkaufskontrakte einer Marktperiode. Um die begriffliche Verwirrung zu vervollständigen, wird die güterwirtschaftliche Seite *dieser Differenz* als positiver bzw. negativer Wert der „excess supplies of commodities" bezeichnet (S. 25, 2. Absatz, untere Hälfte, 3. Absatz), obwohl dieser Begriff (vgl. S. 7) analog zur Definition 2 bereits für die Wertsumme der Verkäufe (positiv) bzw. Käufe (negativ) belegt worden ist.

Die ausführliche Auseinandersetzung mit Patinkin sollte zeigen, daß zu den Kassenhaltungsmotiven außer den „Unbequemlichkeiten" bei Zahlungsunfähigkeit nichts angeführt wird, was einen eigenständigen Liquiditätsnutzen des Geldes stützen könnte. Determinanten der Transaktionskasse einerseits, des Sparens unter Unsicherheit andererseits werden nicht unterschieden. Nur kursorisch wird das Vorsichtsmotiv mit der Verfügbarkeit über liquide Mittel beim Auftreten unerwarteter Dringlichkeitsfälle in Verbindung gebracht (S. 82 unten), im übrigen aber betreffen die Ausführungen nur das Bestimmen des Transaktionskassenbestandes unter Unsicherheit hinsichtlich der Zahlungstermine.

Aber selbst in diesem Rahmen halten wir die abgeleiteten Ergebnisse nicht für zutreffend. Die Darstellung und Kritik an der entwickelten Wahrscheinlichkeitsverteilung (Patinkin S. 83 - 88) findet sich im Anhang VI. Auf Patinkins Ausführungen zur Nutzenmaximierung im Zwei-Perioden-Modell (S. 89 - 110) werden wir im Zusammenhang mit der Problembehandlung bei Veit zurückkommen. Hinsichtlich des eigenstän-

---

155 In diesem Sinne versteht Friedrich A. Lutz Nachfrage nach Geld und demand for money bei Patinkin, vgl. *Lutz*, Friedrich A.: Die Nachfrage nach Geld. JbNat.Stat. Bd. 172, 1960, S. 93 - 125, S. 93.

digen Liquiditätsnutzens sind sie konkreter als die Darlegungen Veits, indem vor allem das Problem der vergleichbaren Größendimensionen der Nutzeneinheiten behandelt wird.

(3) Der Liquiditätsnutzen bei O. Veit

(3a) Das Problem

Bei allen Unklarheiten lassen sich aus den Ausführungen Patinkins zwei (bekannte) Aspekte gewinnen:

1. Geld ist ein Mittel, Ersparnis über die Zeit zu halten (Geld als Wertaufbewahrungsmittel), und
2. das Halten eines Kassenbestandes kann als Transaktionsbedarf bei Unsicherheit erklärt werden.

An den zweiten Punkt knüpfen wir an. Auch wenn der Gesamtbetrag an Zahlungsverpflichtungen innerhalb einer Preiode eindeutig bekannt ist, kann „unerwartet" ein Bedarf auftreten, über Geld verfügen zu können, wenn hinsichtlich der Zahlungstermine Unsicherheit besteht. Voraussetzung für den Eintritt eines Geldbedarfes ist der Eintritt eines Ereignisses, das die Zahlungspflicht auslöst. Während die Kosten des Haltens von Kasse mit dem Zeitablauf verbunden sind (Bereitschaftskosten), treten die „Erträge" nicht per se mit dem Zeitablauf ein, sondern setzen das Eintreten von Ereignissen voraus. Daraus folgt sofort, daß nicht das Halten von Kasse über die Zeit einen eigenständigen Nutzen erzeugen kann, indem ein ständig vorhandenes Bedürfnis befriedigt wird. Der Vorteil aus dem Halten von Kasse setzt vielmehr den Eintritt eines Ereignisses voraus, dessen Zahlungsfolgen zu einem Rückgriff auf den Kassenbestand führen. Der Vorteil ist mithin an die Verwendung des Kassenbestandes gebunden, er ist ein derivativer und kein originärer Nutzen. Die Theorie eines originären Liquiditätsnutzens bei Patinkin und Veit beruht auf einer unzureichenden Analyse der Ertragsseite des Haltens eines Kassenbestandes. Das bedarf des Nachweises.

(3b) Der Zustand des Liquideseins als Mittel und als Ziel

Für die Diskussion ist es zweckmäßig, die beiden von Veit (S. 31) erörterten Begriffe der Liquidität hinsichtlich des Liquiditätsnutzens zu prüfen.

b.1) Versteht man unter Liquidität den Zustand des Liquideseins über die Zeit, so muß ein originärer Liquiditätsnutzen stets dann und kontinuierlich anfallen, wenn dieser Zustand gegeben ist. Der Zustand als solcher also wäre nach dieser Version das Befriedigungsmittel, das in bezug auf ein Bedürfnis den Liquiditätsnutzen erzeugt. Mit anderen Worten, der Zustand des Liquideseins wäre Mittel und nicht Zielsetzung. Es müßte geklärt werden, welches Bedürfnis der Zustand des Liquideseins befriedigt.

Man könnte das Bedürfnis z. B. als „Sicherheitsbedürfnis" bezeichnen, so daß Liquiditätsnutzen mit „Sicherheitsnutzen" identisch ist[156]. Die nächste Frage, was in diesem Zusammenhang unter „Sicherheit" zu verstehen sei, schließt sich sofort an. Der zweite Liquiditätsbegriff führt uns auf sie zurück.

b.2) Versteht man unter Liquidität die Geldnähe eines Vermögensgegenstandes im Sinne einer Eigenschaft, dann wäre der Liquiditätsnutzen die Befriedigung eines Bedürfnisses nach dem Zustand des Liquideseins durch die Geldnähe eines Gegenstandes. Hiernach ist also eine Gütereigenschaft das Befriedigungsmittel und der Zustand des Liquideseins ist die Zielsetzung. In diesem Sinne versteht Veit den Liquiditätsnutzen eines Vermögensgegenstandes, wobei graduelle Unterschiede in der Merkmalsausprägung „Geldnähe" gesehen werden[157]. Es wäre unproblematisch, die Ausführungen auf das Geld einzuschränken, wenn damit nicht zugleich die Betrachtung des Bedürfnisses zu sehr in den Hintergrund geraten würde zugunsten der Betrachtung der Eignung des Geldes zur Bedürfnisbefriedigung. Denn das eigentliche Problem liegt bei dem „Bedürfnis nach dem Zustand des Liquideseins". Es wird bei Veit nicht diskutiert, sondern als naturgegeben hingestellt[158] und in den Rang eines originären Bedürfnisses erhoben und dem konsumtiven Bedürfnis gegenübergestellt[159]. Dabei entsteht der Eindruck, als ob das Bedürfnis nach dem Zustande des Liquideseins ein kontinuierlich existentes Bedürfnis ist, das durch einen bestimmten Kassenbestand in bestimmtem Umfang kontinuierlich befriedigt wird, gleichbedeutend mit der Aussage, daß der Liquiditätsnutzen kontinuierlich und abhängig vom Umfang des Kassenbestandes anfällt[160].

---

156 Die Gleichsetzung findet sich z. B. bei *Rudloff* (S. 55), auf S. 99 hingegen wird Sicherheit gerade nicht auf den Aspekt der Geldnähe einer Vermögensart bezogen, sondern auf ihr Ertragsrisiko. Welchen Zusammenhang *Patinkin* zwischen dem marginalen Kassennutzen und der Eintrittswahrscheinlichkeit finanzieller Schwierigkeiten sieht (vgl. S. 86 unten), bleibt unklar.

157 *Veit:* (1966) S. 42 - 48, 232, 237. Seine Anmerkung S. 44 übersieht, daß die unterschiedliche Geldnähe der Vermögensgegenstände schon lange Gegenstand betriebswirtschaftlicher Überlegungen ist.

158 Vgl. S. 31: „Diese Tauschbereitschaft ... wird grundsätzlich begehrt.", S. 41: „... generelles Bedürfnis des Menschen nach Liquidesein", ferner S. 61, 68, 71.

159 S. 37 oben, S. 41 oben.

160 Vgl. die Darstellung bei *Patinkin* S. 93, und bei *Veit* im Zusammenhang mit der Erklärung des Zinses als Entgelt für einen doppelten Verzicht, S. 231 f., 236 - 239.

Die überzeugend erscheinenden Ausführungen bei Veit (S. 32) täuschen darüber hinweg, daß Ursache und Wirkung vertauscht werden: das Bedürfnis nach dem Zustand des Liquideseins ist nicht ein originäres Bedürfnis (und damit nicht Ursache für einen Nutzen, wenn es befriedigt wird), sondern ein Ergebnis, nämlich die Widerspiegelung der Aspekte der Unsicherheit, die sich auf die Zahlungszeitpunkte und Zahlungsbeträge bezieht. Beschränkt sich die Unsicherheit wie bei Patinkin auf die Zahlungsfälligkeiten, ist nur der Umfang der Transaktionskasse bei Unsicherheit als Problem angesprochen. Sind jedoch auch die Ein- und Auszahlungssummen einer Periode unsicher, wird das Sparen bei Unsicherheit und damit das Geld als Wertaufbewahrungsmittel angesprochen. Hinter der Zeitpunkt- und Betragsunsicherheit stehen einerseits Ereignisse, die zum Aufschub oder Ausfall von erwarteten Einzahlungen oder zur Vorverlagerung oder Erhöhung von erwarteten Auszahlungen führen, und andererseits der Eintritt unerwarteter, mit Auszahlungen verbundener Konsumbedürfnisse. Das sind keine neuen Erkenntnisse[161], und es kommt hier nur darauf an, zu zeigen, daß das Bedürfnis nach dem Zustand des Liquideseins nicht per se existiert, daß der Wunsch, schnell verfügbare Reserven zu halten, der Versuch ist, der Unsicherheit hinsichtlich Fälligkeiten und Zahlungsbeträgen durch Zahlungsbereitschaft zu begegnen. Nicht der Kassenbestand als Potential gewährt einen Nutzen, sondern sein Einsatz zur konsumtiven Bedürfnisbefriedigung unter Unsicherheit. Ein Kassenbestand gewinnt seinen Nutzen aus seiner Verwendung und nicht schon aus seiner bloßen Existenz.

Fassen wir die Ergebnisse im Vergleich mit der Theorie von Veit zusammen:

Wird Liquidität als Zustand des Liquideseins über die Zeit definiert, so ist sie in diesem Sinne Bereitschaft, die die Abdeckung unerwarteter Finanzbedarfe[162] ermöglicht. Die Bereitschaft selbst erzeugt keinen Nutzen, nur ihre mit der Verwendung von Geld verbundene Inanspruchnahme.

---

161 Vgl. z. B. bereits *Schlesinger:* (1914) S. 96, *Holzheu:* (1971) S. 23, 53 f.

162 Mit „Finanzbedarf" ist die Differenz zwischen den Einzahlungen und dem Geldbedarf für Auszahlungen eines Zeitabschnittes gemeint. Der näherliegende Begriff „Zahlungsmittelbedarf" im Sinne von Geldbedarf erfaßt nicht den Fall, daß eine erwartete Einzahlung später anfällt bzw. ausfällt. Der Begriff „Finanzbedarf" findet sich bei Edmund Heinen, jedoch zieht Heinen nicht alle Arten von Einzahlungen zur Saldierung heran. Wichtiger aber — und das wird nicht klargestellt — ist, ob Finanzbedarf vor oder nach Inanspruchnahme des Kassenbestandes zu verstehen ist. Vgl. *Heinen,* Edmund: Einführung in die Betriebswirtschaftslehre, 1. Aufl. Wiesbaden 1968, S. 141, *ders.:* Das Kapital in der betriebswirtschaftlichen Kostentheorie, Wiesbaden 1966, S. 19.

Versteht man hingegen wie Veit unter Liquidität die Ausprägung des Merkmales der Geldnähe eines Vermögensgegestandes, so setzt eine Nutzenstiftung durch dieses Merkmal ein Bedürfnis nach dem Zustand des Liquideseins als solchem voraus. In diesem Fall schließt die Analyse mit dem Erreichen des Zustandes ab, d. h. sie endet in einem Vorstadium. Der gewählte Liquiditätsbegriff schließt die Analyse da ab (beim befriedigten Liquiditätsbedürfnis), wo sie eigentlich erst beginnt (welches Bedürfnis steht hinter dem Wunsch, über die Zeit liquide zu sein). Die Frage (S. 30) „Was will der Mensch mit Geld?“ hätte fortgesetzt werden müssen: Was will der Mensch mit Tauschbereitschaft?

(4) Die modelltheoretische Berücksichtigung eines originären Liquiditätsnutzens bei Patinkin

Die Berücksichtigung des Liquiditätsnutzens erfolgt bei Patinkin (S. 89 - 96) auf folgende Weise; es bezeichnen:

$u'(Z_t)$	den Grenznutzen der Konsumausgabesumme in t
$u'(Z_{t+1})$	dto. in $t+1$
$u'(M_t)$	den marginalen Liquiditätsnutzen für den von t bis $t+1$ gehaltenen Kassenbestand (der originäre Liquiditäts-Grenznutzen, „marginal convenience yield“, Patinkin S. 91)[163]
r	den positiven Zinssatz für ein festverzinsliches Wertpapier (bonds).

Annahme: die Güterpreise sind im Zeitablauf konstant. Für das Optimum gelten folgende Bedingungen (S. 89 f.):

(1) $$u'(Z_t) = u'(M_t) + u'(Z_{t+1})$$

(2) $$u'(Z_t) = u'(Z_{t+1})(1+r) \ .$$

Aus (1) ./. (2) folgt

(4) $$u'(M_t) = u'(Z_{t+1}) \cdot r \ ,$$

d. h. im Optimum ist der Liquiditätsnutzen der marginalen Geldeinheit in der Kasse gleich dem Konsumnutzen aus dem Zinseinkommen für die in t marginal für den Kauf von Bonds verwendete Geldeinheit. Patinkin berücksichtigt also in seinem Ansatz, daß der Liquiditätsnutzen nur ein additiver Nutzen ist zu dem in $t+1$ durch Verausgabung der *GE* anfallenden Konsumnutzen aus dieser *GE*[164].

---

[163] *Patinkin* argumentiert mit dem Grenznutzen des realen Kassenbestandes M_t/p, mit dem der Verfasser keine Vorstellung verbinden kann (vgl. Anhang IV).

[164] Explizit *Patinkin* S. 112 f., die Überlegungen abstrahieren von einer Zeitpräferenz.

Die Formulierung von Veit (S. 37, 68 f., 236), daß bei optimaler Aufteilung der verfügbaren Mittel auf Konsumausgaben, Investitionsausgaben und Kassenbestand die gewogenen Grenznutzen gleich sind, bedarf also auf jeden Fall der Konkretisierung. Man kann bei der Formulierung der Optimalbedingung entweder nur auf die „Zusatznutzen" abstellen gemäß Gleichung (4) — so auch Veit S. 145 —, dann fehlt der Grenznutzen konsumtiver Verwendung in t, oder man stellt auf die Summen der Grenznutzen gemäß den Gleichungen (1) und (2) ab.

Man macht es sich daher zu einfach, wenn man in die Gesamtnutzenfunktion ohne Diskussion den Kassenbestand M (bzw. den realen Wert des Kassenbestandes) als das n-te Gut einstellt[165], denn der Nutzen $u(M)$ des Kassenbestandes kann — analog zu Gleichung (1) — verstanden werden als Summe von Liquiditätsnutzen und Konsumnutzen mittels Verausgabung des Kassenbestandes in $t + 1$ oder als Zusammenfassung der zeitverteilten Liquiditätsnutzen eines dauerhaft gehaltenen Kassenbestandes[166]. Es sei angemerkt, daß Patinkin den zeitverteilten Liquiditätsnutzen additiv zusammenfaßt, während für zeitverteilten Konsumnutzen aus Gebrauchsgütern bereits Böhm-Bawerk einen Abschlag verrechnete.

Es zeigt sich also, daß der Liquiditätsnutzen mit dem Problem der betragsmäßigen und zeitlichen Dimension verbunden ist, während die Literatur vergleichsweise unbekümmert um solche Vorfragen Optimierungsprobleme löst.

Es sei versucht, die schwer verständlichen Ausführungen von Veit (S. 39 - 41) hier einzuordnen. Der Begriff „Zusatznutzen" könnte zutreffend $u'(M_t)$ bezeichnen, „Mehrverbrauch" hingegen führt zu Verwechslungen. Begrifflich kann darunter nur ein Mehr der gleichen Verbrauchsart verstanden werden, d. h. ein Mehr an konsumtivem Verbrauch in $t + 1$ substitutiv für den Verzicht auf Konsum in t. Dieser „Mehrverbrauch" wird aus dem erzielten Zinseinkommen finanziert (Einkommenseffekt des Zinses)[167]. Wird zinslose Kasse gehalten, entfällt (konsumtiver) Mehrverbrauch in $t + 1$. Dieser Ausfall an konsumtivem Nutzen wird durch den „Verbrauch" der Höchstliquidität[168] und dem daraus resultierenden Liquiditätsnutzen kompensiert[169]. Soweit Kasse zum Erzielen eines finanziellen Ertrages gehalten wird[170], liegt eine In-

---

165 Vgl. z. B. *Samuelson:* (1947) S. 118 f., *Jüttner:* (1971) S. 39 f., *Patinkin:* (1965) S. 457.

166 Vgl. die Gleichung (3) bei *Patinkin* S. 90 und Fußnote 18.

167 Vgl. *Veit:* (1966) S. 39 unten.

168 Vgl. *Veit* S. 32 oben, 236 - 238.

169 Die Ausführungen (S. 39 unten) über den zeitverteilten Mehrverbrauch bei Kauf von Konsum-Gebrauchsgütern gehören nicht zum Problem des Liquiditätsnutzens.

vestition vor mit zusätzlichem Nutzen aus dem (erwarteten) Zinseinkommen (i. w. S.).

Somit sind für eine marginale Geldeinheit zu vergleichen:

Konsumausgabe in t	Halten von Kasse t bis $t+1$	Investition (i. w. S.) von t bis $t+1$, verfügbar in $t+1$ ist $GE'(1+r)$,
⇒ konsumtiver Nutzen in t $u'(Z_t)$	⇒ Liquiditätsnutzen $u'(M_t)$ + Konsumausgabe in $t+1$ ⇒ konsumtiver Nutzen in $t+1$ $u'(Z_{t+1})$	Konsumausgabe in dieser Höhe in $t+1$ ⇒ konsumtiver Nutzen in $t+1$, nach Patinkin $u'(Z_{t+1})(1+r)$

Aus der Konstellation im Optimum

$$u'(Z_t) = u'(M_t) + u'(Z_{t+1}) = u'(Z_{t+1})(1+r)$$

folgt für die Relation der konsumtiven Grenznutzen

$$u'(Z_t) > u'(Z_{t+1}) \; .$$

Unterstellen wir für beide Zeitpunkte gleiche Grenznutzenfunktionen bei konstanten Güterpreisen, so hat der originäre Liquiditätsnutzen zur Folge, daß in $t+1$ eine größere Konsumausgabensumme $B_{t+1} > B_t$ die Folgerung $u'(Z_t) > u'(Z_{t+1})$ aus der Optimalbedingung realisieren muß. Mit anderen Worten, das Individuum spart einen größeren Betrag in t als im Falle $u'(M_t) = 0$. Die Wirkung von $u'(M_t) > 0$ auf das Sparen ist um so gewichtiger, je länger die betrachtete Periode ist, weil $u'(M_t)$ proportional mit dem Zeitraum zunimmt (vgl. S. 76).

Dieses wenig befriedigende Ergebnis — das Individuum beschränkt sich bei wachsender Betrachtungsperiode tendenziell in t auf die Konsumausgaben für das Existenzminimum — gilt nicht im gleichen Ausmaß für $r > 0$, denn der Einkommenseffekt des Zinssatzes beeinflußt (verringert) den in $t+1$ realisierbaren konsumtiven Grenznutzen $u'(Z_{t+1})$. Daraus resultiert eine gewisse Kompensation der Wirkung eines positiven Zinssatzes auf die Sparneigung in t, wie später bei der Behandlung der Zeitpräferenz bei Stackelberg gezeigt wird.

Es kann Patinkin nicht zugestimmt werden, wenn er meint, der Unterschied zwischen seiner und I. Fishers Analyse liege nur in der Verteilung der Gewichte (S. 113). Zutreffend ist zwar, daß originäre Liquiditätsnutzen und positiver Zinssatz in die gleiche Richtung wirken (Kon-

---

170 Spekulationskasse, Halten von Kasse zur Vermeidung alternativ eintretender Verluste u. a., vgl. unsere Ausführungen S. 64.

sumausgaben in t verlieren an Gewicht gegenüber Ausgaben in $t + 1$, S. 464), und es werden auch die Schwierigkeiten gezeigt, das Modell von I. Fisher um den Liquiditätsnutzen zu erweitern (S. 113 f., 462 - 468, „Verschiebung der Indifferenzkurvenschar"). Hingegen: die im Fisher-Modell implizierte Zeitpräferenz erscheint in Patinkins Optimalbedingungen (S. 89 - 94) überhaupt nicht.

Für die marginale Substitutionsrate zwischen Kasse und Wertpapier im Optimum ermittelt Patinkin (S. 93) die bekannte Beziehung, daß sie gleich dem umgekehrten Verhältnis der Grenznutzen oder der Preise ist:

$$\text{(9)} \qquad \frac{\partial \text{ Kasse}}{\partial \text{ Bonds}} = \frac{u'(Z_{t+1})}{u'(M_t) + u'(Z_{t+1})} = 1/(1+r) \; .$$

In dieser Grenzrate der Substitution wird die Zeitpräferenz nicht relevant, weil nur die Struktur des Vermögens zu optimieren ist. Sie wird jedoch von Patinkin auch dann nicht angeführt, wenn zwischen Konsumausgaben in $t + 1$ und t substituiert wird:

$$\text{(7)} \qquad \frac{\partial Z_{t+1} \text{ (mittels Kasse)}}{\partial Z_t} = \frac{u'(Z_t)}{u'(M_t) + u'(Z_{t+1})} = 1$$

$$\text{(8)} \qquad \frac{\partial Z_{t+1} \text{ (mittels Bonds)}}{\partial Z_t} = \frac{u'(Z_t)}{u'(Z_{t+1})} = (1+r)/1 \; .$$

Löst man das verbleibende Problem des originären Liquiditätsnutzens dem Vorschlag von G. Sohn (1971, S. 180 f.) folgend, indem für $u'(M_t)$ die Nutzenzahl Null gesetzt wird (!), bleibt der bekannte Zwei-Güter-Fall.

Ein Rückblick zeigt, daß für eine Theorie des Vermögensnutzens und speziell des Kassennutzens kein konsistenter Ansatz vorliegt. Es fehlt durchaus nicht an Literatur zur Kassenhaltung, und geboten wird die jeweils (z. T. nur dem Anschein nach) überzeugende Behandlung einzelner Aspekte des Geldes in mikroökonomischer Sicht.

Dem Verfasser ging es in der Hauptsache darum, zu zeigen, daß es für den Liquiditätsnutzen an der Voraussetzung eines ursprünglichen Bedürfnisses fehlt. Was als „Liquiditätsbedürfnis" bezeichnet wird, ist eine Begrenzung des Erklärungsbereiches: die komplexen Beziehungen zwischen der generellen Liquiditätsposition des Individuums (vgl. S. 60) und der Unsicherheit werden nicht expliziert, sondern durch ein „Bedürfnis nach Liquidität" widergespiegelt. Zur Vereinfachung von Modellen wäre ein solches „abstrahierendes" Vorgehen zulässig, die Ableitung eines originären Nutzens hingegen findet dadurch keine Stütze.

Während das Ertragsrisiko in keiner Weise zu einer Diskussion über einen eigenständigen „Sicherheitsnutzen“ Anlaß gegeben hat, wird aus dem Zahlungsfähigkeitsrisiko die Existenz eines originären Nutzens begründet. Dieses Ergebnis zu prüfen, haben wir als notwendige Voraussetzung angesehen, um das Problem der Zeitpräferenz zunächst aus nutzentheoretischer, dann modelltheoretischer Sicht behandeln und einordnen zu können.

3. Kapitel

Die Zeitpräferenz: Einführung in das Problem

1. Das Zwei-Perioden-Modell

Der einfachste Fall ist die Aufteilung eines Verfügungsbetrages (Y_0) auf zwei Ausgabenperioden. Er ist dadurch gekennzeichnet, daß in dem Betrachtungszeitpunkt t_0 der Betrag Y_0 an finanziellen Mitteln zur Verfügung steht, der für Konsumausgaben in zwei Ausgabenperioden verwendet werden soll. Bei dieser Formulierung geht man davon aus, daß die beiden Ausgabenperioden zusammen eine Einkommensperiode bilden, die also von t_0 bis t_2 dauert. Die beiden Ausgabenperioden werden durch die beiden Ausgabenzeitpunkte t_0 und t_1 vertreten. Durch die Vorgabe des Verwendungszweckes der in t_1 verfügbaren Mittel ist die Problemstellung eingeengt auf die optimale Aufteilung der Mittel Y_0 auf die Konsumausgabensummen C_0 und C_1 in t_0 und t_1. Damit hat das Sparen den alleinigen Zweck, den Konsumausgabenstrom während eines bestimmten Zeitraumes (hier t_0 bis t_2) zu optimieren (vgl. Rudloff S. 38). Problem sind somit die Determinanten der Strukturierung der Konsumausgaben im Zeitablauf. Dazu werden die Geldverwendungsmöglichkeiten in den Entscheidungszeitpunkten durch die Grenznutzenfunktionen $U'(C_t) = f(C_t)$ vertreten, die sich auf die gesamten Konsumausgaben in einem Zeitpunkt beziehen. Da wir aus Vereinfachungsgründen wiederum lineare Grenznutzenfunktionen verwenden, handelt es sich genaugenommen um die Verwendung zusätzlicher Mittel Y_0 für Konsumausgaben in t_0 und/oder t_1. Der erste Parameter der linearen Grenznutzenfunktionen zeigt also das bereits erreichte Befriedigungsniveau an; damit wird zugleich vermieden, die Grenznutzenfunktionen im Bereich des Existenzminimums definieren zu müssen — eine Vorgehensweise, die sich bereits bei Marshall findet[1]. Im übrigen werden wir häufig auf die Überlegungen zum Zwei-Güter-Fall zurückgreifen, um die mit der Berücksichtigung des Zeitaspektes verbundenen Probleme zielstrebiger erörtern zu können.

---

[1] Vgl. *Marshall:* (1905) S. 174 und Fußnote 2, ferner Anm. VI auf S. 687.

2. Begriffliche Abgrenzungen

Es sind folgende Größen zu unterscheiden, die für die Aufteilung eines Verfügungsbetrages Y_0 auf die Verausgabungszeitpunkte t_0 und t_1 relevant sind:

1. der auf Grund des Konsumausgabenumfanges C_0 in t_0 realisierbare Grenznutzen $U'_0\,(C_0)$,

2. der auf Grund des Konsumausgabenumfanges C_1 in t_1 realisierbare Grenznutzen $U'_1(C_1)$,

3. die Zeitpräferenz, die den zeitlichen Abstand eines Nutzenbetrages zum Betrachtungszeitpunkt t_0 bewertet,

4. der Marktzinssatz i,

5. die Konsumpräferenz. Wird üblicherweise Präferenz als Ausdruck für die Motivationsstärke eines überlegten Handelns verstanden[2], so wird unter Konsumpräferenz im folgenden die Abwägung zwischen der Verausgabung von Mitteln für Konsumzwecke in t_0 oder alternativ zu einem späteren Zeitpunkt verstanden. Bei der Konsumpräferenz geht die spätere Verwendungsabsicht (Art der Konsumausgabe) und der Verwendungszeitpunkt in das Abwägen ein. Die Konsumpräferenz ist *das Ergebnis eines zweifachen* Bewertungsvorganges. Losgelöst vom zeitlichen Aspekt ist zunächst gefragt, welchen Nutzen ein verfügbarer Mittelbetrag bei zusätzlicher Verausgabung in t_0 und alternativ in t_1 bringt. Dann ist zusätzlich der Zeitunterschied im Nutzenanfall zu bewerten. Die Zeitpräferenz nach unserer Definition ist also nur ein Teilaspekt der Konsumpräferenz und keineswegs — wie in der Literatur außer bei Stackelberg üblich — identisch. Die Konsumpräferenz ist nach der hier gegebenen Erläuterung ein modifiziertes (Grenz-)Nutzenverhältnis.

6. Die monetäre Konsumpräferenz. Wir verstehen darunter eine monetäre Präferenzrelation, ein Geldtauschverhältnis. Es gibt an, in welchem Verhältnis ein Individuum 1 GE Konsumausgabe in t_0 gegen alternative Konsumausgabe in t_1 zu tauschen bereit ist. Auch dieses (marginale) Tauschverhältnis wird in der Literatur als (marginale) Zeitpräferenz bezeichnet[3], obwohl dieses Tauschverhältnis 1. durchaus nicht allein von der Bewertung der Zeitspanne abhängig ist und 2. nicht identisch mit der Konsumpräferenz nach Ziffer (5) ist. Auf die Definitionen (5) und (6) und ihr Verhältnis zueinander ist bei der Diskussion der Problemformulierung durch I. Fisher im Anschluß an Böhm-Bawerk näher einzugehen.

---

[2] Vgl. *Weber/Streißler:* (1964) S. 12 r. Sp.

[3] *Fisher,* Irving: Die Zinstheorie, Jena 1932, S. 200 f., *Henderson/Quandt:* (1967) S. 249, *Drukarczyk:* (1970) S. 39, *Lutz:* (1967) S. 80, *Woll:* (1971) S. 228.

3. Zeitpräferenz und die Agiotheorie von Böhm-Bawerk

Wir beschränken uns hier auf die Diskussion der relevanten Aspekte der Agiotheorie von Böhm-Bawerk.

Böhm-Bawerk unterschied drei Gründe für die unterschiedliche Schätzung von Gegenwarts- und Zukunftsgütern[4]. Strittig ist, ob es sich dabei um drei selbständige Gründe handelt (vgl. Veit (1966) S. 216 f.) oder ob der dritte nur aus den ersten beiden abgeleitet ist[5]. Uneinigkeit besteht auch darüber, ob die Minderschätzung Basis einer Zinstheorie ist[6] oder ob umgekehrt aus der Existenz eines positiven Zinssatzes die Minderschätzung folgt[7].

1. Als ersten Grund für die Minderschätzung von Zukunftsgütern im Vergleich zu Gegenwartsgütern gibt Böhm-Bawerk die Verschiedenheit des Verhältnisses von Bedarf und Deckung in Gegenwart und Zukunft an. Für die relative Unterausstattung der Gegenwart werden zwei Gründe angeführt:

1.1 gegenwärtige Notlage,

1.2 erwartete Verbesserung der Einkommensverhältnisse in der Zukunft.

Eine daraus resultierende Minderschätzung künftiger Güter/Mittel ist kein Einfluß der Zeitdifferenz, sondern der unterschiedlichen Knappheitsverhältnisse. Daher ist die Bereitschaft, zu Lasten künftiger Ausgabenperioden die Ausgaben heute zu erhöhen, lediglich Ausdruck des zweiten Gesetzes von Gossen über den (tendenziellen) Ausgleich der gewogenen Grenznutzen, angewendet auf den Zeitablauf. Leitet man aus der Minderschätzung künftiger Mittel im Sinne des ersten Grundes eine Austauschrelation ab, so erhält man eine rein mengenmäßig determinierte Grenzrate der Substitution $\Delta C_1/\Delta C_0$ bzw. $\partial C_1/\partial C_0$ analog zum Zwei-Güter-Fall. Von einer expliziten Bewertung der Zeitdifferenz kann keine Rede sein, obwohl Böhm-Bawerk ausdrücklich zeigen will, wie der Unterschied in der Zeit der Verfügbarkeit einen Unterschied im Werte der Güter begründet[8].

---

[4] *Böhm-Bawerk*, Eugen von: Kapital und Kapitalzins, 2. Abteilung: Positive Theorie des Kapitales, 1. Band (Buch I - IV), 4. Aufl. 1921/Nachdruck 1961, S. 318 - 362, insbesondere S. 328 ff., *Stavenhagen*, Gerhard: Geschichte der Wirtschaftstheorie, 3. Aufl. Göttingen 1964, S. 256 - 258, *Veit:* (1966) S. 214 bis 217.

[5] I. *Fisher:* (1932) S. 285 - 395.

[6] *Böhm-Bawerk:* (1921/1961) II, 1. Bd. S. 362 ff., *Preiser*, Erich: Konsumtivzins und Minderschätzung künftiger Bedürfnisse, in: Bildung und Verteilung des Volkseinkommens, 2. Aufl. Göttingen 1961, S. 247 - 264 (Erstveröffentlichung im Kyklos 1948, S. 160 ff.).

[7] *Stackelberg:* (1951) S. 134 - 141, *Bernholz*, Peter: Konsumtivzins und Minderschätzung künftiger Bedürfnisse, ZfN Bd. 24, 1964, S. 244 - 255.

In dieser Hinsicht bemüht Böhm-Bawerk die Unsicherheit, die Möglichkeit, mit einem bereits jetzt verfügbaren Mittelbetrag einer nicht erwarteten zwischenzeitlichen Notlage begegnen zu können (S. 330). Jedoch auch damit wird das eigentliche Problem — die Bewertung der Zeitspanne — nicht gelöst.

2. Der zweite Grund für die Höherschätzung gegenwärtiger Güter wird mit der systematischen Unterschätzung künftiger Bedürfnisse und der Mittel zu ihrer Befriedigung angegeben (S. 332). Böhm-Bawerk formuliert diesen Grund als Erfahrungstatsache, weshalb Kritiker argumentieren, daß seine Zinstheorie hinsichtlich dieser Begründung von einem Dauerirrtum/Wirtschaftsfehler ausgehe[9]. Als Begründung für die Erfahrungstatsache werden 2.1 Schätzungsfehler, 2.2 Willensmängel und 2.3 die Unsicherheit im Hinblick auf die Wahrscheinlichkeit, den künftigen Nutzen noch zu erleben, angeführt.

Hinsichtlich der Schätzungsfehler, die nach Böhm-Bawerk stets zu Lasten der Zukunftsversorgung gehen, hat O. Morgenstern vorgetragen, daß hinter ihnen Erwartungen des Individuums über seine künftigen Einkommen stehen[10]. Bezieht man die Einkommensseite mit in die Vorausschau ein, bleibt nur der Irrtum als Abweichungsursache, nicht aber eine systematische Fehlbeurteilung.

Hinsichtlich der Willensmängel bleibt die Frage offen, wie man sie von der „echten" Bedürfnisbefriedigung trennen kann, ohne das ganze Konzept rationaler Ausgabengestaltung in Frage zu stellen[11]. Mit (sporadischen) Willensmängeln kann man ebensowenig eine Agiotheorie begründen wie mit dem Geizhals das Gegenteil beweisen. Während aus den Argumenten 2.1 und 2.2 eine Unterschätzung künftiger Bedürfnisse abgeleitet wird, resultiert aus 2.3 (Überlebenswahrscheinlichkeit) eine Minderschätzung, also ein bestimmter Bewertungsvorgang (S. 337, Fußnote 2).

Bleibt als dritter Grund 2.3 die Überlebenswahrscheinlichkeit < 1 für jeden späteren Zeitpunkt, die zu einer Bevorzugung von Gegenwarts- vor Zukunftsgütern führen könnte bzw., auf ein Tauschverhältnis zeitlich unterschiedlich verfügbarer Mittel abgestellt, zur Inkaufnahme eines Disagios für heutige Mittel veranlassen könnte. Der Grund liegt aber wiederum nicht in der Bewertung der Zeitspanne, sondern gleichfalls in der Ausgleichstendenz nach dem zweiten Gesetz von Gossen, auf die Zeit bezogen. Bei gleichen Bedürfnis- und Güterbeurteilungsver-

---

8 *Böhm-Bawerk:* (1921/1961) II, 1. Bd. S. 328 Fortsetzung der Fußnote 4 von S. 327.

9 Vgl. *Stavenhagen:* (1964) S. 258, *Morgenstern:* (1934) S. 450 f.

10 *Morgenstern:* (1934) S. 449 - 452.

11 Vgl. dazu überzeugend *Porstmann:* (1971) S. 54 - 56.

hältnissen, also bei gleichen Grenznutzenfunktionen für t_0 und t_1, ist die Grenznutzenfunktion des späteren Zeitpunktes bei Berücksichtigung der Unsicherheit des Erlebens um die Sterbenswahrscheinlichkeit zwischen beiden Zeitpunkten zu reduzieren. Somit liegt es für das Individuum nahe, durch Vorverlagerung eines Teiles seiner Konsumausgaben den Grenznutzenausgleich herzustellen. Wiederum klärt dieser Vorgang nichts hinsichtlich der Zeitpräferenz im Sinne einer Bewertung der Zeitspanne.

Böhm-Bawerk faßt — indem Unter- und Minderschätzung zusammengezogen werden — die Auswirkungen der Schätzungsfehler, Willensfehler und der Sterbenswahrscheinlichkeit dahin zusammen, daß wir den Grenznutzen künftiger Güter gleichsam in perspektivischer Verkleinerung sehen (S. 337).

Üblicherweise werden die Gründe 1. und 2. von Böhm-Bawerk zu einer einzigen Zinserklärung oder enger nur zur Erklärung des Konsumtivzinses zusammengefaßt. Es konnte gezeigt werden, daß die einzelnen Argumente von Böhm-Bawerk Determinanten für die zeitliche Strukturierung der Konsumausgaben durch ein Individuum bzw. für Angebot und Nachfrage nach derzeit verfügbaren Mitteln bei Vorliegen eines Marktes sind. Das eigentliche Problem, ob der Unterschied in der Zeit der Verfügbarkeit einen Unterschied im Wert der Güter begründet (S. 328), ob eine sonst gleiche Nutzleistung nur wegen ihrer Zeitverschiedenheit auch wertverschieden ist (S. 413), ist nicht angegangen. Behandelt werden nur Gründe für die rein verfügungsmengen-bestimmte unterschiedliche Höhe der Grenznutzen in den Zeitpunkten und daraus resultierend die Ausgleichstendenz entsprechend dem zeitbezogenen zweiten Gesetz von Gossen.

3. Der dritte Zinserklärungsgrund bei Böhm-Bawerk[12] hingegen nimmt durch Annahme vorweg, was zu erklären ist. Mit dem Gesetz von der Mehrergiebigkeit größerer Produktionsumwege (S. 107 - 121, 339 - 341) ist zugleich die Annahme getroffen, daß ein positiver Zins existiert. Dieser „angenommene" Produktivzins steht neben dem erst noch zu erklärenden Zins aus der Minderschätzung künftiger Güter. Nimmt man ersteren für das Individuum als gegeben, dann hat nunmehr die Zeitdifferenz in der Verfügbarkeit einen eigenen Wert: ein gleicher, aber frühzeitiger verfügbarer Mittelbetrag wird vorgezogen. Hinsichtlich der Tendenz zur Verausgabung für Konsum gilt jedoch — eine genaue Untersuchung müssen wir uns vorbehalten — genau das Gegenteil: ein positiver Zins führt tendenziell zum Aufschub der Verausgabung, weil die aufgeschobene Konsumausgabe um den Nutzen aus dem erzielten

[12] *Böhm-Bawerk:* II, 1. Bd., S. 338 - 354, *Lutz:* (1967) S. 9 - 25, *Stavenhagen:* (1964) S. 257.

Zinseinkommen (Agio) wertvoller wird[13]. Das eigentliche Anliegen Böhm-Bawerks, das gegenteilige Verhalten zu beweisen, um einen dritten Zinserklärungsgrund zu gewinnen, gelingt nicht. Vielmehr folgt aus der angenommenen Existenz eines positiven Zinsfußes „das Gesetz der Minderschätzung künftiger Bedürfnisse" nur noch als denknotwendige Konsequenz[14], indem es die Aufgabe eines kompensierenden Korrektivs übernimmt, wie es in der Beweisführung Stackelbergs (1951, S. 139 - 141) anschaulich gezeigt wird. Nicht nur wurde die Reihenfolge von Minderschätzung und Zins umgekehrt, es fehlt darüber hinaus auch noch immer eine sachliche Begründung für die Wertüberlegenheit gegenwärtiger Güter durch einen dritten selbständigen Grund, wenn dieser nicht in dem vorgegebenen positiven Zins gesehen werden soll[15].

Die Folge der Umkehrung in der Reihenfolge von Huhn und Ei innerhalb der drei Gründe bei Böhm-Bawerk zeigt sich in der anknüpfenden Literatur. Entweder wird unter Zusammenfassung von erstem und zweitem Grund dargestellt, daß sich bei Böhm-Bawerk zwei ganz unterschiedlich begründete Zinstheorien vorfinden[16], oder es wird auf die Minderschätzung verzichtet und nur die aus der Annahme der Mehrergiebigkeit längerer Produktionsumwege resultierende Zinstheorie behandelt[17], oder es wird dargelegt, daß eine Minderschätzung künftiger Güter bei dem dritten Grund nur nachweisbar ist, wenn (implizit) der erste und/oder zweite Grund nach Böhm-Bawerk wirksam wird[18]. Denn Böhm-Bawerk stützt sich bei der Behandlung der „optimalen Investitionsdauer" (S. 343) und bei der Ermittlung des Gesamtwertes eines Gebrauchs- oder Produktivgutes (S. 410 - 426, vor allem S. 410, 413, 415) auf die Minderschätzung nach seinem 1. und 2. Grund. Sein Versuch, sich davon zu lösen[19], überzeugt nicht. Er trägt vor, daß sich der Gesamtwert eines dauerhaften Gutes als die Summe der Barwerte der Werte der Nutzenleistungen (d. h. als Summe der Nutzenbarwerte) ergibt. Zinssatz ist dabei der sich nach dem 1. und 2. Grund ergebende „marktübliche Prozentsatz" (S. 413, 415). Naturgemäß ist der so ermittelte Gesamtwert kleiner als die einfache Summe der zeitbezogenen Nutzen, so daß man die Differenz der Minderschätzung zurechnen kann (S. 419), ohne jedoch damit für sie einen dritten Grund gefunden zu haben.

---

[13] So *Böhm-Bawerk:* II, 1. Bd., S. 348 selbst.

[14] *Preiser:* (1961) „Konsumtivzins" S. 248 (im Hinblick auf Stackelberg), beinahe auch *Böhm-Bawerk:* II, 1. Bd., S. 348 selbst.

[15] So bei *Böhm-Bawerk:* II, 1. Bd., S. 350, 355.

[16] Vgl. *Preiser:* (1961) „Konsumtivzins" S. 247.

[17] *Lutz:* (1967) S. 9 - 25, S. 10.

[18] I. *Fisher:* (1932) S. 389 - 395, vor allem S. 392.

[19] *Böhm-Bawerk:* II, 1. Bd., S. 347 - 349, 2. Bd. Exkurs XII S. 296 - 319 in Stellungnahme zur Kritik I. Fishers.

Übertragen wir diese Überlegungen z. B. auf die Ermittlung des Wertes eines Waldstückes (auf Grund des Holzeinschlages), so wird offensichtlich, daß die Wahl zwischen einem achtzig- und hundertjährigem Waldstück eine ganz andere Fragestellung ist, daß diese auf der Existenz eines positiven „Zinses“ (= natürlicher Zuwachs) zurückzuführende Differenz keine Minderschätzung offenbart, wie Böhm-Bawerk vorträgt[20]. Die Minderschätzung künftiger Güter wird auch ausdrücklich *nicht* damit begründet, daß die Mehrergiebigkeit durch Produktionsumwege die bessere Versorgung künftiger Perioden begründet oder verstärkt[21].

Wichtig ist, daß nach Böhm-Bawerk die Wirkung des dritten Grundes nicht die Minderschätzung aus dem ersten und zweiten Grund verstärkt, sondern alternativ zu sehen ist[22]. Damit ist bereits bei Böhm-Bawerk die von I. Fisher vollzogene Trennung angelegt: die Wirkung der ersten beiden Gründe werden zur time preference zusammengefaßt, der dritte Grund geht in der Möglichkeit, Investitionen vornehmen zu können, auf[23]. Die Wertüberlegenheit gegenwärtiger Güter ist nach dem dritten Grund nur mit Hilfe der Annahme eines positiven Zinssatzes erklärbar. Eine davon unabhängige eigenständige Minderschätzung künftiger Güter ist trotz der umfangreichen Ausführungen Böhm-Bawerks nicht zu begründen.

Als Ergebnis kann festgestellt werden, daß die von Böhm-Bawerk angeführten drei Gründe zur Minderschätzung künftiger Güter kein Argument enthalten, ob und wie zeitverschiedene Nutzen allein aus diesem Grund einer besonderen Bewertung unterworfen werden. Am nächsten kommt dem noch die These, daß die Grenznutzen künftiger Güter in perspektivischer Verkleinerung gesehen werden (zusammengefaßte Wirkung der Argumente zum zweiten Grund). Als allgemeine Begründung wird angegeben, daß wir nicht in der Lage seien, uns eine zutreffende Meinung von der voraussichtlichen Intensität künftiger Bedürfnisbefriedigung, mithin künftiger (Grenz-)Nutzen zu bilden[24]. Böhm-Bawerk versucht, einen Faktor zu begründen, der zu einer Verkleinerung künftiger Grenznutzen führt. Offen bleibt, ob dieser Faktor rein psychisch bedingt ist (Dauerirrtum) oder Abhängigkeit z. B. vom Grenznutzen in t_0 und/oder der zeitlichen Entfernung besteht[25]. Wenn

---

20 *Böhm-Bawerk:* II, 2. Bd. Exkurs XII S. 289, 293, 1. Bd., S. 350.

21 *Böhm-Bawerk:* II, 2. Bd. Exkurs S. 298 - 300, die enge Beziehung zwischen dem ersten Grund und der Mehrergiebigkeit nach dem dritten Grund wird in Fußnote 2 ausdrücklich anerkannt.

22 *Böhm-Bawerk:* II, 1. Bd., S. 355 f. (bereits in der 1. Auflage 1889, S. 289 f.)

23 I. *Fisher:* (1932) S. 51.

24 *Böhm-Bawerk:* II, 2. Bd. Exkurs XI S. 237, 239.

25 *Böhm-Bawerk:* II, 1. Bd., S. 345 f. wird ein Zahlenbeispiel für das Verhältnis von zeitpunktbezogenem Grenznutzen $u_t'(C_t)$ und dem zugehörigen,

man sich mit dem dauerhaften Schätzungsfehler als Erklärung nicht zufrieden gibt, bleibt das Problem ungelöst. Seine treffende Formulierung findet sich erst in der 3. Auflage von 1912[26] und ist damit wahrscheinlich auf den Einfluß von I. Fishers „The Rate of Interest" (1907) zurückzuführen; jedoch wird andererseits davon gesprochen, daß die Herstellung von Genußgütern durch die Zwischenschaltung von Kapitalgütern ein Opfer an Zeit erfordert[27]. Das „Opfer" kann doch nur darin bestehen, daß Bedürfnisse unbefriedigt bleiben, weil Mittel z. T. für Investitionen abgezweigt werden. Das Opfer besteht im Aufschub der Befriedigung von Bedürfnissen in t_0, die Höhe des nicht realisierten Nutzens und die Zeitdauer des Aufschubs bieten sich als Bewertungsdeterminanten für das „Opfer" an. Nach einer Untersuchung der Zeitpräferenz bei I. Fisher werden wir darauf zurückkommen.

4. Die Zeitpräferenz bei I. Fisher

I. Fisher formuliert zwei inhaltlich verschiedene Definitionen für die Zeitpräferenz (bei ihm identisch mit Konsumpräferenz), ohne das Verhältnis der beiden zueinander zu erörtern.

a) Definition I der Zeitpräferenz

Die erste Definition knüpft an die Betrachtung zeitverschiedener Nutzen bzw. Grenznutzen an oder auch an die zeitverschiedenen Geldeinheiten, aus denen diese Nutzen/Grenznutzen durch Verausgabung für Konsumzwecke resultieren.

Ausgangspunkt ist die von Böhm-Bawerk her bekannte Aussage, daß gegenwärtige Güter künftig verfügbaren Gütern vorgezogen werden. Verallgemeinernd stellt I. Fisher fest, daß gegenwärtiges Einkommen künftigem Einkommen vorgezogen wird bzw. daß eine gegenwärtig ver-

---

perspektivisch reduzierten Grenznutzen gegeben. Die Zahlen lassen folgende Feststellungen zu: 1. die Faktoren verhalten sich im Zeitablauf ganz unregelmäßig (zwischen 1,02 und 1,14), sind also nicht mit dem Zeitabstand korreliert, 2. die zeitpunktbezogenen Grenznutzen sind — abweichend von unserem oben verwendeten Symbol — *unabhängig* von dem in einem Zeitpunkt verfügbaren Mittelbetrag. Sie sind unabhängig von der tatsächlichen Versorgungslage einem bestimmten Jahr zugeordnet. In II, 2. Bd. Exkurs XI S. 231 wird gesagt, daß der reduzierte Grenznutzen ein deutliches Derivat des wahren Grenznutzens ist, die Verbindung zwischen beiden Nutzen reißt also nicht ab, während andererseits die Bestimmungsgrößen für die Differenz zwischen beiden ungeklärt bleibt.

[26] *Böhm-Bawerk:* II, 1. Bd., S. 328 Fußnote 4, ähnlich II, 2. Bd. Exkurs XI S. 231.

[27] *Böhm-Bawerk:* II, 1. Aufl. 1889, S. 97, II, 1. Bd., 3. Aufl. 1909 bzw. 4. Aufl. 1921/1961, S. 121.

fügbare GE einer künftig verfügbaren GE vorgezogen wird. Diese Bevorzugung hängt nicht etwa mit einem möglicherweise zwischenzeitlich erzielbaren Zinseinkommen zusammen, sondern beruht auf der konsumtiven Verwendung dieser GE. Die Bewertung zeitverschiedener Geldeinheiten leitet I. Fisher aus dem zeitverschiedenen Anfall konsumtiver Nutzen ab: „All preference therefore, for present over future goods resolves itself, in the last analysis, into a preference for early enjoyment income over deferred enjoyment income[28]." Fisher bezeichnet seine Aussage als eine „simple proposition" (p. 65, S. 54), ohne eine Begründung zu geben, *warum* der frühe Nutzen einem späteren Nutzen vorgezogen wird.

Es bezeichnen:

$n'_0(C_0)$	den Grenznutzen des Konsumausgabenbudgets C_0 in t_0, als Lagrangefaktor $\alpha(C_0)$ geschrieben
$u'_0(C_0, t)$	den Grenznutzen $u'_0(C_0)$ *einschließlich* seiner Bewertung im Hinblick auf den Zeitpunkt t
$u'_1(C_1)$	den Grenznutzen des Konsumausgabenbudgets C_1 in t_1; wie $u'_0(C_0)$ ist es eine allein von der verfügbaren Geldmenge (dem Budget C_1) abhängige Nutzengröße, vereinfacht als „mengenabhängiger" Grenznutzen bezeichnet
$u'_1(C_1, t)$	den mengenabhängigen Grenznutzen *einschließlich* seiner Bewertung im Hinblick auf den Zeitpunkt t
$u'_1(C_1, t_0)$	meint also den in/per t_0 bewerteten mengenabhängigen Grenznutzen $u'_1(C_1)$, von Böhm-Bawerk als „reduzierten Grenznutzen" bezeichnet[29]
p	den Zeitpräferenzsatz
$1 + p$	den Zeitpräferenzfaktor.

I. Fisher ermittelt den Zeitpräferenzsatz nach seiner ersten, nutzen- bzw. grenznutzenbezogenen Definition nach folgendem Rechengang[30]:

$$p = \frac{u'_0(C_0) - u'_1(C_1, t_0)}{u'_1(C_1, t_0)} = \frac{u'_0(C_0)}{u'_1(C_1, t_0)} - 1$$

wobei $u'_0(C_0) \equiv u'_0(C_0, t_0)$ gilt.

Den Ansatz von $u'_1(C_1, t_0)$ als Subtrahend schließen wir aus der Formulierung (S. 62, Fußnote 2) „the *present* want for one more dollar due one year hence".

28 *Fisher*, Irving: The Theory of Interest, 1930, reprint 1965, S. 65 (enjoyment income = konsumtiver Nutzen).

29 t_1 ist der Realisations-, t_0 der Bezugszeitpunkt (hier zugleich auch der Betrachtungszeitpunkt) für den zeitpunktbezogenen Grenznutzen $u'_1(C_1, t_1)$.

30 I. *Fisher:* (1930) S. 62, 510, (1932) S. 52, 415.

Problematisch ist das Fehlen einer Aussage über das Größenverhältnis von $u_0'(C_0)$ und $u_1'(C_1, t_1)$, also das rein geldmengenbedingte Größenverhältnis der zeitpunktbezogenen Grenznutzen ohne Einfluß der Zeitpräferenz.

Man muß $u_0'(C_0) = u_1'(C_1, t_1)$ unterstellen — Konzeption A —, wenn der obige Rechengang einen Prozentsatz für p ausweisen soll, der tatsächlich *nur* auf die Bewertung des Zeitunterschiedes im Anfall der beiden Nutzengrößen zurückzuführen ist. Die Isolierung des Zeitpräferenzsatzes setzt also eine wichtige spezifizierende Annahme voraus. Sie ist für jede beliebige Größenrelation zwischen C_0 und C_1 unhaltbar, denn sie würde einen vom jeweiligen Budget C_0 bzw. C_1 unabhängigen und konstanten konsumtiven Geldgrenznutzen $u_t'(C_t) = \text{const.}$ voraussetzen. Dieses Ergebnis zwingt zur Ablehnung des Konzeptes A und damit der theoretischen Möglichkeit, aus einem Nutzen- bzw. Grenznutzenverhältnis einen reinen Zeitpräferenzsatz zu ermitteln.

Ist hingegen $u_0'(C_0) \neq u_1'(C_1, t_1)$ — Konzeption B —, dann faßt die grenznutzenorientierte Konsumpräferenz mit $u_0'(C_0)/u_1'(C_1, t_0)$ zwei Bewertungsvorgänge zusammen. Der Quotient ist das Ergebnis der Bewertung über die verfügbaren Mittelbeträge C_0 bzw. C_1 gemäß der jeweiligen Grenznutzenfunktion $U_t'(C_t)$ mit dem Ergebnis einer bestimmten Größenrelation der Budgetgrenznutzen $\alpha_{(C_0)}/\alpha_{(C_1)}$ und der Bewertung über die Zeit.

Mengen- und Zeitkomponente zusammengefaßt finden in der grenznutzenbezogenen Konsumpräferenz ihren Ausdruck (vgl. S. 81).

I. Fisher hat herausgestellt, daß die Zeitpräferenz die Bewertung einer Zeitdifferenz in der Realisierung konsumtiver Nutzen betrifft, er hat sie aber gar nicht weiter behandelt. Der von ihm aus dem Grenznutzenverhältnis ermittelte „Zeitpräferenzsatz" (S. 52, Fußnote 2, S. 415) ist, wie er selbst mehrfach vorträgt[31], nichts anderes als Ausdruck und Folge unterschiedlicher Knappheitsgrade von verfügbaren Mitteln für Konsumausgaben in den einzelnen Ausgabezeitpunkten (stellvertretend für die Ausgabenperioden). Zeitpräferenz im Sinne von Fisher als die Vermutung, daß Gegenwartsgüter vorgezogen werden (S. 55), läuft auf die Aussage hinaus, daß in der gegenwärtigen (in den naheliegenden) Ausgabenperiode(n) die Bedarfsdeckung ungünstiger ist als in der nächsten (in den künftigen)[32], mit Hilfe der Lagrangefaktoren durch $\alpha_{(C_0)} > \alpha_{(C_1)}$ ausgedrückt. Maßnahmen des Individuums, diese Unter-

[31] I. *Fisher:* (1932) S. 56 f., 60 f., 63 unter Hinweis auf den ersten Grund von Böhm-Bawerk.

[32] So bereits *Böhm-Bawerk* bei der Besprechung der Zinstheorie von I. Fisher, II, 2. Bd. Exkurs XII S. 303 f.

schiede durch Mitteltransformationen auszugleichen (1932, S. 87), lassen sich als Auswirkungen des zeitbezogenen zweiten Gesetzes von Gossen über den Ausgleich der gewogenen Grenznutzen verstehen. Von menschlicher Ungeduld (human impatience, 1932, S. 51, 55) kann in diesem Zusammenhang eigentlich nicht die Rede sein, weil das Handeln nur auf das Angleichen der Versorgungsstände in den Ausgabenperioden gerichtet ist.

Fisher führt auch persönliche Faktoren an, die die time preference beeinflussen (S. 60 f., 68 - 76) und die weitgehend mit den Argumenten Böhm-Bawerks zum ersten und zweiten Grund übereinstimmen[33]. Anschließend wird die Wirkung dieser persönlichen Faktoren mit den Hauptdeterminanten Einkommensvolumen, zeitliche Struktur des Einkommens und seiner Unsicherheit[34] in einem Schema zusammengefaßt (S. 79 - 82), letztlich — wie Böhm-Bawerk[35] bemerkt — reduziert auf unterschiedliche Verhältnisse von Bedarf und Deckung in den Ausgabenperioden, subjektiv beurteilt vom Individuum.

Einen nutzen- bzw. grenznutzenbezogenen Zeitpräferenzsatz legt Uzawa seinen Ausführungen zu Grunde[36]. Der Zeitpräferenzsatz wird abweichend von I. Fisher nicht unter Verwendung eines um die Zeitdifferenz bewerteten Nutzens, sondern aus der vom Individuum angegebenen Austauschrelation zwischen Nutzeneinheiten in t_1 und Nutzeneinheiten in t_0 ermittelt. Während Uzawa sein Konzept auf der Basis von Durchschnittswerten[37] aufbaut, gehen wir hier von einer Marginalbetrachtung aus.

Der Gesamtverfügungsbetrag Y_0 ermöglicht durch Verwendung für Konsumausgaben in t_0 und t_1 die Realisierung eines Gesamtnutzens $U = f(C_0, C_1)$, der eine zum Ursprung hin gewölbte Indifferenzkurve indiziert. Die Indifferenzkurve gibt an, in welchem Verhältnis das Individuum zeitverschiedene Nutzen zu tauschen bereit ist; auf den Koordinatenachsen sind die Gesamtnutzen U_0 und U_1 in beiden Zeitpunkten abgetragen. Es gilt die Beziehung $U = U_0 + U_1/(1 +$ durchschnittl. Zeitpräferenzsatz) (1968, S. 488, Gleichung (2)).

---

[33] Es handelt sich um 1. die Vorsorge, 2. die Selbstbeherrschung, 3. die Gewohnheit, 4. die mutmaßliche Lebensdauer, 5. die Sorge für den Lebensunterhalt anderer Personen und 6. die Mode, S. 68, 75.

[34] I. *Fisher:* (1932) S. 56, 59, 60 - 67.

[35] *Böhm-Bawerk:* II, 2. Bd. Exkurs XII, S. 304.

[36] *Uzawa,* Hirofumi: Time Preference, the Consumption Function, and Optimum Asset Holdings, in: J. N. Wolfe (ed.): Value, Capital and Growth, Papers in Honour of Sir John Hicks, Edinburgh *1968,* S. 485 - 504, *ders.:* Time Preference and the Penrose Effect in a Two-Class Model of Economic Growth, Journal of Political Economy Vol. 77, *1969,* S. 628 - 652.

[37] Durchschnittswerte in bezug auf größere als marginale Nutzenbeträge: der zunächst auch als zeitlicher Durchschnitt formulierte Zeitpräferenzsatz wird beginnend mit Gleichung (7) aufgespalten (1968, S. 488 f.).

Aus der Indifferenzkurve folgt, daß mit zunehmendem Nutzen U_0 in t_0 die marginale Austauschrelation *fällt* (Version I). Je höher also das Wohlstandsniveau (gemessen an dem Nutzen U_0) im Verhältnis zum Wohlstandsniveau in t_1 ist, um so geringer wird der marginale Zeitpräferenzsatz[38]

$$p_{(t_0 - t_1)} = f(U_0) \text{ mit } p \gtrless 0 \ .$$

Indem Uzawa auf den Koordinatenachsen — abweichend von der sonstigen Literatur — nicht die Geldbeträge C_0 und C_1 abträgt, sondern die Gesamtnutzen U_0 und U_1, wird der Einfluß der Geldmengenrelation C_0/C_1 auf die Austauschrelation ausgeschaltet. Die vom Individuum angegebene marginale Austauschrelation zwischen zeitverschiedenen Nutzen spiegelt daher *nur* die Bewertung der Zeitdifferenz wider. Da U_0 bzw. U_1 jeweils sowohl von der Grenznutzenfunktion $U_t'(C_t)$ als auch von den verfügbaren Mittelbeträgen C_0 bzw. C_1 abhängt, ist andererseits ohne Angabe einer Nutzenfunktion je Zeitpunkt keine Aussage darüber möglich, welche Budgetgrenznutzen $\alpha_{(C_0)}$ und $\alpha_{(C_1)}$ mit einer bestimmten U_0/U_1-Konstellation gemäß einem Punkt auf der Indifferenzkurve verbunden sind.

Die Nutzenfunktion $U_t(C_t)$ als Bindeglied zwischen Konsumausgaben C_t und Nutzen U_t wird bei Uzawa mehrfach übersehen, indem Konsumausgaben und Nutzen gleichgesetzt werden[39].

Die Angabe einer funktionalen Beziehung für $p_{(t_0 - t_1)} = f(U_0)$ bzw. $= f(U_0/U_1)$, also für den Zeitpräferenzsatz (nicht die Konsumpräferenz!), ist zwar ein Fortschritt gegenüber der Literatur, jedoch bleibt die Abhängigkeit selbst und die Art der Abhängigkeit ohne sachliche Begründung. Mit Gleichung (13) und dementsprechend in Abb. 3 im III. Quadranten wird der gegenteilige Zusammenhang formuliert (1968, S. 489, 495): der Zeitpräferenzsatz *steigt* leicht progressiv mit U_t (Version II). Wenn (1968, S. 498) festgestellt wird, daß die Ersparnisbildung

---

38 Und entsprechend der durchschnittliche Satz, vgl. *Uzawa:* (1968) S. 487 oben.

39 Das beginnt mit der Definition: „time preference is the rate by which future *income (or utility)* is discounted to the present" (1968, S. 486 oben); ferner wird kontinuierlicher Konsum mit kontinuierlichem Nutzenanfall U_t gleichgesetzt (1968, S. 488 unten), ohne die notwendige Annahme zu treffen, daß die Nutzenfunktionen $U_t(C_t)$ in allen Zeitpunkten gleich sind. In dem Aufsatz von 1969 wird laufend future consumption und utility of future consumption gleichgesetzt (1969, S. 630 f.), und in den Gleichungen (9) bis (11) wird übersehen, daß die Summe der Barwerte aller Nutzen U_t nicht nur von dem Anfangsniveau U_0 und der konstanten Wachstumsrate λ der Konsumausgaben im Zeitablauf abhängt, sondern auch von der jeweiligen Nutzenfunktion U_t (1969, S. 633).

in einem Ausgabezeitpunkt positiv ist, wenn die Zeitpräferenzrate in Anbetracht des verfügbaren Budgets Y_0 *kleiner* als der (reale) Zinssatz ist, wird Version I vorausgesetzt (Reduzierung von C_t durch Vergrößerung der Periodenersparnis S_t (hier S_0) führt zum Anstieg des Zeitpräferenzsatzes). Das gleiche Ergebnis könnte man auch mit Version II beweisen, wenn für Y_0 der Zeitpräferenzsatz größer als der Zinssatz ist und durch Reduktion von C_t die von Uzawa formulierte Optimalbedingung (39) $p_{(t_0 - t_1)}(U_0(C_0)) = r$ erfüllt werden kann (1968, S. 494).

In dem Aufsatz von 1969 basiert Uzawa die Zeitpräferenz wie üblich auf die zeitverschiedenen Konsumausgaben (1969, S. 629 oben, 630 unten). Aus der marginalen Substitutionsrate „between present consumption and future consumption" — also einer monetären Relation — wird abzüglich 1 der Zeitpräferenzsatz errechnet (1969, S. 631). Die Gegenüberstellung der Aufsätze 1968 und 1969 zeigt also, daß sich Uzawa über die Auswirkung des Unterschiedes zwischen (grenz-)nutzenorientierter und monetärer Austauschrelation auf das als „Zeitpräferenzsatz" ausgewiesene Ergebnis nicht im klaren ist. Um diesen Unterschied zu zeigen, setzen wir unsere Überlegungen zu I. Fisher fort.

b) Definition II der Zeitpräferenz

Definition II entspricht der von uns als „monetäre Konsumpräferenz" bezeichneten monetären Tauschrelation für zeitverschieden verfügbare Mittel für (zusätzliche) Konsumausgaben (I. Fisher 1932, S. 81, 200 f.).

Zusätzlich zu S. 88 benötigen wir folgende Symbole:

$\Delta C_1/\Delta C_0$	ist das vom Individuum anzugebende Austauschverhältnis zwischen Mitteln verfügbar für Konsumausgaben in t_0 bzw. t_1; mit $\Delta C_0 = 1$ *GE* gibt die Relation (in etwa) die marginale Substitutionsrate gemäß der Indifferenzkurve im Fisher-Modell wieder
$\Delta u_0(C_0, t_0)$	ist der mit ΔC_0 verbundene Nutzenbetrag
$\Delta u_1(C_1, t_1)$	ist der mit ΔC_1 verbundene Nutzenbetrag; üblicherweise wird $\Delta u_1(C_1, t_1) = \Delta C_1 \cdot u_1'(C_1, t_1)$ gerechnet, wir ermitteln hier die Nutzenänderungen aus den Gesamtnutzenfunktionen $U_t(C_t) = f(C_t)$
k_I, k_{II}	ist der marginale Konsumpräferenzsatz nach Definition I bzw. II
p_I, p_{II}	ist der reine Zeitpräferenzsatz, der in k eingeht (bzw. in vorgegebenem k enthalten ist).

Es versteht sich, daß in die vom Individuum jeweils angegebene marginale Tauschrelation $\Delta C_1/\Delta C_0$ sowohl die von den Verfügungsmengen C_0 bzw. C_1 abhängige Bewertung als auch die den Zeitunterschied betreffende Wertung eingegangen ist. Da ΔC_1 und ΔC_0 stets nutzengleiche

Grenzmengen sind, ist die Wertung der Zeitdifferenz isolierbar, wenn die auf C_0 bzw. C_1 bezogenen Grenznutzenfunktionen bekannt sind. Für Definition II — die marginale monetäre Konsumpräferenz — können wir daher formulieren:

(1) $$u_0 (\Delta C_0, t_0) = u_1 (\Delta C_1, t_1)/(1 + p_{II})$$

(2) $$u_0 (\Delta C_0, t_0) \equiv \Delta u_0 (C_0, t_0)$$

(3) $$u_1 (\Delta C_1, t_1) \equiv \Delta u_1 (C_1, t_1), \text{ mit (1) folgt}$$

(4) $$\Delta u_0 (C_0, t_0) = \Delta u_1 (C_1, t_1)/(1 + p_{II})$$

Beispiel:

Es werden fallende, für beide Zeitpunkte gleiche Grenznutzenfunktionen unterstellt:

(5) $$U'_0 (C_0) = a - bC_0 = 1{,}65 - 0{,}026\, C_0$$

(6) $$U'_1 (C_1) = c - dC_1 = 1{,}65 - 0{,}026\, C_1$$

Dem Individuum werden für jeden Ausgabezeitpunkt 15 GE in Aussicht gestellt. Es erklärt, daß es für die 16. GE in t_0 auf 1,10 GE in t_1 zu verzichten bereit sei. Daraus folgt

(7) $$\Delta C_1/\Delta C_0 = (1 + k_{II}) = 1{,}10$$

Nutzenzugang in t_0 und Nutzenabgang in t_1 werden für ΔC_0 bzw. ΔC_1 aus den Gesamtnutzenfunktionen $U_t (C_t)$ errechnet:

(8) $$U_0 (C_0, t_0) = (a - bC_0/2)\, C_0 = (1{,}65 - 0{,}013\, C_0)\, C_0$$

(9) $$U_1 (C_1, t_1) = (c - dC_1/2)\, C_1 = (1{,}65 - 0{,}013\, C_1)\, C_1$$

(10 $$\Delta u_0 (C_0, t_0) = U_{0(C_0 = 16)} - U_{0(C_0 = 15)} = 23{,}072 - 21{,}825 = 1{,}247$$

(11) $$\Delta u_1 (C_1, t_1) = U_{1(C_1 = 15)} - U_{1(C_1 = 13{,}90)} = 21{,}825 - 20{,}42327 = 1{,}40173$$

Fall 1: Ist das Individuum bereit, $\Delta C_1/\Delta C_0 = 1{,}10/1{,}00$ zu tauschen, so sind die damit verbundenen Änderungen der zeitpunktbezogenen Nutzen $\Delta u_1 (C_1, t_1)/\Delta u_0 (C_0, t_0) = 1{,}40173/1{,}247$. Für den reinen Zeitpräferenzfaktor ergibt sich daraus nach (4) $(1 + p_{II}) = 1{,}40173/1{,}247 = 1{,}12408$. Das Beispiel zeigt, daß hinter dem vorgegebenen Geldaustauschverhältnis $(1 + k_{II}) = 1{,}10$ ein höherer marginaler Zeitpräferenzfaktor $(1 + p_{II})$ $= 1{,}12408$ steht.

Das Beispiel behandelt einen von vier möglichen Fällen, indem wir von $\Delta C_1 > \Delta C_0$ ausgegangen sind und zudem mit der angenommenen Relation der Ausgaben C_0 zu C_1 in Verbindung mit den Nutzenfunktionen $\Delta u_1 (C_1, t_1) > \Delta u_0 (C_0, t_0)$ spezifiziert haben. Hingegen sind die zwei

Konstellationen $\Delta C_1 \gtreqless \Delta C_0$ mit jeweils $\Delta u_1 (C_1, t_1) \gtreqless \Delta u_0 (C_0, t_0)$ möglich. Die Zahl der möglichen Fälle reduziert sich durch zwei sachliche Einschränkungen:

1. ein größerer wird einem kleineren zeitgleichen Nutzenbetrag vorgezogen (Nutzenmaximierung) und
2. ein zeitlich früherer wird einem gleich großen späteren Nutzenbetrag vorgezogen, es gibt also keine negative Zeitpräferenz[40].

Danach sind folgende Fälle möglich, in denen sich Indifferenz durch $p_{II} > 0$ ergibt:

a.1) $$\Delta C_1 > \Delta C_0 \text{ mit } \Delta u_1 (C_1, t_1) > \Delta u_0 (C_0, t_0)$$

(unser Beispiel) und

b.1) $$\Delta C_1 < \Delta C_0 \text{ mit } \Delta u_1 (C_1, t_1) > \Delta u_0 (C_0, t_0) \; .$$

Nicht möglich sind die Fälle

a.2) $$\Delta C_1 > \Delta C_0 \text{ mit } \Delta u_1 (C_1, t_1) < \Delta u_0 (C_0, t_0)$$

und

b.2) $$\Delta C_1 < \Delta C_0 \text{ mit } \Delta u_1 (C_1, t_1) < \Delta u_0 (C_0, t_0) \; .$$

Sie zeigen Dominanz, die nur mit einem negativen Zeitpräferenzsatz zur Indifferenz werden könnte.

Zurück zu unserem Beispiel, so geht dieses von einem von dem Individuum angegebenen marginalen Tauschverhältnis $(1 + k_{II})$ für zeitverschieden verfügbares Geld aus und ermittelt „rückwärts" den darin enthaltenen Zeitpräferenzsatz $(1 + p_{II})$ als Resultante. Sachlich-ökonomisch ist diese Vorgehensweise nicht begründbar. Überzeugender ist es, stattdessen eine Annahme über die marginale Zeitpräferenzrate zu treffen und nach vorwärts das nutzenniveaubewahrende Geldtauschverhältnis $\Delta C_1 / \Delta C_0$ zu errechnen.

Fall 2: Grenznutzenfunktion wie oben, der marginale Zeitpräferenzfaktor $(1 + p_{II}) = 1{,}10$ wird vorgegeben; gesucht ist der monetäre Konsumpräferenzfaktor $(1 + k_{II})$.

(12) $$(1 + p_{II}) = 1{,}10$$

(10a) $$\Delta u_0 (C_0, t_0) = U_{0(C_0 = 15 + \Delta C_0)} - U_{0(C_0 = 15)}$$

(11a) $$\Delta u_1 (C_1, t_1) = U_{1(C_1 = 15)} - U_{1(C_1 = 15 - \Delta C_1)} \; .$$

---

40 Soweit die Literatur eine andere Ansicht vertritt, fehlt dort die Trennung von Mengen- und Zeitdifferenzbewertung.

Mit $\Delta C_0 = 1$ und Gleichung (4) ergibt sich unter Verwendung des numerischen Ergebnisses von Gleichung (10)

(13) $$1{,}247 \cdot 1{,}10 = 21{,}825 - (1{,}65 - 0{,}013\,(15 - \Delta C_1))\,(15 - \Delta C_1)$$

(13a) $$1{,}3717 = 1{,}26\,\Delta C_1 + 0{,}013\,\Delta C_1^2$$

(13b) $$\Delta C_1^2 + 96{,}9231\,\Delta C_1 - 105{,}516 = 0$$

(13c) $$\Delta C_{1(1,2)} = -48{,}46155 \pm 49{,}538 \; .$$

Unter Verwendung des positiven Wurzelwertes erhalten wir $\Delta C_1 = 1{,}07645$ als Ergebnis. Damit ist $\Delta C_1/\Delta C_0 = 1{,}07645$ das nutzenniveaubewahrende Tauschverhältnis für die 16. Geldeinheit in t_0 als Zugang.

Versuchen wir, die Beziehungen zwischen dem grenznutzenbestimmten und dem marginalen monetären Konsumpräferenzfaktor, also zwischen $(1 + k_{\text{I}})$ und $(1 + k_{\text{II}})$, festzustellen.

Für die grenznutzenbestimmte Konsumpräferenzrate gehen wir von der allgemeineren Konzeption B aus (S. 89). Für sie muß der Zeitpräferenzsatz p in der auf S. 88 dargestellten Relation ersetzt werden, weil der Quotient für die Konzeption B *nicht* die Zeitbewertung ausdrückt. Wir bezeichnen das Verhältnis der zeitpunktbezogenen Grenznutzen mit $(1 + r)$, also

(14) $$u_1'(C_1, t_1)/u_0'(C_0, t_0) = (1 + r) \text{ mit } 0 < (1 + r) < \infty$$

und das Grenznutzenverhältnis

(15) $$u_1'(C_1, t_1)/u_1'(C_1, t_0) = (1 + p_{\text{I}})$$

und die nach I. Fisher auf S. 88 aufgestellte Relation mit

(16) $$u_0'(C_0, t_0)/u_1'(C_1, t_0) = (1 + k_{\text{I}}) \; .$$

Lösen wir (15) nach $u_1'(C_1, t_0)$ auf und setzen den Ausdruck in (16) ein, erhalten wir unter Verwendung von (14)

(17) $$(1 + k_{\text{I}}) = (1 + p_{\text{I}})/(1 + r) \; .$$

Das Ergebnis zeigt, daß I. Fishers „Zeitpräferenzfaktor" nach seiner Definition I (1932, S. 52, Fußnote 2) der Quotient aus dem reinen Zeitpräferenzfaktor und dem Verhältnis der zeitpunktbezogenen, rein mengenmäßig bestimmten Grenznutzen $u_1'(C_1, t_1)/u_0'(C_0, t_0)$ ist.

Werden nun grenznutzenbestimmte und marginale monetäre Konsumpräferenzrate als identisch angesehen (z. B. Uzawa 1968, S. 486), so wird

(18) $$(1 + k_I) = (1 + k_{II})$$

behauptet bzw. unter Verwendung von (17) und (7)

(19) $$(1 + p_I)/(1 + r) = \Delta C_1/\Delta C_0 \ .$$

Ermitteln wir die Nutzen der Grenzmengen in der üblichen Weise (vgl. S. 92 f.), jedoch unter Einfügung eines Korrekturfaktors δ, der den Einfluß des Agios auf das Produkt aus Grenzmenge und Grenznutzen erfassen soll, so ergibt sich für die Nutzenänderungen

(20) $$u_0 (\Delta C_0, t_0) = \Delta C_0, \cdot u_0' (C_0, t_0)$$

und

(21) $$u_1 (\Delta C_1, t_1) = \Delta C_1 \cdot \delta \cdot u_1' (C_1, t_1) \ .$$

Unter Verwendung von (1) gilt

(22) $$\Delta C_0 \cdot u_0' (C_0, t_0) (1 + p_{II}) = \Delta C_1 \cdot \delta \cdot u_1' (C_1, t_1)$$

Verwenden wir für das Grenznutzenverhältnis (14) und lösen nach

(23) $$\Delta C_1/\Delta C_0 = (1 + p_{II})/\delta \cdot (1 + r)$$

auf und setzen in (19) ein, so verbleibt

(24) $$(1 + p_I) = (1 + p_{II})/\delta \ .$$

Bei mehr diskontinuierlicher Betrachtung ist $\delta \gtreqless 1$[41] mit $\delta = 1$ für die Konstellation $\Delta C_1/\Delta C_0 = 1$. Bei der literaturüblichen, infinitesimalen Betrachtungsweise wird $\delta = 1$ gesetzt, indem $\Delta u_1 (C_1, t_1) \equiv \Delta C_1 \cdot u_1' (C_1, t_1)$ gerechnet wird. Unter dieser Vereinfachung erhalten wir als Ergebnis eine Übereinstimmung der beiden Definitionen für den marginalen Konsumpräferenzfaktor[42], der dann in beiden Fällen definiert ist durch

(25) $$(1 + k) = u_0' (C_0, t_0) (1 + p)/u_1' (C_1, t_1) \ .$$

Bei Definition I würde das Individuum indifferente marginale Tauschrelationen zwischen zeitverschiedenen Nutzen angeben, bei Definition II hingegen werden diese Indifferenzrelationen durch die stellvertretend stehenden marginalen zeitverschiedenen Geldbeträge ersetzt.

---

[41] Es gilt für $- |\Delta C_1| \gtreqless + |\Delta C_0|$ ein $\delta > 1$ und für $+ |\Delta C_1| \gtreqless - |\Delta C_0|$ ein $\delta < 1$.

[42] Die Identifikation des marginalen Konsumpräferenzfaktors $(1 + k_{II}) = \Delta C_1/\Delta C_0$ hingegen mit dem marginalen Zeitpräferenzfaktor (4) $(1 + p_{II}) = \Delta u_1 (C_1, t_1)/(\Delta u_0 (C_0, t_0)$ setzt konstanten und niveaugleichen Grenznutzen in beiden Zeitpunkten voraus (vgl. S. 89 zu Definition A). Dann gilt nach (4) mit $\bar{u}_0' = \bar{u}_1'$ die Beziehung $\Delta C_0 \cdot \bar{u}_0' = \Delta C_1 \cdot \bar{u}_1' / (1 + p_{II})$, woraus $(1 + p_{II}) = \Delta C_1/\Delta C_0$ folgt, d. h. $(1 + p_{II}) = (1 + k_{II})$.

Daraus folgt die Frage, ob Indifferenzrelationen auf dieser Basis überhaupt aufgestellt werden können. Es wird zwar bisher die Zeitverschiedenheit der aus ΔC_0 und ΔC_1 realisierten Nutzen berücksichtigt, nicht aber die Zeitverschiedenheit der marginalen Geldbeträge. Konkreter: kann das Individuum seine marginalen monetären Indifferenzrelationen formulieren unabhängig von dem gültigen Marktzinssatz i?

In der Beziehung (25) ist nicht berücksichtigt, daß bei einem positiven Zinssatz die zeitverschiedenen Geldeinheiten ihrerseits nicht gleichwertig sind. Da das Individuum die marginalen Geldmengen nicht geschenkt bekommt[43], vielmehr für seine Mittel marginale indifferente Tauschrelationen angeben soll, muß es im Hinblick auf den Zins die unterschiedliche Wertigkeit einer in t_0 oder t_1 ausgegebenen Geldeinheit berücksichtigen. Bei Wertgleichheit von $\Delta u_0 (C_0, t_0)$ und $\Delta u_1 (C_1, t_1) / (1 + p)$ wird übersehen, daß die in ΔC_1 enthaltenen Geldeinheiten „billiger" sind als die in ΔC_0 enthaltene Geldeinheit (für $\Delta C_0 = 1$ argumentiert mit $\Delta C_1 \gtrless 1$). Dem Vorteil der zeitlich früheren Realisierung von $\Delta u_0 (C_0, t_0)$ aus ΔC_0 steht der Nachteil des Zinsverlustes gegenüber. Der Zinsfaktor wäre als Preis $(1 + i)$ des Nutzens in t_0 oder als Preis $1/(1 + i)$ des Nutzens in t_1 anzusetzen, der Nutzen durch Bezug auf seinen Preis zu relativieren. Die hinsichtlich ihrer Determinanten vollständige Indifferenzrelation müßte daher lauten

$$\Delta C_1/\Delta C_0 = u_0' (C_0, t_0) (1 + p)/u_1' (C_1, t_1) (1 + i) .$$

Diese zunächst nur aus der Argumentation heraus gezogene Schlußfolgerung wird später[44] mathematisch bestätigt und ausführlicher diskutiert.

Die von I. Fisher verwendete Indifferenzkurve abstrahiert von dem Einfluß des Preisaspektes eines positiven Zinssatzes auf die Indifferenzrelationen. Die — allerdings nur implizit vorgetragene — Argumentationsweise der Literatur halten wir logisch für unzulässig: dem Individuum wird unterstellt, daß es seine Indifferenzrelationen ausschließlich der Determinante „Zinsfuß" formuliert, um nunmehr den Zinssatz als eigenständigen Modellbaustein einzuführen. Für das Optimum, ermittelt als Tangentialpunkt von Indifferenzkurve und Zinsgerade, ergibt sich kein Unterschied, alle anderen Punkte der Indifferenzkurve sind ausschließlich des Einflusses von i im I. Quadranten eingetragen. Der Erklärungsbeitrag des Modellansatzes von I. Fisher ist insoweit nur die Folge einer zuvor geschaffenen Erklärungsbedürftigkeit!

Wir fassen als Ergebnis zusammen:

---

43 So die Formulierung unseres Beispieles S. 93.

44 S. 148, zum Preisaspekt des Zinssatzes vgl. S. 126 und S. 138 Ziffer 8.

1. I. Fisher definiert seinen „Zeitpräferenzfaktor" einmal als Verhältnis der Grenznutzen, das andere Mal als marginales Tauschverhältnis zwischen zeitverschiedenen Geldbeträgen.

2. Hatten die sachlichen Erklärungen zur Zeitpräferenz auf zeitverschiedene (Grenz-)Nutzen abgestellt (1932, S. 52 - 54), so wird daraus unmerklich eine Erklärung mit Hilfe der marginalen Tauschrelation zeitverschiedener Geldbeträge (S. 80 - 82, 200 f.), die auch der Indifferenzkurve und damit dem Modell von Fisher zur Ermittlung des optimalen Umfanges der Konsumausgaben in t_0 und t_1 zu Grunde liegt.

3. Fisher folgend versteht die Literatur unter der „marginalen Zeitpräferenzrate" das Austauschverhältnis von zeitlich verschieden verfügbaren Geldeinheiten für Konsumausgaben[45].

4. Dieses Austauschverhältnis übernimmt man als Angabe des Individuums, ohne die dahinterstehenden Bewertungsvorgänge näher zu untersuchen[46]. Eine Nachprüfung ergibt, daß die Austauschrelation — von Nutzeninterdependenzen über die Zeit abstrahiert — eine Geldmengen-, eine Zeit- und eine Agiobewertung zusammenfaßt zu einer Relation von wertgleichen, zeitverschiedenen Grenzgeldbeträgen ΔC_1 und ΔC_0 für Konsumausgaben zu den indizierten Zeitpunkten. Die Agiobewertung wird im Zusammenhang mit einer Infinitesimalbetrachtung vernachlässigt. Die Zeitverschiedenheit der Grenzgeldbeträge wirft die Frage auf, ob die monetären Indifferenzrelationen tatsächlich Wertgleichheit ausdrücken, wenn sie unvollständig formuliert sind, indem der Marktzinssatz nicht berücksichtigt wird. Wir haben die Frage verneint, ohne den exakten Nachweis bereits hier zu führen.

5. Es ist notwendig, die monetäre Indifferenzrelation begrifflich von der reinen Zeitdifferenzbewertung, die in sie eingeht, zu unterscheiden. Marginale Konsumpräferenz und marginale Zeitpräferenz meinen daher in unserem Sprachgebrauch unterschiedliche Sachverhalte.

---

[45] *Lutz:* (1967) S. 80, *Bernholz:* (1964) S. 245, *Drukarczyk:* (1970) S. 41, *Woll:* (1971) S. 231, *Stackelberg:* (1951) S. 130 - 141 (Konsumeinkommen ist bei Stackelberg identisch mit Konsumausgabe, vgl. S. 109, 122).

[46] *Drukarczyk:* (1970) S. 151 explizit.

4. Kapitel

Zur Theorie der Zeitpräferenz

1. Das zeitliche Verhältnis von Bedürfnis und Nutzenrealisierung

Es wurde mehrfach angedeutet, daß der der Zeitpräferenz zugehörende Sachverhalt bei Böhm-Bawerk und I. Fisher zwar richtig formuliert[1], aber nicht begründet worden ist.

Dazu muß man auf das Bedürfnis und den Nutzen als die Bausteine der Theorie zurückgehen. In einem Zeitpunkt empfindet ein Individuum einerseits Bedürfnisse und hat auf der anderen Seite Mittel zu ihrer Befriedigung. Konzentrieren wir die Verausgabung der Mittel zur Beschaffung der bedürfnisbefriedigenden Güter auf einzelne Zeitpunkte, treten neben die jeweils gerade empfundenen Bedürfnisse die bis zum nächsten Ausgabetermin erwarteten Bedürfnisse. Sie werden selbstverständlich im Ausgabezeitpunkt nicht als solche empfunden[2], für sie wird jedoch durch Bevorratung vorgesorgt. Neben der Verausgabung für Konsumgüter hat das Individuum in t_0 die Möglichkeit, im einfachsten Fall Mittel bis t_1 — den Beginn der zweiten Konsumausgabenperiode innerhalb der Einkommensperiode $t_0 - t_2$ — für Konsumausgaben in t_1 aufzubewahren. Problem ist, ob der Zeitunterschied in der Verausgabung eine Wertdeterminante ist. Die Frage ist zu bejahen, wenn in t_0 konsumtive Bedürfnisse unbefriedigt bleiben.

Ein Bedürfnis, so war bereits ausgeführt worden (S. 51), ist nicht eine einzige Zeitpunktempfindung, sondern eine Abfolge von Zeitpunktempfindungen im Zeitablauf. Ist Nutzen die vom Individuum den Merkmalen eines Gutes zugeschriebene Fähigkeit, ein Bedürfnis befriedigen zu können, so ist es für diese Fähigkeit nicht unerheblich, wann die Bedürfnisbefriedigung möglich ist. Man könnte daher die zeitliche Verfügbarkeit eines Gutes als selbständiges Merkmal dieses Gutes neben seine sonstigen Gütermerkmale ansetzen.

---

[1] *Böhm-Bawerk:* (1921/1961) II, 1. Bd. S. 121, 328 Fußnote 4 von S. 327, S. 329 Fußnote 1, und II, 2. Bd. Exkurs XI, S. 231, I. *Fisher:* (1932) S. 53 f., S. 72.

[2] Im einzelnen vgl. *Böhm-Bawerk:* (1921/1961) II, 2. Bd. Exkurs XI, S. 226 bis 247, insbesondere S. 231, 234 - 236.

Zu diskutieren bleibt, ob in bezug auf ein existentes Bedürfnis der Nutzen um so größer ist, je rascher es befriedigt wird (im folgenden als Nutzenkonzeption A bezeichnet) oder ob der Nutzen als solcher unabhängig von der zeitlichen Verfügbarkeit ist und — wie bisher — nur das Ergebnis aus dem Zusammenwirken der Intensität des Bedürfnisses einerseits und der Geeignetheit der Gütermerkmale zur Befriedigung andererseits ist (im folgenden Nutzenkonzeption B).

Geht man von Konzeption A aus, dann ist für die Nutzendefinition und damit für die Nutzengröße zwischen Betrachtungszeitpunkt (t_0), Befriedigungszeitpunkt (Nutzenrealisationszeitpunkt) und Bezugszeitpunkt zu unterscheiden. Die Abhängigkeit der Nutzengröße vom Befriedigungszeitpunkt stellt für uns kein Problem dar. Sie ergibt sich daraus, daß ein Bedürfnis in der Regel zeitabhängig ist, d. h. es entsteht zu einem bestimmten Zeitpunkt und seine Intensität entwickelt sich im Zeitablauf (bis zur Befriedigung bzw. Erlöschen des Mangelgefühles). Ein gegebenes Befriedigungsmittel erzeugt daher je nach dem Befriedigungszeitpunkt einen ganz unterschiedlichen Nutzen[3]. Diese Abhängigkeit der Nutzengröße vom Befriedigungszeitpunkt interessiert uns hier grundsätzlich nicht[4, 5].

Der Bezugszeitpunkt für die Nutzengröße nach Definition A fällt *nicht* auf den Betrachtungszeitpunkt t_0, sondern liegt später und muß in jedem Einzelfall angegeben werden. Mit dieser Nutzenkonzeption läßt sich nicht arbeiten, weil zu jedem Nutzen der Realisationszeitpunkt des alternativ möglichen Nutzens angegeben werden muß, also spezifische Zurechnungen zwischen Handlungsalternativen vorgenommen werden müssen. Die Nutzenkonzeption A entwickelt Böhm-Bawerk[6] — obwohl sie im Widerspruch zu seinen übrigen Ausführungen steht —, um der Abstinenztheorie von Senior eine unzulässige Doppelrechnung des „Warte-Opfers" vorzuwerfen (I S. 250 - 255). Darauf wird sogleich zurückzukommen sein.

Die Nutzenkonzeption B geht davon aus, daß ein Auseinanderfallen von Zeitpunkten sich prinzipiell nicht in der zeitpunktbezogenen Nut-

---

[3] Zur dogmengeschichtlichen Darstellung vgl. *Bachmann:* (1963) S. 124 - 131; vgl. auch *Marshall:* (1905) S. 163.

[4] Es ist unverständlich, daß *Bachmann:* (1963) S. 141 zwischen dem Zuwachs der Bedürfnisintensität im Zeitablauf und dem Zuwachs des Nutzens unterscheiden zu können glaubt, denn für ein gegebenes Befriedigungsmittel fällt beides zusammen. Die Gegenüberstellung der Zuwachsraten mit dem Zweck der Bestimmung des optimalen Zeitpunktes für den Beginn des Konsumaktes ist also eine Tautologie und läßt das Problem offen.

[5] So unterscheidet auch *Strotz:* (1955/56, S. 168) zwischen Zeitpunkt- und Zeitdifferenzabhängigkeit einer Nutzengröße.

[6] *Böhm-Bawerk:* (1921/1961) I. Abteilung: Geschichte und Kritik der Kapitalzins-Theorien, 4. Aufl. 1921, Nachdruck Meisenheim/Glan 1961, S. 255.

zengröße selbst niederschlägt, sondern in einer Bewertung dieser Nutzengröße berücksichtigt wird. Damit ist noch nicht darüber entschieden, ob der früherzeitige Nutzen „aufgewertet" (B.1.) oder der später anfallende Nutzen „abgewertet" (B.2.) wird (positive Zeitpräferenz vorausgesetzt). Unterstellen wir beispielsweise letzteres, dann bleibt nach Konzeption B.2. der Nutzen definitionsgemäß der Befriedigungsgrad im Befriedigungszeitpunkt, während die Zeitspanne zwischen Realisationszeitpunkt t_1 für $u_1'(C_1, t_1)$ und Betrachtungszeitpunkt t_0 zu einer herabsetzenden Bewertung führt. Auf den alternativen Zahlungsvorgang abgestellt heißt dies, daß eine zeitlich früher verfügbare Geldeinheit für Konsumausgaben (C_0') einer zeitlich später verfügbaren (C_1') vorgezogen wird, wenn die erstere das Fortdauern eines akuten Bedürfnisses vermeidet. Nur so läßt sich erklären, daß der Zeitunterschied in der Verfügbarkeit einen Wertunterschied zur Folge hat. Wird allerdings C_0' für den Kauf von Vorratsgütern verwendet, so hat diese Verwendungsart mit der Nichtverausgabung in t_0 gemeinsam, daß ein akutes Grenzbedürfnis unbefriedigt bleibt. Dieses Fortdauern einer Mangelempfindung ist dem späteren Nutzen aus C_1' (bzw. der Vorratsgüterverwendung) anzulasten, denn ohne Verzicht heute wäre dieser später nicht realisierbar. Wenn wir die Zeitpräferenz — unter Modifikationen — mit dem im Betrachtungszeitpunkt t_0 unbefriedigt gebliebenen akuten Grenzbedürfnis[7] verbinden, so liegt es nahe, auf die Abstinenztheorie von N. W. Senior einzugehen[8].

Der Ansatzpunkt, das im Betrachtungszeitpunkt unbefriedigt gebliebene akute Bedürfnis, ist der gleiche, hingegen sind die Erklärungsabsichten verschiedene. Senior geht es um die Erklärung (Rechtfertigung) eines positiven Zinses, ein wenn nicht aus anderen Gründen[9] so bereits wegen des von Veit herausgestellten notwendigen „doppelten Verzichts" (1966, S. 231 f.) nur unzulänglich mögliches, wenn nicht problematisches Vorhaben. Uns hingegen interessiert die individuelle Strukturierung der Konsumausgaben im Zeitablauf. Sie besteht als Problem unabhängig von der Existenz eines Zinssatzes, und erst nach Klärung ihrer Determinanten ist es möglich, den Einfluß eines positiven Zinsfußes zu zeigen[10]. Der umgekehrte, von Stackelberg eingeschlagene Weg, aus

---

7 *Böhm-Bawerks* Kritik: (1921/1961) I, S. 492 greift nichtakute, d. h. künftige Bedürfnisse heraus und ist damit eine Fehlanwendung der Abstinenztheorie von Senior.

8 *Senior,* Nassau William: Political Economy, 3. ed. London und Glasgow 1854, S. 58 - 60, 89, *Böhm-Bawerk:* I, S. 243 - 257, *Mahr,* Alexander: Abstinenztheorie und Lehre von der Minderschätzung der Zukunftsgüter, ZfN Bd. II, 1931, S. 62 - 74, S. 65 - 67, *Stavenhagen:* (1964) S. 85 f., *Lutz,* Friedrich A.: Artikel „Zins" im Handwörterbuch der Sozialwissenschaften, 12. Bd., Stuttgart u. a. 1965, S. 434 - 452, S. 436 1. Sp., *Veit:* (1966) S. 217 f.

9 Zur Kritik der Zinstheorie vgl. vor allem *Böhm-Bawerk:* I, S. 247 - 255.

einem positiven Zinssatz auf die notwendige Existenz einer Zeitpräferenz zu schließen, „beweist" bestenfalls ihre Existenz mit der Funktion einer kompensierenden Resultante, erklärt jedoch nichts. Die Abstinenztheorie sieht das „Opfer" „im Warten auf einen Genuß, für dessen Realisierung die Mittel gegenwärtig vorhanden wären"[11], exakter: das „Opfer" wird im Aufschieben der Realisierung eines Nutzens gesehen[12].

Wir können daher hier zunächst festhalten, daß die Abstinenztheorie in der Version von Th. N. Carver[13] keine Beziehung zum Problem der Zeitpräferenz hat, weil sie die Zeitdifferenz zwischen derzeitiger und späterer Bedürfnisbefriedigung weder bewertet noch zur Zinserklärung heranzieht. Der Zinssatz dient ihm lediglich dazu, Nutzengleichheit zwischen abgehendem und hinzukommendem Differenzgeldbetrag für Konsumausgaben bei fallenden Grenznutzenfunktionen herzustellen:

(1) $$u_0'(C_0) = u_1'(C_1),$$

Ausgangssituation vor Änderung der Konsumausgabensumme in t_0,

(2) $$u_0(\pm \Delta C_0) = u_1(\mp \Delta C_1)$$

mit

(3) $$\Delta C_1 = \Delta C_0 (1 + i) \ .$$

Ausgehend von (1) wird für $- \Delta C_0$

(4) $$u_0(- \Delta C_0) > u_1(+ \Delta C_1/(1 + i))$$

---

10 Die Unabhängigkeit der Zeitpräferenz von der Existenz eines Zinssatzes findet in der getrennten Behandlung von Markt- und Bereitwilligkeitslinie bei I. *Fisher:* (1932, S. 197 - 201) ihren Niederschlag, aber auch in der vorzüglichen Problemanalyse von *Ricci,* Umberto: Das Sparen in der Individualwirtschaft, ZfN Bd. I, 1930, S. 222 - 236, S. 235.

11 *A. Mahr:* (1931) S. 62, dort steht „Befriedigung" anstelle von Realisierung. Unzutreffend ist es, wenn auf S. 65 das „Warteopfer" von dem *künftig* akut werdenden Bedürfnis hergeleitet wird.

12 Vgl. *Böhm-Bawerk:* I, S. 247 („Genußaufschub"), bei A. *Marshall:* „putting off consumption", „postponement of enjoyment", vgl. *Böhm-Bawerk:* I, S. 483. Es ist daher nicht begründet, auf die Befriedigung eines bestimmten Bedürfnisses heute oder später einzuengen, wie es *Mahr* vornimmt (1931, S. 68 oben, ähnlich (hier auf Böhm-Bawerk bezogen) 1966, S. 441), um dann die vergleichsweise geringe Relevanz herauszustellen. Nutzen ist vom Begriff her losgelöst von der Art des Bedürfnisses, aus dessen Befriedigung er resultiert. Ein solches Mißverständnis einer der Grundkonzeptionen der Nutzentheorie findet sich allerdings auch bei *Porstmann* wieder (1971, S. 90, 92, 104, 137), der Nutzenqualitäten nach Art der Bedürfnisse und Befriedigungsmittel unterscheidet. Zur Notwendigkeit, Nutzen als homogene Qualität zu verstehen, vgl. *Gäfgen,* Gérard: Theorie der wirtschaftlichen Entscheidung, Tübingen 2. Aufl. 1968, S. 137 - 140.

13 Die Grundgedanken von Carver sind dargestellt bei *Böhm-Bawerk:* I, S. 496 - 503 und kurz bei *Mahr:* (1931) S. 63 - 65 und (1966) S. 438 f.

festgestellt wegen der fallenden Grenznutzenfunktionen, während auf

$$(5) \qquad u_0\,(+\,\Delta\,C_0) < u_1\,(-\,\Delta\,C_1/(1+i))$$

nicht eingegangen wird: der Nutzen in t_0 durch Sofortkonsum ist kleiner als der alternativ in t_1 erzielbare Nutzen auch dann, wenn $i = 0$ ist.

Nach Lutz (1965, S. 436) fehlt bis heute eine Auseinandersetzung mit der Kritik Böhm-Bawerks an der Theorie von Senior. Allerdings sind die Fehler in der Argumentation Böhm-Bawerks nicht offensichtlich.

Zunächst fällt auf, daß ab S. 249 das „Opfer" in einem viel weiteren Sinne verstanden wird als bei Senior: nicht allein der Aufschub in der Realisierung des Nutzens gehört dazu, sondern auch der nichtrealisierte Nutzen selbst[14]. Der Grund liegt darin, daß zunächst zeitpunktgleiche, aus alternativer Arbeitszeitverwendung resultierende Nutzen betrachtet werden, um dem tatsächlich realisierten Nutzen (Ertragsnutzen) den Aufwandnutzen (identisch mit dem Ertragsnutzen der nächstbesten Alternative) als „Opfer" gegenüberzustellen. Bezeichnen wir mit

A_1 eine Handlungsmöglichkeit zur Zeit- bzw. Geldverwendung, die in t_0 den Nutzen realisiert;

A_2 dto., die „nächstbeste Alternative",
der mögliche Ertragsnutzen aus A_2 ist der Aufwandnutzen, das Opfer zur Realisierung des Ertragsnutzens aus A_1 mit $u_0\,(A_1) > u_0\,(A_2)$;

A_3 eine Handlungsmöglichkeit, deren Nutzen sich erst in t_1 realisiert.

Es fehlt bei Böhm-Bawerk eine Aussage, ob die Einführung von A_3 in das Entscheidungsfeld $u_0\,(A_1)$ und/oder $u_0\,(A_2)$ tangiert. Ein Grund dafür ist nicht ersichtlich. Andererseits aber stellt Böhm-Bawerk fest, daß $u_0\,(A_1)$ auch und bereits den Vorteil umfaßt, daß $u_0\,(A_1)$ früher anfällt als $u_1\,(A_3)$ (S. 251, 252 unten, 254 unten, 255). Damit vertritt er *in diesem Zusammenhang* die Nutzenkonzeption A, ohne allerdings auch nur anzudeuten, wie man sich den Beitrag der Zeitdifferenz zum Nutzen $u_0\,(A_1)$ vorzustellen hat[15]. Die Theorie von Senior hingegen interpretiert Böhm-

[14] Diese Begriffserweiterung dürfte der Grund sein, daß auch die der 2. Auflage (1900) hinzugefügte Auseinandersetzung mit Marshall für den Kern des Problemes unergiebig bleibt, obwohl die Interpretationsalternativen B.1. und B.2. durchaus gesehen und behandelt werden (I, S. 487 - 492). So wird auf S. 489 der Abschlag (das „Warteopfer") nicht als Barwert verstanden und erneut der Abzinsung unterworfen und — was viel wichtiger ist — zweimal in Ansatz gebracht, um einen Fehler, der bei Böhm-Bawerk liegt, als Argument gegen Marshall vorzubringen!

[15] „Aber da wir ... die Größe dieses Opfers in aller Regel an der Größe des entgangenen Nutzens messen, fließt bei dieser Schätzung die Rücksicht auf den Reiz der früheren Befriedigung mit ein und hilft den Anschlag des *einen* Opfers höher heben, als er sonst gewesen wäre. Dies ist der wahre

Bawerk auf die Nutzenkonzeption B.1. hin (I S. 252). Das „Opfer“ setzt sich danach — wenn A_3 gewählt wird — aus dem Nutzenentgang $u_0 (A_1)$ und dem explizit angesetzten Opfer für die Zeitdifferenz zusammen: „Opfer“ (B.1.) $= u_0 (A_1) (1 + p)^t$ mit p als Zeitpräferenzsatz. Das Opfer wird also um so größer, je weiter der Bezugspunkt für den Nutzen $u_0 (A_1)$ als der *nicht*realisierten Alternative, nämlich der Realisationszeitpunkt für den Nutzen der gewählten Alternative A_3, hinausrückt. Der daraus abgeleitete ad absurdum-Beweis (I S. 252) gegen Senior ist treffend, aber eben doch nur das Ergebnis des Ausgangspunktes B.1. Davon zunächst abgesehen, ist jedenfalls der Vorwurf der Doppelrechnung des „Opfers“, den Böhm-Bawerk erhebt (I S. 250 f.), unbegründet, denn gegenüber seiner — nicht ausgearbeiteten — Konzeption A liegt der Unterschied nur darin, daß der Wertbeitrag der Zeitdifferenz explizit berücksichtigt wird[16]. Der Fehler liegt eindeutig bei Böhm-Bawerk, wenn er die implizite Betrachtung A für zutreffend erklärt (I S. 251, 255), sie in Seniors Konzeption überträgt und dessen explizite Berücksichtigung[17] unverändert läßt.

Die Konzeption B.1. liegt nahe, wenn man die Betonung auf die laufende „Enthaltsamkeit“ legt, vorhandene Ersparnisse nicht zu konsumieren. Die Konzeption B.2. hingegen bietet sich an, wenn man — soweit die Abstinenz nicht reiner Selbstzweck ist[18] — den Zweck der Abstinenz mitberücksichtigt. Senior bringt beide Möglichkeiten zum Ausdruck: „Abstinence expresses both the act of abstaining from the unproductive use of capital, and also the similar conduct of the man who

---

Tatbestand, dem Senior in seiner Theorie eine fehlerhafte Auslegung gegeben hat.“ *Böhm-Bawerk:* I, S. 255.

[16] Wenn Böhm-Bawerk den unüberbrückbaren Unterschied zwischen Abstinenz- und Agiotheorie in der Frage der Selbständigkeit des „Warteopfers“ sieht (I, S. 481, 485), so ist das ein rein formaler Aspekt, der sachlich keinen Unterschied bedingt.

[17] The observer's attention is occupied by the labour, and he omits to consider the *additional* sacrifice made when labour is undergone for a distant object. This additional sacrifice we comprehend under the term Abstinence; ... (1854), S. 59.

[18] Der Abstinenz als bloßer Negation bestreitet bereits Senior einen produktiven Effekt: (1854) S. 60 oben: It may be said that pure abstinence, being a mere negation, cannot produce positive effects; the same remark might as well be applied to intrepidity, ...; but who ever objected to their being considered as equivalent to active agent? Es muß also ein erstrebter Handlungszweck hinzukommen, soll die Abstinenz relevant werden. Wenden wir diese Überlegung auf die von uns vorgenommene Unterteilung der Ersparnis an (S. 25 f.), so folgt, daß jedenfalls im Hinblick auf die Bildung residualer Ersparnis nicht mehr von einer Abstinenz die Rede sein kann. Zu begründen, ob und warum trotzdem ein Zinseinkommen auf diese Ersparnis erzielt wird, ist nicht unser Problem (vgl. dazu Böhm-Bawerk: I, S. 247 f.). Uns kam es hier nur auf den Hinweis an, daß Senior — wenn auch mehr beiläufig — zwischen Abstinenz als Selbstzweck und Abstinenz im Handlungs- und Zielzusammenhang unterscheidet.

devotes his labour to the production of remote rather than of immediate results" (1854, S. 89). Berücksichtigt man also die Ertragsseite und bezieht das erwartete Ergebnis der heutigen Anstrengungen in die Überlegungen mit ein, dann hat das Individuum zwischen $u_0(A_1)$ und $u_t(A_3)$ abzuwägen unter Beachtung des Zeitunterschiedes im Nutzenanfall. Ist das Problem einmal so weit formuliert, liegt es nahe, nicht $u_0(A_1)$ wegen des Zeitunterschiedes aufzuwerten, sondern $u_t(A_3)$ abzuwerten. Das Warteopfer führt also zu einem (explizit gerechneten) Abschlag von dem später realisierten Nutzen[19]. Fehlen andere Aussagen über die Bestimmungsgrößen des Abschlages, so liegt es nahe, ihn von der Länge der Zeitdifferenz abhängig zu machen[20]. Wieder wächst das „Opfer" mit t, vergrößert aber nicht $u_0(A_1)$ in t_0, sondern verringert den Ertrag in t um $(1 - 1/(1 + p)^t)$ auf $u_t(A_3)/(1 + p)^t$.

Somit können wir unsere Ergebnisse zusammenfassen:

1. Böhm-Bawerk entwickelt für seine Kritik an Senior eine Nutzenkonzeption (hier mit A bezeichnet), für die auch nicht andeutungsweise die Bedeutung der Zeitdifferenz im Nutzenanfall herausgearbeitet wird;

2. der Vorwurf der Doppelrechnung des „Warteopfers" an Senior ist unzutreffend;

3. Senior rechnet das „Warteopfer" außerhalb der rein mengenmäßig bestimmten, zeitpunktbezogenen Nutzengrößen (hier als Nutzenkonzeption B bezeichnet); diese Vorgehensweise deckt sich mit dem auf C. Menger zurückgehenden, heute üblichen Nutzenbegriff;

4. die Ausführungen Seniors sind zu knapp, um zu entscheiden, ob der derzeitige Nutzen aufgewertet oder der alternative künftige Nutzen abgewertet wird;

5. der Einbezug des Handlungszweckes und damit des erwarteten künftigen Nutzens läßt es als etwas wahrscheinlicher erscheinen, daß die Konzeption B.2. Senior zutreffend interpretiert[21]; jedenfalls entzieht die fehlende Klarheit in diesem Punkt der Kritik Böhm-Bawerks die notwendige Voraussetzung, daß Senior B.1. gemeint hat[22];

6. unbestritten macht es sich Böhm-Bawerk mit seiner Auseinandersetzung mit Senior nicht leicht. Unter Einbezug der Ausführungen zu

---

[19] So *Böhm-Bawerk* für die Agiotheorie (I, S. 490 Fußnote 1).

[20] So z. B. *Jevons:* (1924 deutsche Ausgabe) S. 70 in Verbindung mit S. 32 - 34 (engl. Ausgabe 1924, S. 72 f. in Verbindung mit S. 33 - 35).

[21] Bei Marshall findet sich eindeutig die Konzeption Bd. 2. vor, vgl. *Böhm-Bawerk:* I, S. 485, A. *Marshall:* (1905) S. 159 - 164, S. 686 f. (Anhang V).

[22] Die Möglichkeit, Konzeption B.2. zur Interpretation heranzuziehen, ist von *Böhm-Bawerk* I, S. 487 klar erkannt worden (Absatz 1 im Verhältnis zu Absatz 3).

Marshall (I, S. 480 - 496), die zeigen, daß Böhm-Bawerk die Interpretationsvarianten gesehen hat, bleibt der Eindruck, daß die Abstinenztheorie (einschließlich der Fassung bei Marshall) so interpretiert wird, daß sich denn auch Ansatzpunkte zur Kritik finden. Das beginnt mit der unter Ziffer 1 angeführten Nutzenkonzeption, an die sich Böhm-Bawerk in seiner Agiotheorie selbst nicht hält: die Minderschätzung künftiger Bedürfnisse/(Grenz-)Nutzen ist ein Bewertungsvorgang außerhalb der zeitpunktbezogenen (Grenz-)Nutzen[23], so daß die Nutzenkonzeption A nur im Zusammenhang mit der Kritik an Senior für richtig gehalten wird, während seine eigene Theorie von vornherein auf der Konzeption B aufbaut. Zweitens wird durch Verbindung der Konzeptionen A und B der Vorwurf der Doppelrechnung erhoben, der sich ohne diese unzulässige Verknüpfung[24] sofort als gegenstandslos erweist. Drittens wird Senior nach Konzeption B.1. interpretiert, ohne die Alternative B.2. für ihn zu erörtern.

7. Bei der Auseinandersetzung mit den Gründen Böhm-Bawerks für eine Minderschätzung künftiger Nutzen war dargelegt worden, daß sie lediglich den Ausgleich unterschiedlicher Geldgrenznutzen im Zeitablauf stützen, zur Zeitpräferenz selbst aber nichts beitragen. Die Aussage, daß vom künftigen Nutzen ein Abschlag vorgenommen wird, bleibt Feststellung ohne Begründung zur Sache und Höhe des Abschlages.

8. Wenn A. Mahr (1931, S. 74) feststellt, daß die Theorie der Minderschätzung der Zukunftsgüter „immerhin noch eine wenn auch sehr beschränkte Geltung beanspruchen kann“, die Abstinenztheorie hingegen auf der ganzen Linie unzutreffend sei, so vertreten wir genau die gegenteilige Ansicht: zur Zeitpräferenz tragen die Ausführungen Böhm-Bawerks nichts bei, und soll seine Agiotheorie mehr sein als eine Zusammenstellung von Bestimmungsgründen zum Ausgleich unterschiedlicher Geldgrenznutzen im Zeitablauf, muß sie den Grundgedanken der Abstinenztheorie implizieren: die Zeitdifferenz im Nutzenanfall ist eine eigene Wertdeterminante. Der Grundgedanke der Abstinenztheorie — losgelöst von der Absicht, den positiven Zins zu erklären — trägt die Theorie der Zeitpräferenz und diese wiederum die Agiotheorie.

Somit zielt die Kritik Böhm-Bawerks gegen eine Theorie, die implizit seiner eigenen Theorie erst die fehlende Begründung liefert!

---

23 Z. B. *Böhm-Bawerk* II, S. 337 explizit, im Beispiel I, S. 490 Fußnote 1.

24 Obwohl I S. 487 ausdrücklich von einer Alternativbetrachtung ausgeht, verbindet das Beispiel I, S. 489 beide Betrachtungsweisen zu einer Doppelrechnung.

2. Komponenten für eine Theorie der Zeitpräferenz

a) Symbole

Die bisherigen Ausführungen lassen es zu, einige Größen zusammenzustellen, die für eine Quantifizierung der Zeitpräferenz relevant sein könnten:

1. Y_0 die für eine Einkommensperiode, die die Konsumausgabenzeitpunkte (-perioden) t_0 bis $(t + n)$ umfaßt, (noch) verfügbaren Mittel
2. C_t die auf Grund von Y_0 für jeden der Konsumausgabenzeitpunkte noch verfügbaren Mittel
3. i ein gegebener positiver Zinssatz für Finanzanlagen, zu rechnen für die Periode t_0 bis T
4. $u'_t(C_t)$ der zeitpunktbezogene konsumtive Geldgrenznutzen nach den Grenznutzenfunktionen $U'_t(C_t) = f(C_t)$. Analog zum Zwei-Güter-Fall wird die Annahme getroffen, daß zwischen den Nutzen keine zeitliche Interdependenz besteht[25].
5. α_t der Geldgrenznutzen in t, ausgedrückt durch den Lagrangefaktor, auch als „absolute Knappheit" bezeichnet
6. α_N der Geldgrenznutzen für Geldeinheiten, die der Ersparnis mit abstraktem Zweck zugeführt werden (vgl. S. 26, 36, 39 f.)
7. β_t der Faktor, der die marginale relative Knappheit ausdrückt mit $\alpha_t = \beta_t + \alpha_N$ (vgl. S. 41, Gl. (27))
8. k_t ein Faktor, der das Gewicht der zeitlichen Extension des in t unbefriedigt gebliebenen akuten Grenzbedürfnisses wiedergibt, jedoch ausschließlich des Aspektes der zeitlichen Dauer (vgl. das Symbol m)
9. p'_t der marginale Zeitpräferenzsatz zwischen t und $t + 1$
10. $1 + p'_t$ der marginale Zeitpräferenzfaktor für t bis $t + 1$
11. m das Verhältnis der zeitlichen Dauer einer Konsumausgabenperiode t bis $t + 1$ zu der dem Zinssatz i zu Grunde liegenden Zeitperiode t_0 bis T.

Bevor eine Verknüpfung der für den Zeitpräferenzsatz relevanten Größen vorgenommen werden kann, sind einige Größen zu diskutieren.

---

[25] Abhängige Grenznutzen würden die Problembehandlung erheblich erschweren, vgl. *Krelle:* (1968) S. 107. Die Annahme der Nichtexistenz zeitlicher Nutzeninterdependenzen ist literaturüblich, vgl. *Guha*, Ashok: Fiscal Policy and Private Saving: A Utility Analysis, International Economic Review Vol. 11, 1970, S. 131 - 138, S. 131 f. mit weiteren Literaturangaben. Zur zeitlichen Separabilität von Nutzenfunktionen vgl. *Gottinger:* (1969 b) S. 430 - 434, anders *Wan*, Henry Y. jr.: Optimal Saving Programs under Intertemporally Dependent Preferences, International Economic Review, Vol. 11, 1970, S. 521 bis 547.

Um Verwechslungen mit den auf S. 32 - 45 entwickelten Gleichungen zu vermeiden, setzen wir die Numerierung mit (36) fort.

Zwischen den Größen 1. bis 4. besteht bei einer Zwei-Perioden-Betrachtung der Zusammenhang

$$C_0 + C_1/(1 + i) = Y_0 \quad \text{mit} \quad i \geq 0 \; . \tag{36}$$

Für die Grenznutzenfunktionen nehmen wir für die beiden Zeitpunkte voneinander unabhängige, linear fallende Funktionen an:

$$U_0'(C_0) = a - bC_0 \tag{37}$$

und

$$U_1'(C_1) = c - dC_1 \; . \tag{38}$$

Dabei wird davon ausgegangen, daß für t_0 und t_1 die gleichen Güterpreise erwartet werden.

b) Knappheitsgrad und Zeitpräferenzsatz

Die Geldgrenznutzen $u_t'(C_t)$ bzw. α_t und die damit zusammenhängende relative Knappheit β_t wurden angeführt in der Absicht, zwischen ihnen und dem Zeitpräferenzsatz p_t' mögliche Beziehungen zu diskutieren.

Es ist an sich naheliegend, die Höhe des Zeitpräferenzsatzes mit dem Knappheitsgrad in einem Zeitpunkt zu verbinden. Die Zeitdifferenz in der Nutzenrealisierung fällt c. p. um so stärker ins Gewicht, je dringlicher das Bedürfnis ist.

Diesen Zusammenhang zu formulieren, ist die Literatur nicht in der Lage gewesen, weil sie ihre Aussagen für die Konsumpräferenz formuliert, in der sich mengen- und zeitdifferenzabhängige Bewertung vermischen. So enthält die Indifferenzkurve im Modell von I. Fisher zwar die Aussage, daß die Grenzrate der Substitution von C_1 durch C_0 bei zunehmender Relation C_0/C_1 abnimmt[26], inwieweit aber auf Grund der Grenznutzenfunktionen $U_t'(C_t) = f(C_t)$ einerseits und der Bewertung der Zeitdifferenz andererseits, bleibt völlig offen, genauer: wird nicht einmal als Problem erkannt. Wäre das Problem gesehen worden, wäre die Literatur gezwungen gewesen, eine Theorie über die Determinanten der Bewertung der Zeitdifferenz zu entwickeln.

---

[26] So auch *Feldstein* für ein makroökonomisches Modell, der zugleich darauf hinweist, daß die Grenzrate der Substitution von mehreren Größen bestimmt wird, ohne für den pure time discont eine Abhängigkeit zu definieren, vgl. *Feldstein*, Martin S.: The Social Time Preference Discount Rate in Cost Benefit Analysis, The Economic Journal Vol. 74, 1964, S. 360 - 379, S. 375, 378 oben.

Dem ersten Eindruck nach gilt das für die anglo-amerikanische Literatur nicht, denn in mehreren Aufsätzen wird zwischen der Grenzrate der Substitution zwischen zeitverschiedenem Konsum und der reinen Zeitpräferenz unterschieden[27]. Der reine Zeitpräferenzfaktor wird dabei als der absolute Wert der Steigung einer Indifferenzkurve zwischen C_t und C_{t+1} beim Schnitt mit der 45°-Linie im I. Quadranten definiert. Als Begründung wird angegeben, daß entlang dieser Linie die Konsumniveaus in beiden Perioden gleich seien und damit der Einfluß der Konsumniveaus auf die Grenzrate der Substitution ausgeschaltet sei[28]. Diese Aussage gilt nur, wenn — und das unterbleibt — ausdrücklich die Annahme konstanter Grenznutzenfunktionen in den einbezogenen Zeitpunkten getroffen wird. Erst diese Annahme schaltet — angeblich — den Einfluß der Versorgungsrelation C_t/C_{t+1} auf die Grenzrate der Substitution aus, und es bleibt die reine Zeitpräferenz isoliert zurück. Die Annahme hat zur Folge, daß für die Schnittpunkte zwischen der 45°-Linie und den Indifferenzkurven eine Konstellation entsteht, die im Zusammenhang mit I. Fisher als Definition I (Konzeption A) bezeichnet wurde (vgl. S. 87 - 90): aus (a) $C_t = C_{t+1}$ folgt bei konstanten Grenznutzenfunktionen

(b) $u'_t(C_t, t) = u'_{t+1}(C_{t+1}, t + 1)$ und für die Grenzrate der Substitution

(c) $\partial C_{t+1}/\partial C_t = u'_t(C_t, t)/u'_{t+1}(C_{t+1}, t)$ und mit (b) folgt

(d) $$\frac{\partial C_{t+1}}{\partial C_t} = \frac{u'_{t+1}(C_{t+1}, t+1)}{u'_{t+1}(C_{t+1}, t)} = (1 + p'_t) \ ,$$

(vgl. Gleichung (15) auf S. 95).

Die Schwäche des Ansatzes ist offensichtlich: da von der Indifferenzkurve ausgegangen wird, kann die Trennung zwischen Mengen- und Zeiteffekt nur durch eine Annahme getroffen werden; der zweite Effekt ist stets die Resultante aus der Annahme über den ersten Effekt. Eine theoretische Erklärung des hinter der Grenzrate der Substitution stehenden Wirkungszusammenhanges der verschiedenen Determinanten ist auf diese Weise nicht möglich. Von den Indifferenzkurven kommend und sozusagen rückwärts zu rechnen, führt nicht weiter[29].

---

27 *Leontief*, Wassily: Theoretical Note on Time-Preference, Productivity of Capital, Stagnation and Economic Growth, AER Vol. 48, 1958, S. 105 - 111, 109, ferner *Marglin*, Stephen A.: The Social Rate of Discount and the optimal Rate of Investment, The Quarterly Journal of Economics Vol. 77, 1963, S. 95 bis 111, S. 95 Fußn. 1, *Feldstein:* (1964) S. 373 - 376, *ders.:* The Derivation of Social Time Preference Rates, Kyklos Vol. 18, 1965, S. 277 - 287, S. 280, 282 bis 284, entsprechend in seinem Überblick *Fest*, Hartmut E.: Zur gesamtwirtschaftlichen Konsistenz des Entscheidungskriteriums für die Auswahl öffentlicher Investitionen, Berlin 1971, S. 81 - 85; *Fama* und *Miller:* (1972) S. 43 f.

28 Explizit z. B. *Leontief:* (1958), *Marglin:* (1963), *Monissen:* (1968) S. 168.

Hinzu kommt — daher unsere obige Einfügung „angeblich" —, daß die Relevanz eines positiven Zinssatzes übersehen wird: wie im Zwei-Güter-Fall wird unterstellt, daß die Indifferenzkurven zwischen C_{t+1} und C_t unabhängig von dem jeweiligen Zinssatz sind. Da nach einheitlicher Ansicht der Preis einer GE für Konsum in t mit $(1 + i)$ anzusetzen ist im Verhältnis zu 1 für eine GE Konsum in $t + 1$, gilt unser Nachweis über die Abhängigkeit der Indifferenzkurven von der jeweiligen Preiskonstellation (vgl. Anhang V S. 198) für $p_1/p_0 = 1/(1 + i)$ analog. Ist aber die Grenzrate der Substitution zwischen C_{t+1} und C_t von der Höhe des Zinssatzes abhängig, isoliert die 45°-Linie nicht einmal dann die reine Zeitpräferenz, wenn konstante Grenznutzenfunktionen für t und $t + 1$ unterstellt werden. Den gleichen Einwand anders formuliert: die in den zitierten Aufsätzen vorgetragene Konzeption der „pure time preference" verkennt, daß der Zinssatz über seinen Einkommensbeitrag die rein mengenmäßig bestimmten zeitpunktbezogenen Grenznutzen $u'_t(C_t)$ und $u'_{t+1}(C_{t+1})$ beeinflußt und damit die marginale Substitutionsrate zwischen C_{t+1} und C_t — z. B. auch auf der 45°-Linie — verändert.

Somit können wir festhalten, daß der anglo-amerikanischen Literatur der Zugang zum Problem durch den gewählten Ausgangspunkt, die als vorgegeben angesehene Indifferenzkurvenschar, verstellt ist.

Soweit der Verfasser die Literatur gesichtet hat, wird ein abhängiger marginaler Zeitpräferenzsatz nur bei Ricci behandelt[30]. Gefragt ist, ob Gütereinheiten in t_0 oder t_1 für den Konsum verwendet werden, wobei ausdrücklich angenommen wird, daß in beiden Zeitpunkten die gleichen Grenznutzenfunktionen gelten (S. 225 unten). Nachdem zunächst mit einem einheitlichen, d. h. durchschnittlichen Nutzendiskont gerechnet wurde (S. 223), wird dann ein marginaler Nutzendiskontsatz angewendet, der mit einer Verbesserung der Versorgungslage in t_1 zu Lasten der in t_0 ansteigt (S. 224, Fall c):

(1)	Gütereinheiten X_1 in t_1	0	1	2	3	4
(2)	$u'_1(X_1, t_1)$	—	15	12	9	4
(3)	$u'_1(X_1, t_0)$	—	12	9	5	1
(4)	$p'_{(t_0-t_1)}$ (v. H.)	—	20 %	25 %	44 %	75 %
(5)	Gütereinheiten X_0 in t_0	4	3	2	1	0
(6)	$u'_0(X_0, t_0)$	4	9	12	15	—

29 Vgl. *Schumpeter*, Joseph: Das Wesen und der Hauptinhalt der theoretischen Nationalökonomie, Leipzig 1908, S. 63 - 68.

30 *Ricci:* (1930). Auf S. 90 - 92 hatten wir dargelegt, daß der Zusammenhang bei *Uzawa:* (1968) nicht klar ist.

Im Ergebnis wird also im Beispiel c) bei Ricci mit einem marginalen Zeitpräferenzsatz abhängig von der Bedürfnisintensität in t_0 gerechnet. Ricci behandelt diesen Fall nur als bloße Möglichkeit, räumt ihm gegenüber anderen Möglichkeiten keine besondere Bedeutung ein und diskutiert auch nicht die im Fall c) behauptete Abhängigkeit zwischen p_0' und $u_0'(X_0)$.

Die übrige Literatur begnügt sich mit einem sachlich unabhängigen, zeitdifferenzproportionalen Nutzendiskontfaktor[31].

c) Die Nutzendiskontrate in makroökonomischen Modellansätzen

Die Behandlung der Nutzendiskontrate im Zusammenhang mit makroökonomischen Problemen, in den Wachstumsmodellen einerseits[32] und im Zusammenhang mit der cost-benefit-analysis andererseits[33], ist nicht befriedigender.

Eine große Zahl makroökonomischer Wachstumsmodelle[34] verwendet neben einer Produktionsfunktion eine gesamtwirtschaftliche Nutzenfunktion. Das Ziel, die Ermittlung der optimalen Konsumquote, erfordert ein endliches Integral für die Konsumnutzen über die Zeit. Dieses läßt sich — wichtig insbesondere für Modelle mit unbeschränktem Zeithorizont — durch Einführung einer Diskontrate für die Konsumnutzen

[31] Bereits Bentham, vgl. *Böhm-Bawerk:* II, 2. Bd. Exkurs XI, S. 226, *Jevons:* (1924, deutsche Ausgabe) S. 70 in Verbindung mit S. 32 - 34, nicht eindeutig die Stellungnahme von *Böhm-Bawerk:* (vgl. Fußnote 25 auf S. 87), ferner *Strotz,* R. H.: Myopia and the Inconsistency in Dynamic Utility Maximization, Review of Economic Studies Vol. 23, 1955/56, S. 165 - 180, S. 165 unten, S. 167 Gleichung (2), und *Becker,* Karl Otwin: Die wirtschaftlichen Entscheidungen des Haushalts, Berlin 1966, S. 92.

[32] Eine Übersicht gibt *Koopmans,* Tjalling C.: Objectives, Constraints, and Outcomes in optimal Growth Models, Econometrica Vol. 35, 1967, S. 1 - 15. Bereits F. P. *Ramsey* unterschied zwischen Zinssatz und Nutzendiskontsatz in seinem Wachstumsmodell, vgl. *Ramsey,* Frank Plumpton: A Mathematical Theory of Saving, The Economic Journal Vol. 38, 1928, S. 543 - 559, S. 553.

[33] Einen Überblick geben *Kirsch,* Guy und Bernt *Rürup:* Die Notwendigkeit einer empirischen Theorie der Diskontierung in der Kosten-Nutzen-Analyse öffentlicher Projekte, Zeitschrift für die gesamte Staatswissenschaft 127. Bd., 1971, S. 432 - 458, insbesondere ab S. 446. Die Verfasser weisen — soweit ersichtlich als erste in der Literatur — darauf hin, daß es an einer Theorie der Zeitpräferenz selbst im Mikrobereich noch fehlt (S. 449) und daß die Determinanten der Grenzrate der Substitution zwischen gegenwärtigem und zukünftigem Nutzen offen zu legen wären (S. 451); für die angloamerikanische Literatur (einschließlich umfangreicher Literaturangaben) vgl. *Somers,* Harold M.: On the Demise of the Social Discount Rate, The Journal of Finance Vol. 26, 1971, S. 565 - 578.

[34] Zur Diskussion dieser beiden Funktionen vgl. *Vosgerau,* Hans-Jürgen: Über optimales wirtschaftliches Wachstum, Basel und Tübingen 1965, S. 31 bis 61, ferner *Schumann,* Jochen: Zur Theorie des optimalen Wachstums, Zeitschrift für die gesamte Staatswissenschaft, 125. Bd., 1969, S. 1 - 15, S. 2 - 6.

künftiger Perioden erreichen[35], weil dann der Integrand — der Nutzenzuwachs durch Berücksichtigung einer weiteren, unendlich entfernten Periode — gegen Null konvergiert. Über die Determinanten dieser Diskontrate fehlen Aussagen, vielmehr werden verschiedene Sätze angenommen, um die Auswirkungen auf die Modellergebnisse zu zeigen[36].

Abgesehen von dieser mehr mathematischen Hilfestellung ist jedoch eine Zeitdifferenzbewertung unentbehrlich, wenn unterschiedliche Wachstumspfade auf Grund unterschiedlicher Investitionsquoten beurteilt werden sollen[37]. Die Bewertung zeitlich unterschiedlich strukturierter Konsumströme bedeutet, zweidimensionale Alternativen auf eine Dimension zu reduzieren. Die Ansichten jedoch, ob und in welchem Umfang zeitunterschiedliche Konsumbeträge auch wertunterschieden sind, divergieren: zum einen wird die Berechtigung einer Diskontrate überhaupt bestritten oder die Festsetzung der Diskontrate als politische Entscheidung behandelt[38] oder ein gegenüber den individuellen Zeitpräferenzsätzen herabgesetzter Satz vorgeschlagen[39] oder das Problem den Soziologen übertragen[40].

Obwohl eine größere Zahl der Wachstumsmodelle die Entwicklung des pro-Kopf-Konsums im Zeitablauf ermittelt[41] und konsumbezogene Grenznutzenfunktionen explizit ansetzt und/oder die Grenznutzenelastizität in die Problembehandlung einbezieht, fehlt ein Ansatz, der den Zeitpräferenzsatz mit der Dringlichkeit in den einzelnen Perioden, über weitere Konsummittel verfügen zu können, verbindet. Die Möglichkeit, einen zeit- und/oder konsumniveauabhängigen Zeitpräferenz-

---

35 Vgl. *Chakravarty*, S.: The Existence of an Optimum Savings Program, Econometrica Vol. 30, 1962, S. 178 - 187, *Vosgerau:* (1965) S. 55 f., 59 - 61, 68 f., *Koopmans:* (1967) S. 5, *Schumann:* (1969): S. 4 f.

36 Vgl. *Tinbergen*, Jan: Die optimale Sparquote, in: „Wachstum und Entwicklung der Wirtschaft", hrsg. von Heinz *König*, Köln und Berlin 1968, S. 349 - 357, S. 354 (Erstdruck EJ Vol. 66, 1956, S. 603 - 609), ferner *Vosgerau:* (1965) S. 68, 80 f., 108 f. Zu dem von Vosgerau verwendeten Zeitpräferenzfaktor vgl. Anhang VII, S. 209.

37 Vgl. *Feldstein:* (1965) S. 277 f., *Bombach*, Gottfried: Artikel „Wirtschaftswachstum" im Handwörterbuch der Sozialwissenschaften Bd. 12, Stuttgart u. a. 1965, S. 763 - 801, S. 793.

38 Vgl. *Kirsch* und *Rürup:* (1971) S. 453, Fußnote 38, einen allgemeinen Überblick über die Diskussion geben *Vosgerau:* (1965) S. 49 - 52 und *König*, Heinz: Ansätze und Probleme der Wachstumstheorie, Einleitung zu „Wachstum und Entwicklung der Wirtschaft", hrsg. von Heinz König, Köln und Berlin 1968, S. 15 - 31, S. 29 f.

39 So Pigou, vgl. *Marglin:* (1963) S. 96 f.

40 So *Schips*, Bernd: Zur Theorie des optimalen Wachstums, Meisenheim/Glan 1969, S. 27.

41 Z. B. *Weizsäcker*, Carl Christian: Wachstum, Zins und optimale Investitionsquote, Basel und Tübingen 1962, S. 36, 45 f., *Rose*, Klaus: Grundlagen der Wachstumstheorie, Göttingen 1971, S. 119 f.

satz im Modell zu verwenden, ist zwar durchaus gesehen worden[42], nur besteht wenig Einigkeit über die Arten der Abhängigkeit[43], möglicherweise auch eine Folge der Verzahnung von Konsum- und Zeitpräferenzsatz und der Abhängigkeit dieser Sätze von der Zeitdifferenz einer Konsumrealisierung zum Betrachtungszeitpunkt[44].

Im Ganzen bleibt der Eindruck, daß die Wachstumsmodelle, so ausgearbeitet sie auch hinsichtlich anderer Aspekte sind, das Problem der Zeitpräferenz in sachlicher Hinsicht erst unbefriedigend behandelt haben.

d) Die Verbindung des Zeitpräferenzsatzes mit dem relativen Knappheitsgrad (β)

Teilt man unsere Ansicht, daß der Knappheitsgrad in einem Zeitpunkt für den in diesem Zeitpunkt relevanten Zeitpräferenzsatz p_t' von Bedeutung ist, bleibt zu diskutieren, ob letzterer mit α_t oder β_t zu verbinden ist.

Wir hatten in unserem Exkurs (S. 32 - 37) herausgearbeitet, daß die übliche Mikrotheorie, die die Budgetgleichung mit dem Lagrangefaktor α an die Gesamtnutzengleichung anschließt, eine absolute Nutzenmaximierung auf der Basis der physisch-psychischen Sättigungsmengen betreibt. Mit diesem Vorgehen haben wir uns nicht einverstanden erklären können, weil zwar konsumtive Ersparnis berücksichtigt werden kann, nicht jedoch Ersparnis ohne konsumtive Zweckwidmung im Zeitpunkt der Ersparnisbildung (S. 35, 39 f.). Um diesem Mangel, dem Fehlen einer residualen Geldverwendungsart in der üblichen Grenznutzenfunktion $U_t'(Y_t)$, abzuhelfen, war das Gut N eingeführt worden mit dem konstanten Geldgrenznutzen $\alpha_N = e/P_N$.

Entsprechend unserer Ansicht, daß die einzelnen Güter bei ausreichendem Budget nicht mit ihren absoluten Sättigungsmengen beschafft werden, sondern nur mit den Sättigungsmengen in bezug auf den mit alternativer Geldverwendung für Gut N erzielbaren Nutzen (vgl. S. 33), ist für die Zeitpräferenz nicht der absolute Knappheitsfaktor α relevant, sondern der Faktor β, denn einen Ausgabenumfang mit der Folge $\alpha = 0$

---

[42] Vgl. *Feldstein:* (1964) S. 373, *Koopmans:* (1967) S. 8, im Ansatz auch *Oppenländer*, Karlheinz: Die moderne Wachstumstheorie, 2. unveränd. Aufl. Berlin und München 1968, S. 109 oben.

[43] Vgl. *Koopmans:* (1967) S. 8.

[44] Eine Ausnahme stellt die Problemstellung bei Inagaki dar. Er formuliert eine konsumniveauabhängige Zeitdiskontrate $i_t = i\,(c_t) \geq 0$ mit $i'\ (c_t) \leq 0$ und zeigt dann, daß sein Modell für eine Lösung entweder $i = 0$ oder $i =$ constant voraussetzt, *Inagaki*, M.: Optimal Economic Growth, Amsterdam und London 1970, S. 48 f.

für die marginale GE hätte das Individuum selbst bei reichlichsten Mitteln nicht realisiert[45].

Die Notwendigkeit, in der Grenznutzenfunktion über den Verfügungsbetrag Y_0 die Ersparnis mit (zunächst) nur einem abstrakten Zweck explizit mit ihrem Geldgrenznutzen α_N zu berücksichtigen, läßt sich sachlich erst jetzt begründen. Eine an dem absoluten Knappheitsfaktor α_t ansetzende Zeitpräferenztheorie würde mit sich selbst in Widerspruch geraten: im Bereich $0 < \alpha_t < \alpha_N$ würde einerseits eine — wenn auch schwache — positive Zeitpräferenz existieren, andererseits sind auf Grund reichlicher Mittel alle Konsumwünsche in t erfüllt, und das Individuum spart mangels derzeit besserer Geldverwendungsmöglichkeiten im konsumtiven Bereich (= residuale Ersparnis). Der aufgezeigte Widerspruch würde einen theoretisch schwerwiegenden Mangel darstellen. Ihn zu vermeiden, wird die konsumbezogene Ersparnis durch expliziten Ansatz der beabsichtigten künftigen konsumtiven Verwendung im Optimierungsansatz vertreten und Ersparnis mit abstraktem Zweck bzw. residuale Ersparnis mit ihrem konstanten Geldgrenznutzen, so daß es durch dessen Ansatz möglich wird, den Faktor der relativen Knappheit in die Überlegungen einzuführen. Zugleich wird damit einem Einwand von Mahr gegen die Abstinenztheorie Rechnung getragen. Er bringt vor, daß u. a. auch gespart werde wegen der laufenden Vorteile aus einem Vermögensbestand[46]. In diesem Falle bedeute das Sparen keinen Genußaufschub, sondern realisiere den angestrebten Vermögensnutzen. Die Intensität, Ersparnis aus den angeführten Gründen zu bilden, schlägt sich in unserem Ansatz in der Höhe des Parameters e nieder mit einem entsprechenden Niveau von $\alpha_N = e/P_N$. Über die Beziehung $\beta_t = \alpha_t - \alpha_N$ ist dadurch der mit β_t verbundene Zeitpräferenzsatz p_t' geringer, solange $\beta_t > 0$, und die durch $\beta_t = 0$ für die marginale GE bestimmte Konsumausgabensumme C_t ist geringer als bei einem niedrigeren Wert von e.

---

45 Es sei darauf hingewiesen, daß die häufig (*) im Zusammenhang mit der Begründung einer Zeitpräferenz angeführte Sterbewahrscheinlichkeit zwischen t und $t + 1$ die Einschätzung des Grenznutzens betrifft, also an α_{t+1} anzusetzen hat und nicht an β_{t+1}. Wir hatten bereits im Zusammenhang mit Böhm-Bawerk (vgl. S. 83 f.) die Ansicht vertreten, daß der Abschlag für die Nichterlebenswahrscheinlichkeit nichts mit der Zeitpräferenz in unserem Sinne zu tun hat. So auch *Jevons:* (1924, S. 68 - 71), der Zeitdiskont und Erlebenswahrscheinlichkeit gesondert rechnet.

(*) Z. B. *Böhm-Bawerk:* II, 1. Bd., S. 334, I. *Fisher:* (1932) S. 72 f., *Mahr:* (1931) S. 71, *Sen*, Amartya Kumar: On Optimising the Rate of Saving, Economic Journal Vol. 71, 1961, S. 479 - 495, S. 482.

46 Dieses Motiv bezeichnet *Mahr* als Akkumulationsbedürfnis (1931, S. 65 f., 1966, S. 440, 448), z. B. Vermögen als Basis gesellschaftlichen Ansehens und/ oder wirtschaftlicher Macht.

Verknüpft man den marginalen Zeitpräferenzsatz p_t' mit β_t, so folgt, daß eine Zeitpräferenz nur im Bereich $\beta_t = \alpha_t - \alpha_N$ mit $\beta > 0$ besteht. Nennen wir, abgestellt auf den Zwei-Zeitpunkte-Fall und reichliches Budget Y_0 vorausgesetzt, den durch die einschränkende Bedingung $\beta_0 \geqslant 0$ gekennzeichneten Fall der Kürze halber „Fall A“ und die durch $\beta_0 \gtreqless 0$ bezeichnete Situation „Fall B“. Im Fall B bedeutet $\beta_0 < 0$ sachlich einen Nutzenverlust, weil der realisierte Geldgrenznutzen zusätzlicher Konsumausgaben geringer ist als der Nutzen je GE bei alternativer Ersparnisbildung ohne konsumtive Verwendungsabsicht für diese. Ein aus $-\beta_0$ abgeleiteter marginaler Zeitpräferenzsatz p_0' führt zu einem Zeitpräferenzfaktor $(1 + p_0') < 1$. Der aus C_1 realisierte marginale Nutzen erfährt keine Ab-, sondern eine Aufwertung, so daß eine durch einen bestimmten Ausgleich der Grenznutzen $u_0'(C_0)$ und $u_1'(C_1)$ gekennzeichnete Optimalsituation für die Aufteilung von Y_0 auf C_0 und C_1 tendenziell zugunsten von C_1 verschoben wird. Unterstellt man für beide Zeitpunkte die gleichen Grenznutzenfunktionen, folgt also

(a) $$C_{0\,(\text{Fall B})} < C_{1\,(\text{Fall B})}\,.$$

Der Fall B geht implizit davon aus, daß Y_0 auf jeden Fall in t_0 und/oder t_1 vollständig für Konsumausgaben verwendet wird. Es wäre daher u. E. unzutreffend, im Fall B von einer negativen Zeitpräferenz zu sprechen. Es tritt zwar die gleiche Wirkung auf, und formal wird auch der zeitliche Aufschub in der Nutzenrealisierung positiv gewertet, die Ursache liegt jedoch in der wenig überzeugenden Vorgabe, daß die Verfügungsmittel Y_0 durch die beiden Ausgabezeitpunkte vollständig erschöpft werden müssen.

Das mit $-\beta_0$ verbundene, sachlich unplausible Ergebnis hinsichtlich der Größenrelation von C_0 und C_1 würde nicht auftreten, wenn wir den marginalen Zeitpräferenzsatz mit α_0 anstatt mit β_0 verbinden und zudem durch Verwendung entsprechender Grenznutzenfunktionen für jedes C_t einen Grenznutzen $u_t'(C_t)$ größer Null annehmen würden. Die Kritik müßte sich dann auf die Vorgabe vollständiger Erschöpfung von Y_0 beschränken. Ihr zu begegnen, war eine residuale Geldverwendungsart in die Überlegungen eingeführt worden, die Einschränkung $\beta_t \geqslant 0$, also Fall A, ist nur die Konsequenz davon und dient nicht etwa dazu, für unsere Konzeption, die p_t' mit β_t verbindet, die mit Fall B aufgezeigten Ergebnisse auszuschließen.

Fall A hingegen gesteht dem Individuum eine residuale nichtkonsumtive Geldverwendungsmöglichkeit zu. Unter der Voraussetzung, daß Y_0 dem Umfang nach zu $\beta_0 < 0$ führt, ist aus diesem Grund

(b) $$C_{0(\text{Fall } A)} = C_{1(\text{Fall } A)}$$

(c) $$C_{0(\text{Fall } A)} < C_{0(\text{Fall } B)}$$

(d) $$C_{1(\text{Fall } A)} < C_{1(\text{Fall } B)}$$

(e) $$(C_0/C_1)_{(\text{Fall } A)} > (C_0/C_1)_{(\text{Fall } B)} .$$

e) Einführung eines Faktors (m) für die relative Periodendauer

Mit dem Faktor m — in der Regel < 1 — wird die Dauer einer Konsumperiode von t bis $t + 1$ relativiert durch Bezug auf die Zeitperiode t_0 bis T, für die der Zinsfuß i definiert ist. Bei $m = 1$ kann der zugehörige Zeitpräferenzsatz jedenfalls hinsichtlich der zeitlichen Dimension sofort dem Zinssatz i gegenübergestellt werden.

Dem Einwand, daß das in einem Ausgabenzeitpunkt nicht mehr befriedigte Grenzbedürfnis nicht über die gesamte Periode t bis $t + 1$ bestehen müsse, steht entgegen, daß nicht auf ein spezifiziertes Grenzbedürfnis abgestellt wird, so daß $u'_{it}(C_{it})$ zu indizieren wäre. Mit $u'_t(C_t)$ hingegen wird ganz allgemein der Budgetgrenznutzen für eine marginale Erweiterung in t zum Ausdruck gebracht, wie er sich, unspezifiziert hinsichtlich Art des Bedürfnisses und des Befriedigungsmittels, aus der Grenznutzenfunktion $U'_t(C_t)$ ergibt.

Man könnte ferner vorbringen, es sei nicht notwendig, bei einer Rechnung über mehrere Konsumausgabenperioden für jede Periode ein eigenes p'_t zu unterscheiden, es sei ausreichend, für t_0 bis T einen einzigen Satz anzugeben, der zugleich für jeden Abschnitt t bis $t + 1$ gelte. Dieser Ansicht kann nicht gefolgt werden. Eine positive Zeitpräferenz — um Einflüsse aus einer Änderung der Grenznutzenfunktion auszuschalten, nehmen wir $U'_t(C_t) = \text{constant}$ an für $0 \leqslant t < T$ — hat unter dieser Annahme zur Folge, daß[47] $C_t > C_{t+1}$. Daraus resultiert wiederum $u'_t < u'_{t+1}$ und $\beta_t < \beta_{t+1}$. Da wir p'_t mit β_t verbinden, muß der für den Zeitabschnitt t_0 bis T gültige Zeitpräferenzsatz als Produkt ermittelt werden:

$$p'_{(t_0 \rightarrow T)} = \prod_{t=t_0}^{t=t_{k-1}} p'_t \quad \text{mit } t_k \equiv T .$$

Das Ergebnis unserer Überlegungen ist unter Beachtung der Annahme über die Grenznutzenfunktionen ein im Zeitablauf leicht ansteigender marginaler Zeitpräferenzsatz p'_t, wobei der Anstieg jedoch *nicht* einfach eine Folge der zeitlichen Entfernung der Nutzenrealisierung vom Betrachtungszeitpunkt t_0 ist, sondern mit der Wirkung der Zeitpräferenz auf die Ausgabenstruktur selbst zusammenhängt[48].

---

[47] Zu beachten ist, daß die Argumentation $i = 0$ voraussetzt.

[48] Eine allein von der Zeitdifferenz abhängig ansteigende pure time preference vertritt *Feldstein:* (1964), S. 378 oben.

Ein dritter Einwand erfolgt zu Recht: C_0 wird im Entscheidungszeitpunkt t_0 so auf die zu kaufenden Güter verteilt, daß in allen konsumtiven Geldverwendungsarten der gleiche Geldgrenznutzen α_0 resultiert[49], während der Nutzen nicht sofort und in vollem Umfang, sondern erst im Ablauf der Periode t_0 bis t_1 realisiert wird. Es müßte also streng genommen bereits innerhalb dieser Kurzperiode mit einem Zeitpräferenzsatz gerechnet werden, während sich p_0' nur auf den zeitlichen Abstand zwischen den Ausgabezeitpunkten t_0 und t_1 bezieht. Würde man jedoch, um diesem Einwand gerecht zu werden, den Ausgabezeitpunkt t_0 in eine Abfolge von Ausgabemomenten t' innerhalb des Abschnittes $t_0 \rightarrow t_1$ auflösen, um z. B. die täglichen Ausgabenvolumina miteinander zu vergleichen, gewinnt der Einwand der mangelnden Teilbarkeit der Güter — und von ihr hängt nicht zuletzt der Ausgleich der „täglichen" Grenznutzen ab — erheblich an Gewicht.

f) Einführung eines subjektiven Gewichtungsfaktors (k)

Nachdem die Zeitdauer des unbefriedigten, nicht spezifizierten Grenzbedürfnisses gesondert durch das Symbol m berücksichtigt wird, dient das Symbol k_t dazu, das psychische Gewicht der Nichtbefriedigung dieses Grenzbedürfnisses zu erfassen. Entsprechend den bisherigen Ausführungen bezieht sich k_t jedoch nicht auf $u_t'(C_t)$, sondern nur auf den marginalen Nutzenüberschuß β_t, der realisierbar wäre, wenn C_t um eine GE erhöht werden würde.

Die Einschaltung des Gewichtungskoeffizienten k_t mit $0 \leq k_t \leq 1$ dient einer größeren Allgemeinheit des Ansatzes zum Zeitpräferenzsatz. Auf jeden Fall ist k_t notwendig zur Berücksichtigung interindividueller Unterschiede in der Beurteilung eines Aufschubes in der Realisierung von (Grenz-)Nutzen. Man könnte k_t als Grad der „konsumtiven Unbeherrschtheit" eines Individuums bezeichnen[50]. Ob k_t als funktional abhängig von β_t angesehen werden könnte, sei dahingestellt, wir begnügen uns mit einem in bezug auf β konstanten Koeffizienten. Für die von uns behandelte Aufteilung von Mitteln auf relativ kurze Perioden erscheint es auch nicht notwendig, k für ein Individuum als zeitabhängig anzusehen, so daß im folgenden auf den Zeitindex verzichtet wird.

Man könnte einwenden, daß die mit der Literaturannahme verbundene Problematik eines konstanten Zeitpräferenz-/Nutzendiskontsatzes

---

49 Von den üblichen Einwendungen hier abgesehen, vor allem der Teilbarkeit der Güter und dem Einmalbedarf.

50 Vgl. bereits *Marshall:* (8. Aufl. 1920/1956) S. 100: "... while another who has less power of realizing the future, less patience and self-control, will care comparatively little for any benefit that is not near at hand." (= 1905, S. 162).

bei unserem Ansatz lediglich auf den Koeffizienten k verschoben sei. Formulieren wir auf Grund der bisherigen Ausführungen unseren Ansatz:

(39) $$p'_t = mk\,\beta_t\ ,$$

so liegt der Unterschied gegenüber $p'_{(t_0 \to T)} =$ constant in der Verknüpfung von p'_t mit β_t. Da β_t modell-endogene Größe ist, wird auch der Zeitpräferenzsatz von der Datenkonstellation abhängig. Da β_t auch von der Wirkung der Zeitpräferenz auf die Strukturierung der C_t über die resultierenden $u'_t\,(C_t)$ abhängt, tritt ein gegenläufiger Effekt ein: ein vergleichsweise hohes p'_t begünstigt die Gegenwart mit der Folge, daß $u'_t\,(C_t)$ abnimmt und damit β_t und p'_t, bis über die Aufteilung von Y_t auf C_t und C_{t+1} der Ausgleich im Optimum eingetreten ist. Ein konstanter Zeitpräferenzsatz hingegen ist eine unterschiedliche Wertung von Gegenwart und Zukunft ohne Begründung dafür und ohne Erklärung darüber, von welchen Determinanten die unterschiedliche Wertung abhängig ist.

Unser Zeitpräferenz-Ansatz führt zu einer intertemporalen Abhängigkeit der Grenznutzen voneinander, obgleich wir für die zeitpunktbezogenen Grenznutzen Unabhängigkeit voneinander angenommen hatten (vgl. S. 107 Fn. 25). Die literaturübliche Annahme der zeitlichen Unabhängigkeit umfaßt demnach zwei ganz verschiedene Aspekte:

(1) Eine Abhängigkeit zwischen $u'_0(C_0)$ und $u'_1(C_1)$ entspricht der üblichen Nutzeninterdependenz (vgl. S. 22 b), nur zeigt sich die Abhängigkeit im Zeitablauf, weil die Nutzen im Zeitablauf realisiert werden. Diese mögliche Abhängigkeit schließt die Literatur mit ihrer Annahme der Unabhängigkeit aus.

(2) Eine Abhängigkeit zwischen $u'_0\,(C_0)$ und $u'_1\,(C_1)$ aufgrund der Bewertung der Zeitdifferenz $t_0 \to t_1$ wäre die intertemporale Abhängigkeit im eigentlichen Sinne. Diese mögliche Abhängigkeit — als Problem bisher nicht gesehen — wird in der Literatur über die Vorgabe des konstanten Zeitpräferenzsatzes ($\bar{p}$) ausgeschlossen.

Beide Aspekte der zeitlichen Nutzenunabhängigkeit finden sich besonders deutlich in der „intertemporalen Nutzenfunktion" für zwei Zeitpunkte bei Hirshleifer (1970, S. 253) mit

$$U_0\,(C_0, C_1) = U_0\,(C_0) + U_1\,(C_1)/(1 + \bar{p})\ .$$

Unsere Theorie über die Wertung der Zeitdifferenz hingegen führt zu einer intertemporalen Grenznutzeninterdependenz unabhängig von einer möglichen Abhängigkeit nach (1). Kernstück dieser Theorie ist also der relative Knappheitsfaktor β_t als Bezugsgröße und die Zeitextension des darin zum Ausdruck gelangenden Bedürfnisstandes als Ursache der Wertung einer Zeitdifferenz in der Nutzenrealisierung. Die Zeitextension eines Bedürfnisses als Einflußgröße auf das wirtschaftliche Handeln hat nur bei Senior Beachtung gefunden — und das 35 Jahre vor Begründung der österreichischen Grenznutzenschule[51]. Unser Ansatz zur Zeitpräferenz resultiert auf dem Einbezug der Bedürfnisdauer in die Nutzentheorie, die ja mit der Berücksichtigung der Zeitextension beim Nutzen („Nutzendauer", vgl. S. 46 Ziffer 6) auch nicht über der Stand bei Jevons hinausgekommen ist.

Zwei Abgrenzungen sind noch erforderlich:

Die Ausführungen von Rosenstein-Rodan (1930, S. 136) geben zwar — was ihre Absicht sein sollte — Jevons nicht zutreffend wieder (bei Jevons geht es um die Zeitextension beim Nutzen), betreffen aber die Bedürfnisdauer. Wenn Rosenstein-Rodan als Argument 1 anführt, daß man Dauer und Intensität bei einem Bedürfnis nicht trennen könne, weil es kein zeitloses Bedürfnis gebe, so fehlt die Unterscheidung zwischen der Zeitpunktbezogenheit einer Bedürfnisintensität (nur hiervon kann das Bedürfnis nicht getrennt werden) und der Bedürfnisdauer als zusammenfassender Ausdruck für die zeitliche Abfolge der zeitpunktbezogenen Bedürfnisintensitäten. Mit Argument 2 multipliziert Rosenstein-Rodan u. a. Bedürfnisintensität mit der Bedürfnisdauer — im Widerspruch zu Argument 1! Sachlich ist die Argumentation im Ganzen unzutreffend, weil die Dauer des Bedürfnisses und die Dauer des Nutzens verwechselt werden (vgl. auch unsere S. 49).

Schwieriger ist die Frage, welcher Zusammenhang zwischen der Zeitpräferenz und der sogenannten „Vorfreude"[52] auf eine zeitlich später liegende Bedürfnisbefriedigung besteht. Die lapidare Erwähnung bei Marshall[53] läßt den Schluß zu, daß die Vorfreude den Nutzendiskontsatz reduziert. Bei A. Mahr hingegen dient die Vorfreude dazu, eine positive Zeitpräferenz überhaupt erst zu begründen[54]: die Vorfreude auf eine unmittelbar bevorstehende Bedürfnisbefriedigung sei intensiver als die Vorfreude einer zeitlich entfernter liegenden. Aus diesem Intensitätsunterschied wird — für einen eingeengten Geltungsbereich — die Existenz einer positiven Zeitpräferenz abgeleitet[55]. Es erscheint nicht

---

[51] Die erste Auflage der Arbeit von *Senior* erschien 1836, vgl. *Stavenhagen:* (1964) S. 86, Fußnote 58.

[52] Zum Begriff vgl. *Böhm-Bawerk:* II, 2. Bd. Exkurs XI, S. 228, 234 - 236.

[53] Vgl. *Marshall:* (8. Aufl. 1920/1956) S. 100: "And, in any case, when calculating the rate at which a future benefit is discounted, we must be careful to make allowance for the pleasures of expectation".

[54] A. *Mahr:* (1931) S. 72, (1966) S. 442 - 444.

[55] A. *Mahr:* (1931) S. 72: „Durch das intensivere Vorgefühl übt die gegenwartsnähere Befriedigung unter sonst gleichen Umständen eine stärkere Motivationskraft aus als die zeitlich entferntere Befriedigung."

möglich, zwischen dem von Mahr herausgestellten Intensitätsunterschied in der Vorfreude und der von I. Fisher als Erklärungsursache betonten impatience eine Beziehung herzustellen. Hinter der menschlichen Ungeduld (1932, S. 51, 55) steht die nachteilige Beurteilung der Fortdauer einer Mangelempfindung gegenüber ihrer Beseitigung; die Vorfreude hingegen ist ein positives Gefühl, das durch einen vorverlagerten Konsumakt frühzeitiger erlischt. Vorfreude und Nutzen sind Gefühle gleicher Richtung, Verkürzung der Vorfreude daher negativ zu werten; Mangelempfindung und Nutzen hingegen sind verschiedengerichtete Gefühle, Verkürzung der Mangelempfindung daher positiv zu werten. Die Ausführungen Mahrs übersehen diese Problematik. Noch einfacher und daher unzutreffend wird das Problem bei D. Schneider gelöst: die Vorfreude wird einer Bedürfnisbefriedigung gleichgesetzt[56]. Diese Ansicht übersieht nicht nur die differenzierte Problematik bei Böhm-Bawerk im XI. Exkurs, sondern verkennt, daß Nutzen den Einsatz eines Gutes voraussetzt[57]. Dieses Kriterium dient zur Abgrenzung des zur Nutzentheorie gehörenden Erklärungsbereiches gegenüber dem umfassenderen des Hedonismus. Diese prinzipielle Trennung ist notwendig, auch wenn sich die Literatur diese Mühe nicht macht[58]. Erst Krelle berücksichtigt, daß die Nutzenkonzeption gewissermaßen einer Einordnung bedarf — wohl auch als Relativierung bezeichenbar —, indem er das „Befriedigungsniveau" zusätzlich einführt[59]. Die Vorfreude gehört zwar zum Hedonismus, mangels erfüllter Voraussetzung jedoch nicht zum Nutzen[60].

Eine mit der Vorfreude begründete Theorie der Zeitpräferenz wäre also außerhalb der Nutzentheorie angesiedelt. Aber abgesehen von diesem mehr formal-theoretischen Argument ergeben sich sachlich Widersprüche. Aus der Sicht des Entscheidungszeitpunktes t_0 müßte ein Auf-

[56] *Schneider*, Dieter: Gewinnermittlung und steuerliche Gerechtigkeit, ZfbF 1971, S. 352 - 394, S. 360.

[57] Die weitere Feststellung von D. *Schneider*, daß die herrschende Ansicht die Bedürfnisbefriedigung bereits im Zeitpunkt der Ersparnisbildung (und nicht erst bei der konsumtiven Verwendung der Ersparnis zu einem späteren Zeitpunkt) sehe, ist lediglich das Ergebnis der zuvor erfolgten Identifikation von *einkommen*steuerlicher Leistungsfähigkeit und Konsumausgabensumme. Diese Identifikation ist aber durchaus nicht herrschende Ansicht und damit auch nicht die Verknüpfung der Bedürfnisbefriedigung mit der Ersparnisbildung.

[58] Das gilt auch für *Böhm-Bawerk* mit seinem (Lind-?)Wurm beim Bergsteigen (II, 2. Bd., XI. Exkurs S. 235).

[59] *Krelle:* (1968) S. 26, 28, ohne daß sich der Verfasser deshalb den Ergebnissen S. 38 - 41 anschließen möchte; ferner *Krelle*, Wilhelm: Dynamisierung der Nutzenfunktion, ZfN Bd. 32, 1972, S. 59 - 70, S. 62.

[60] Im Ergebnis so auch *Böhm-Bawerk* in seinem scharfsinnigen XI. Exkurs, in dem zwischen Vorfreude einerseits und der Vorstellung über den Nutzen aus einem in der Zukunft liegenden Konsumakt (d. h. dem erwarteten Nutzen) andererseits unterschieden wird (S. 228 f., 234, 236).

schub einer bevorstehenden Nutzenrealisierung zu einer Vergrößerung der Vorfreude in der Summe über die Zeiteinheiten führen. Wirkt die höhere Intensität der Vorfreude als Motivationskraft auf eine möglichst rasche Bedürfnisbefriedigung hin (so die Begründung der Zeitpräferenz bei Mahr), so wirkt eine „Verlängerung" der Vorfreude durch den Aufschub der Nutzenrealisierung von t_0 her gesehen dem entgegen. Ohne die Verbindung zu dem mit dem Aufschub dringender werdenden Bedürfnis wäre überhaupt kein Konsumakt zeitlich fixierbar. Hierfür müßten Vorfreude und Nutzen auf einen Nenner gebracht werden.

Fehlende Abstimmung zeigt sich auch, wenn Mahr von dem Intensitätsunterschied in der Vorfreude auf die Minderbewertung vergleichsweise zeitlich entfernter Nutzen schließt[61]. Daführ fehlt jede Begründung: wenn der Intensitätsunterschied die Motivationskraft ist, eine baldige einer alternativ späteren Bedürfnisbefriedigung vorzuziehen, dann bedeutet eine Minderbewertung eine nochmalige Berücksichtigung der Zeitdifferenz in der Nutzenrealisierung. Oder Mahr müßte konsequenterweise die Vorfreude als Teil der Nutzengröße ansehen, woraus — wenn man die Zeitextension bei der Vorfreude außer acht läßt — für alternative Verausgabung c. p. $u_0 (\Delta C_0, t_0) > u_1 (\Delta C_1, t_1)$ mit $\Delta C_0 = \Delta C_1$ folgt. Auf diese Größen nun wäre die Minderbewertung zu beziehen, so daß $u_0 (\Delta C_0, t_0)/u_1 (\Delta C_1, t_1) < u_0 (\Delta C_0, t_0)/u_1 (\Delta C_1, t_0)$ resultiert. Eine derartige Klarstellung fehlt jedoch, außerdem ist die Berücksichtigung der Zeitextension der Vorfreude ungelöst. Substitutionsbeziehungen zwischen Vorfreude und Nutzen werden nur angedeutet[62].

Es zeigt sich, daß die Verbindung eines nur hedonistischen Elementes mit der Nutzentheorie wesentlich komplexer ist, als der Ansatz von Mahr zunächst vermuten läßt. Wir teilen daher die Ansicht von Böhm-Bawerk[63], daß die Vorfreude zwar als einer unter anderen psychischen Faktoren Einfluß auf die Entscheidungen erlangen kann, jedoch nicht Element der Nutzenrechnung ist.

Nach Diskussion der einzelnen Bestimmungsgrößen des Zeitpräferenzsatzes ist nunmehr auf die möglichen Verknüpfungen zwischen zeitverschiedenen (Grenz-)Nutzen mit dem Zeitpräferenzfaktor einzugehen.

---

[61] *Mahr:* (1966) S. 443 oben, Minderbewertung im Sinne der Theorie von Böhm-Bawerk.

[62] Z. B. (1966) S. 443: Nutzenentgang heute je nach Höhe der Sparquote wird gegen die Intensität der Vorfreude auf die früher oder später mögliche Realisierung des konsumtiven Sparzieles abgewogen.

[63] Böhm-Bawerk: II, 2. Bd., XI Exkurs S. 229.

3. Die Verbindung von Zeitpräferenzfaktor und Grenznutzen

Im Zusammenhang mit der Diskussion der Abstinenztheorie hatten wir die mit A bezeichnete Nutzenkonzeption zurückgewiesen, die den Wertbeitrag aus der zeitlichen Nähe einer Nutzenrealisierung bereits in der Nutzengröße einbegriffen sehen möchte (vgl. S. 100). Für die Konzeption B, nach welcher die Wertung einer Zeitdifferenz außerhalb der Nutzengrößen erfolgt, war offen geblieben, ob dabei eine „Aufwertung" des frühzeitiger (B.1.) oder eine „Abwertung" des später (B.2.) realisierten Nutzens den Sachverhalt zutreffender erfaßt. Nachdem wir im vorangegangenen Abschnitt die Determinanten der Zeitpräferenz entwickelt haben, soll vorab die „Aufwertung" kurz diskutiert werden.

a) Konzeption B.1.

Die Wirkung der Zeitpräferenz wird explizit als eine Höherrechnung des zeitnäheren Grenznutzens $u'_0(C_0)$ aufgefaßt.

Indizieren wir den um den Wertbeitrag aus der Zeitdifferenz erhöhten Grenznutzen in t_0 mit z, so meint B.1.:

(a) $$u'_0(C_0, z) = u'_0(C_0)(1 + p'_0)$$

(b) $$p'_0 = mk\,\beta_0 \quad \text{mit} \quad \beta_0 \geq 0$$

(c) $$\beta_0 = u'_0(C_0) - \alpha_N \quad \text{eingesetzt in (a)}$$

(d) $$u'_0(C_0, z) = u'_0(C_0)(1 + (u'_0(C_0) - \alpha_N)\,mk)\,.$$

Der angesetzte Zeitpräferenzfaktor berücksichtigt, daß ein Antrieb, in t_0 weitere Konsumausgaben zu tätigen, nur im Bereich $u'_0{}_{N\varkappa} < ({}^0\text{Ↄ})$ besteht. Nur solange durch Geldverwendung im konsumtiven Bereich dieser marginale Nutzenüberschuß β_0 entsteht, besteht ein Anreiz, die Konsumausgaben in t_0 zu erhöhen — wenn nicht Gegenkräfte aus der entsprechenden Verknappung der Mittel für t_1 wirksam werden und den Anreiz (über-)kompensieren.

Zu Konzeption B.1. ist vorzubringen[63a]:

1. Der explizit gerechnete Zuschlag auf $u'_0(C_0)$ bedeutet eine Prämie für die unmittelbare Nutzenrealisierung[64].

[63a] Konzeption B.1. entspricht der Konzeption A (vgl. S. 100) mit ihren Nachteilen, nur wird bei B.1. der Wertbeitrag der Zeitdifferenz expliziert.

[64] Vgl. Earl A. *Thompson:* „... and r is the constant, psychologically determined, simple premium rate on utility which accrues currently rather than one year into the future.", *Thompson,* Earl A.: Intertemporal utility functions and the long-run consumption function. Econometrica Vol. 35, 1967, S. 356 - 361, S. 357.

2. Der mit m erfaßte relative Zeitraum ist die Zeitspanne zwischen dem Realisationszeitpunkt von $u'_0 (C_0)$ und dem Bezugszeitpunkt für $u'_0 (C_0)$. Dieser Bezugszeitpunkt ist der spätere Realisationszeitpunkt von $u'_1 (C_1, t_1)$, wenn auf $u'_0 (C_0)$ verzichtet wird, das Befriedigungsmittel (im Spezialfall ein bestimmtes Gut, allgemein Geld) gespart wird und daher $u'_1 (C_1, t_1)$ realisiert werden kann. Der erhebliche Nachteil der Konzeption B.1. liegt daher darin, daß der Bezugszeitpunkt für den zu bewertenden Grenznutzen $u'_0 (C_0)$ nicht festliegt und nicht identisch mit dem Betrachtungszeitpunkt ist. Für den bewerteten Nutzen $u'_0 (C_0, z)$ muß neben dem Realisationszeitpunkt t_0 der Bezugszeitpunkt indiziert werden.

3. Die Konzeption B.1. liefert zwar das plausibel klingende Ergebnis, daß der Grenznutzen $u'_0 (C_0, z)$ um so größer ist, je früher die Verausgabung der Mittel und damit die Bedürfnisbefriedigung/Nutzenrealisierung möglich ist. Sie hat aber zur Folge, daß die nur von der Menge der verfügbaren Mittel abhängige Grenznutzenfunktion $U'_0 (C_0)$ durch die $U'_0 (C_0, z)$-Funktion ersetzt werden müßte, soll der Grenznutzen vollständig ausgewiesen werden. Da nicht feststeht, ob für die Nutzen aus allen GE des Betrages C_0 der gleiche Bezugspunkt (z. B. t_1) gilt, läßt sich eine solche $U'_0 (C_0, z)$-Funktion unter Berücksichtigung des Zurechnungsproblemes, welche der in t_0 gesparten GE wann ausgegeben wird, nicht aufstellen.

Wir halten die vorgebrachten Aspekte für ausreichend, die Konzeption B.1. abzulehnen.

b) Konzeption B.2.

Die Wirkung der Zeitpräferenz wird explizit als eine Niedrigerrechnung des zeitentfernteren Grenznutzens $u'_1 (C_1, t_1)$ aufgefaßt.

Anstatt mit z kennzeichnen wir den bewerteten Grenznutzen durch Angabe des Betrachtungszeitpunktes; $u'_1 (C_1, t_0)$ meint also den in t_1 realisierten Grenznutzen, bewertet zum Betrachtungszeitpunkt t_0. Für B.2. gilt

(39) $$p'_0 = mk\beta_0 \quad \text{mit} \quad \beta_0 \geq 0$$

(40) $$u'_1 (C_1, t_0) = f(u'_1 (C_1, t_1), p'_0);$$

den funktionalen Zusammenhang spezifiziert:

(41) $$u'_1 (C_1, t_0) = u'_1 (C_1, t_1)/(1 + p'_0),$$

(42) $$\beta_0 = u'_0 (C_0) - \alpha_N, \text{ mit (39) in (41) eingesetzt:}$$

(43) $$u'_1 (C_1, t_0) = u'_1 (C_1, t_1)/(1 + (u' (C_0) - \alpha_N) mk) .$$

Der mit Gleichung (43) formulierte Zusammenhang läßt sich sachlich charakterisieren:

1. Eine vom Betrachtungszeitpunkt t_0 entfernt liegende Nutzenrealisierung wird durch eine dem zeitlichen Abstand entsprechende Bewertung berücksichtigt (so auch die vorliegende Literatur).

2. Die Bewertung des zeitlich entfernt liegenden (Grenz-)Nutzens hängt außerdem von der relativen Mittelknappheit (β_0) im Betrachtungszeitpunkt t_0 ab.

3. Der Bewertungsabschlag von $u_1'(C_1, t_1)$ ist also von zwei Determinanten abhängig. Die perspektivische Verkleinerung künftiger Grenznutzen im Sinne von Böhm-Bawerk (II, 1. Bd. S. 337) wird hinsichtlich ihres Ausmaßes aus Bestimmungsgrößen abgeleitet und erklärt.

4. Die Größenrelation zwischen den beiden Grenznutzen $u_0'(C_0)$ und $u_1'(C_1, t_1)$ selbst ist ohne Einfluß auf den Umfang des Bewertungsabschlages. Es ist nicht Aufgabe der Zeitpräferenz, unterschiedliche Relationen von Bedarf und Deckung in beiden Ausgabezeitpunkten auszugleichen. Ein Grenznutzenausgleich über die Zeit im Sinne des zweiten Gesetzes von Gossen hängt allein von einer zeitlichen Umverteilung der Mittel ab[65].

5. Eine Verbindung zwischen den Versorgungsniveaus in beiden Zeitpunkten, repräsentiert durch den jeweiligen Grenznutzen, besteht nur indirekt über den Zeitpräferenzsatz: seine Höhe wird von $u_0'(C_0)$ mitbestimmt, angewendet wird er auf $u_1'(C_1, t_1)$.

6. Während bei B.1. Betrachtungs- und Realisationszeitpunkt von $u_0'(C_0)$ in t_0 zusammenfielen und der Bezugszeitpunkt (t_1) variabel — d. h. abhängig von $u_1'(C_1, t_1)$ — war, sind bei B.2. Betrachtungs- und Bezugszeitpunkt (t_0) für $u_1'(C_1, t_1)$ identisch, und der Realisationszeitpunkt ist nicht fixiert. Daraus ergibt sich kein Problem, weil es sich bei dem Realisationszeitpunkt um die (auf S. 100) erwähnte begriffsinhärente Zeitpunktabhängigkeit einer Nutzengröße handelt. Jedoch bleibt hier auch für Konzeption B.2. ungeklärt, ob eine $U_1'(C_1, t_0)$-

---

[65] Der „Erste Grund" von Böhm-Bawerk ist (vgl. S. 82) für die Zeitpräferenz nicht relevant, da mit unterschiedlichen Relationen von Bedarf und Deckung argumentiert wird. Böhm-Bawerks Argumentation deckt sich von der Sache her mit der Abstinenztheorie in der Version von Th. N. Carver (vgl. S. 102): Böhm-Bawerk (II, 1. Bd. S. 328 - 331) begründet die Bereitschaft des „Kreditnehmers", ein Disagio in Kauf zu nehmen, Carver zeigt die Notwendigkeit eines positiven Zinseinkommens für den Geldgeber. In beiden Fällen stützt sich die Argumentation auf unterschiedliche Relationen von Bedarf und Deckung unter Berücksichtigung fallender Grenznutzenfunktionen $U_t'(C_t)$.

Funktion ermittelbar ist und ob sie für Problemlösungen benötigt wird.

7. Die von Böhm-Bawerk als zusammenfassendes Ergebnis seiner Argumentation formulierte perspektivische Verkleinerung künftiger Grenznutzen — eine nach Sichtung seiner Gründe nur von der Behauptung einer systematischen Fehlbeurteilung der Zukunft getragene Schlußfolgerung — findet durch unseren Ansatz ihre nutzentheoretische Begründung, indem die Zeitextension eines Bedürfnisses berücksichtigt wird. Nach unserem Ansatz wird $u_1'(C_1, t_1)$ richtig veranschlagt, dann jedoch bei positiver Zeitpräferenz „abgewertet".

Nachdem die Zusammenhänge soweit diskutiert und formuliert worden sind, soll versucht werden, den Sparvorgang und damit die Strukturierung der Konsumausgaben im Zeitablauf zu erklären.

5. Kapitel

Der Sparprozeß im Zwei-Perioden-Modell

1. Die optimale zeitliche Verteilung der Konsumausgaben bei vorgegebenem konstanten Zeitpräferenzsatz

a) Symbole

Um zu den Ausführungen von Stackelberg und Preiser[1] Stellung nehmen zu können, wird zunächst ein eigener Optimierungsansatz formuliert. Für diesen Zweck genügt die vereinfachende Annahme eines konstanten Zeitpräferenzsatzes. Es werden folgende zusätzliche Symbole benötigt:

S_t der absolute Betrag der Ersparnis in einem Ausgabenzeitpunkt t;

s_t die Sparquote in t, definiert mit $s_t = S_t/Y_t$;

P_t das Preisniveau in t, allgemein oder verwendungsspezifisch; der Ansatz von P_t ist notwendig, wenn der Einfluß der erwarteten Preisentwicklung auf das Sparverhalten gezeigt werden soll; für andere Fragestellungen ließe sich die Preisentwicklung alternativ in den Parametern der Grenznutzenfunktionen $U'_t\ (C_t)$ berücksichtigen;

P^*_t $= P_t\,(1 + mi)$ erfaßt den Preis- oder Kosteneffekt eines positiven Zinssatzes i: der Konsum in t ist vergleichsweise teurer als in $t + 1$; für $(t \rightarrow t + 1) < (t \rightarrow T)$ ist $m < 1$ zu beachten;

$\bar{p}$ der konstante Zeitpräferenzfaktor für den Zeitabschnitt $t \rightarrow T$; für $t \rightarrow t + 1$ gilt entsprechend $m\bar{p}$;

q_t der Zins- oder Diskontfaktor für $t \rightarrow t + 1$ mit $q_t = (1 + mi)$; auf den Index t wird im folgenden verzichtet.

Aus Vereinfachungsgründen wird $t \rightarrow t + 1 = t \rightarrow T$ unterstellt, so daß $m = 1$ ist.

b) Lösungsansatz unter Verwendung der Gesamtnutzenfunktion

Zu maximieren ist der Gesamtnutzen durch Verteilung von Y_0 auf C_0 und C_1

---

[1] *Stackelberg:* (1951) S. 130 - 141, *Preiser,* Erich: Konsumtivzins und Minderschätzung künftiger Bedürfnisse, in: Bildung und Verteilung des Volkseinkommens, 2. Auflage Göttingen 1961, S. 247 - 264.

(a) $$U(Y_0) = U_0(C_0, t_0) + U_1(C_1, t_0) \rightarrow \text{Max!}$$

(b) $$C_0 + C_1/(1+i) = Y_0$$

ist die finanzielle Beschränkung;

(c) $$U_1(C_1, t_0) = U_1(C_1, t_1)/(1+\bar{p}) \ .$$

Unter Einbezug der Güterpreisindices lautet die Zielfunktion

(d) $$U(Y_0) = U_0(C_0/P_0, t_0) + U_1(C_1/P_1, t_1)/(1+\bar{p}) \rightarrow \text{Max!}$$

Die Grenznutzenfunktionen unter Berücksichtigung der Güterpreisentwicklung lauten

(e) $$U_0'(C_0/P_0, t_0) = (a - bC_0/P_0)$$

(f) $$U_1'(C_1/P_1, t_1) = (c - dC_1/P_1)$$

und die Nutzenfunktionen

(g) $$U_0(C_0/P_0, t_0) = (a - 0{,}5\, bC_0/P_0)\, C_0/P_0$$

(h) $$U_1(C_1/P_1, t_1) = (c - 0{,}5\, dC_1/P_1)\, C_1/P_1 \ ,$$

in (d) eingesetzt, folgt die Gesamtnutzenfunktion unter Beachtung der finanziellen Beschränkung (b)

(i) $$U(Y_0) = (a - 0{,}5\, bC_0/P_0)\, C_0/P_0 + (c - 0{,}5\, dC_1/P_1)\, C_1/P_1\, (1+\bar{p}) - \alpha\, (C_0 + C_1/(1+i) - Y_0) \ .$$

Die partiellen Ableitungen

(j) $$\partial U/\partial C_0 = (aP_0 - bC_0)/P_0^2 - \alpha$$

(k) $$\partial U/\partial C_1 = (cP_1 - dC_1)/P_1^2\, (1+\bar{p}) - \alpha/(1+i)$$

(l) $$\partial U/\partial \alpha = - C_0 - C_1/(1+i) + Y_0$$

werden gleich Null gesetzt und (j) und (k) nach α aufgelöst:

(j*) $$\alpha = (aP_0 - bC_0)/P_0^2$$

(k*) $$\alpha = (cP_1 - dC_1)\,(1+i)/P_1^2\,(1+\bar{p}) \ ,$$

und gleichgesetzt.

Unter Verwendung von C_1 aus (l) erhalten wir

(m) $$C_0 = \frac{a\,(1+\bar{p})\, P_0\, P_1^2 - c\,(1+i)\, P_0^2\, P_1 + dY_0\,(1+i)^2\, P_0^2}{b\,(1+\bar{p})\, P_1^2 + d\,(1+i)^2\, P_0^2}$$

Vereinfachen wir durch die Annahme $P_0 = P_1 = 1$, so erhalten wir aus der Verbindung von (m) mit (b) für C_1

$$(n) \qquad C_1 = \frac{(1+i)(1+\bar{p})(bY_0 - aC_0) + (1+i)^2 [cC_0 + dY_0 (1+i)(1-C_0)]}{b(1+\bar{p}) + d(1+i)^2}$$

Bevor das Ergebnis ausgewertet wird, soll ein kontrollierender Optimierungsansatz auf Basis von Marginalgrößen durchgerechnet werden, um eine Aussage über das Größenverhältnis der Grenznutzen im Optimum zu erhalten und um den Ansatz mit einem nichtkonstanten Zeitpräferenzsatz vorzubereiten.

c) Lösungsansatz unter Verwendung von Marginalgrößen

Zum Ausgangspunkt wird die Optimalbedingung des Zwei-Güter-Falles gewählt[2] mit

$$i > 0,\ \bar{p} > 0\,.$$

$$(1) \qquad \partial C_1/\partial C_0 = P_0 (1+i)/P_1$$

einerseits und

$$(2) \qquad \partial C_1/\partial C_0 = u_0' (C_0, t_0)/u_1' (C_1, t_0)$$

andererseits;

$$(3) \qquad u_1' (C_1, t_0) = u_1' (C_1, t_1)/(1+\bar{p})\ ,$$

in (2) eingesetzt

$$(4) \qquad \partial C_1/\partial C_0 = u_0' (C_0, t_0)(1+\bar{p})/u_1' (C_1, t_1),$$

mit (1)

$$(5) \qquad P_0 (1+i)/P_1 = u_0' (C_0, t_0)(1+\bar{p})/u_1' (C_1, t_1)\ .$$

Für $P_0 = P_1$, d. h. konstante Güterpreise, folgt

$$(6) \qquad u_1' (C_1, t_1)(1+i) = u_0' (C_0, t_0)(1+\bar{p})$$ [3]

als Optimalbedingung für die Aufteilung von verfügbaren Mitteln auf zwei Ausgabezeitpunkte. Vereinfacht formuliert besagt sie, daß das Produkt (marginaler Größen) aus aufgeschobener Nutzenrealisierung und dem Zinseinkommen als dem „zugehörigen Vorteil" gleich ist dem Produkt (marginaler Größen) aus der früherzeitigen Nutzenrealisierung

---

[2] Vgl. z. B. *Woll:* (1971) S. 114.

[3] Anders *Thurow:* (1969) S. 324, der die Differenz der Sätze angibt: $u_0' (C_0)/u_1' (C_1) = (1 + i - p_0)$.

und der zeitlichen Verkürzung einer Mangelempfindung als dem „zugehörigen Vorteil“.

Verwenden wir für die Weiterrechnung die Grenznutzengleichungen (37) $U'_0(C_0, t_0) = a - bC_0$ und (38) $U'_1(C_1, t_1) = c - dC_1$ und ersetzen C_1 durch den aus der finanziellen Beschränkung (b) für C_1 ermittelten Ausdruck, folgt zunächst (38a) $U'_1(C_1, t_1) = c - d(1 + i)(Y_0 - C_0)$. Gleichung (37) und (38a) in die Optimalbedingung (6) eingesetzt und nach C_0 aufgelöst hat den gleichen Ausdruck wie (m) zum Ergebnis. Damit ist der auf der Basis von Marginalgrößen und der Optimalbedingung des Zwei-Güter-Falles aufgebaute Ansatz zur Ermittlung des Optimums über die Zeit abgesichert.

Die Unterteilung der folgenden Problembehandlung in drei Fälle folgt Stackelberg.

d) 1. Fall: Marktzinssatz und Zeitpräferenzsatz sind gleich Null

Der erste Fall ist durch drei Annahmen gekennzeichnet: $i = 0$, $\bar{p} = 0$, und in den beiden Zeitpunkten gelten die gleichen Grenznutzenfunktionen (diese Annahme ist bei Stackelberg nicht explizit getroffen), so daß

$$c = a \text{ und } d = b \text{ ist.}$$

Unter diesen Annahmen folgt aus

(m) $$C_0 = 0{,}5\, Y_0$$

und aus

(6) $$u'_0(C_0, t_0) = u'_1(C_1, t_1)\ .$$

Die optimale Aufteilung ist also dadurch gekennzeichnet, daß die Geldgrenznutzen gleich sind bzw. ihr Verhältnis gleich eins ist (Stackelberg S. 135); sie entspricht damit dem zweiten Gesetz von Gossen, auf die zeitliche Mittelverteilung übertragen.

Die von Stackelberg unter den Annahmen $i = 0$ und $\bar{p} = 0$ in vollständiger Analogie zum Zwei-Güter-Fall entwickelte Indifferenzkurve weist das in der Grenzrate der Substitution zum Ausdruck kommende nutzengleiche Grenzmengenverhältnis als allein von den mengenabhängigen Grenznutzen $u'_t(C_t)$ determiniert aus[4]. Es ist daher ohne spezielle Annahmen ausgeschlossen, daß die Grenzrate der Substitution im Modell von I. Fisher mit $\bar{p} > 0$ *nur* die Bewertung der Zeitdifferenz zum Aus-

[4] Vgl. *Stackelberg:* (1951) S. 132 - 135, ausdrücklich *Preiser:* (1961) S. 252 f. Nicht möglich ist daher die bei *Drukarczyk:* (1970) S. 159 vorgenommene Identifikation mit der time-preference von I. Fisher, weil Stackelberg ausdrücklich $\bar{p} = 0$ behandelt.

druck bringt. Trotz der klaren Trennung von Mengen- und Zeiteffekt bei Stackelberg und Preiser behauptet die von der Wahlhandlungs- und Präferenztheorie herkommende Literatur noch immer, daß die Grenzrate der Substitution zwischen C_0 und C_1 allein die Zeitbewertung widerspiegele — daher „Zeitpräferenz" für die Tauschrelation! —, so daß der vom Individuum verwendete Nutzendiskontsatz expliziert werde (so jüngstens Gottinger[5]) und dem Zinssatz vergleichbar gegenübergestellt werden könne[6]. Die Optimalbedingung (6) zeigt sofort, daß aus einer vom Individuum angegebenen indifferenten Tauschrelation bei gegebenem Zinssatz *kein* Rückschluß auf seinen Zeitpräferenzfaktor möglich ist[7]. Deutlicher: die Wahlhandlungstheorie ist nicht in der Lage, die zeitliche Strukturierung der Konsumausgaben zu erklären. Die mit Hilfe der Indifferenzkurvenanalyse — scheinbar — ermittelten, sachlich richtigen Optima lassen keine Erklärungen zu.

e) 2. Fall: der Marktzinssatz ist positiv, der Zeitpräferenzsatz wird weiterhin gleich Null angenommen

Behalten wir die Annahmen $\bar{p} = 0$ und $c = a$ und $d = b$ bei, so ergibt sich mit $i > 0$ aus (6)

$$u_1'(C_1, t_1)(1 + i) = u_0'(C_0, t_0) \tag{6a}$$

und aus (m)

$$C_{0\,(2)} = \frac{bY_0 (1 + i)^2 - ai}{b + b(1 + i)^2} \tag{o}$$

Das zugehörige $C_{1(2)}$ errechnet sich aus (b), wenn man für C_0 den Ausdruck (o) einsetzt, mit

$$C_{1\,(2)} = \frac{(bY_0 + ai)(1 + i)}{b + b(1 + i)^2} \tag{p}$$

Die Relation der Grenznutzen nach (6a) läßt unter unseren Annahmen den Schluß zu, daß C_0 im Optimum kleiner als C_1 ist. Dieses Ergebnis bestätigt Stackelberg, der ausführt, daß bei einem positiven Zinssatz sich das Individuum derzeit stark einschränken müßte zugunsten der

---

[5] *Gottinger:* (1969, ZfgesStw.) S. 432 unten.

[6] Einheitliche Literaturansicht bei der Kennzeichnung des Optimalkriteriums im Modell von I. Fisher, vgl. *Lutz:* (1967) S. 80 unten, S. 82, *Allen*, R. G. D.: Mathematik für Volks- und Betriebswirte, Berlin 1956, S. 358, besonders Fußnote 8: wenn die dort gegebene Definition zutreffend wäre, hätte Stackelberg für Fall 2 eine lineare Indifferenzkurve mit der Steigung -1 erhalten müssen; *Buchner:* (1968) S. 35, *Henderson/Quandt:* (1967) S. 249, H. *Hax:* (1970) S. 58 f., *Woll:* (1971) S. 231, *Drukarczyk:* (1970) S. 38 - 51.

[7] Vgl. unsere Ausführungen S. 81, 89 und S. 109.

Zukunft. Je länger die betrachtete Zeitperiode, um so kleiner werde der Konsumbetrag in t_0. Da sich ein solches „außergewöhnlich hohes positives Sparen in der Gegenwart“ (S. 140) nicht beobachten läßt, muß als kompensierende Gegenkraft eine positive Zeitpräferenz existieren. In der Argumentation von Stackelberg folgt also aus $i > 0$ der positive Zeitpräferenzsatz.

Die Kritik von Preiser (S. 255 f.) verweist darauf, daß bei einem positiven Zinssatz weniger gespart werde als bei $i = 0$, es gelte daher

$$C_{0\,(1)} < C_{0\,(2)} \quad \text{bzw.} \quad S_{0\,(1)} > S_{0\,(2)}$$ [8] .

Diese zutreffende Feststellung ist nicht vergleichbar mit Stackelbergs Aussage $C_{0(2)} < C_{1(2)}$, denn Preiser vergleicht die absoluten Konsumbeträge ohne und mit positivem Zinssatz, während Stackelberg den Einfluß eines positiven Zinssatzes auf die Relation der Konsumausgaben (S. 140 explizit) im Zeitablauf meint und untersucht.

Beispiel: $a = 3{,}60 \qquad b = 0{,}05 \qquad Y_0 = 100$

1. Fall: $i = 0$

$$C_{0\,(1)} = 50 \qquad S_{0\,(1)} = 50$$

$$C_{1\,(1)} = S_{0\,(1)} \qquad C_{1\,(1)} = 50$$

2. Fall: $i = 0{,}10$

$$C_{0\,(2)} = 51{,}49 \qquad S_{0\,(2)} = 48{,}51$$

$$C_{1\,(2)} = S_{0\,(2)} \cdot (1 + i) \qquad = 53{,}36 \;.$$

Es bestätigt sich also Preisers Ansicht mit

$$C_{0\,(1)} < C_{0\,(2)} = 50 < 51{,}49$$

und Stackelbergs Aussage

$$C_{1\,(1)}/C_{0\,(1)} < C_{1\,(2)}/C_{0\,(2)} = 1 < 53{,}56/51{,}49 \;.$$

Halten wir also in diesem Stadium fest, daß die Kritik nicht gegen Stackelberg spricht, sondern eher gegen Preiser, der die Fragestellung ändert und aus seinen abweichenden Ergebnissen die Kritik entwickelt.

Man könnte vorbringen, daß es sachlich auf Preisers Ergebnis ankomme, denn bei $C_{0(2)} > C_{0(1)}$ könne nicht von einer Verschlechterung der gegenwärtigen Versorgungslage zugunsten der Zukunft die Rede sein. Indes, auf den absoluten Konsumbetrag kommt es Stackelberg ge-

[8] Mit etwas anderer Begründung als Preiser auch *Drukarczyk:* (1970) S. 162 f.

rade nicht an; er trägt vor, daß bei einem positiven Zinsfuß die Relation zwischen Bedarf und Deckung in t_0 ungünstiger sei als in der Zukunft. Das wird mit Hilfe der Größenrelation der zeitpunktbezogenen Grenznutzen $u'_t(C_t) > u'_{t+1}(C_{t+1})$ mit der Folge $C_t < C_{t+1}$ gezeigt[9].

Während Böhm-Bawerk die günstigere Relation zwischen Bedarf und Deckung nicht mit der Mehrergiebigkeit der Produktionsumwege erklärt (vgl. unsere S. 86), bedeutet Stackelbergs Aussage den Nachweis eines Zusammenhanges zwischen dem ersten und dritten Grund Böhm-Bawerks für die Minderschätzung künftiger Bedürfnisse. Was bei Böhm-Bawerk nebeneinander steht, wird zu einer theoretischen Argumentationsfolge verbunden[10]: der positive Zins (der 3. Grund) schafft die Voraussetzung der ungleichen Versorgungslagen (der 1. Grund) für den Nachweis, daß eine Zeitpräferenz existieren muß, wenn sich die Ungleichheit der Versorgungslagen auf Grund des Sparverhaltens empirisch nicht beobachten läßt („außergewöhnlich hohen positives Sparen in der Gegenwart", Stackelberg S. 140). Stellt man wie Preiser auf die absoluten Konsumausgabenbeträge ab, fehlt bereits im Ansatz die Verbindung zur Theorie von Böhm-Bawerk.

Wurde diese in der bisherigen Argumentation stärker betont als bei Stackelberg selbst, so folgt aus dem Sachverhalt heraus die Einschränkung, wenn man die Abhängigkeit der Relation C_1/C_0 vom Zinssatz i und dem Verfügungsbetrag Y_0 untersucht.

Preisers Feststellung über die Erhöhung von C_0 gilt uneingeschränkt für wachsenden Zinssatz, vorausgesetzt, daß die Datenkonstellation (Parameter der Grenznutzenfunktionen und Y_0) bereits bei $i = 0$ einen positiven Wert für die 1. Ableitung $\partial C_0/\partial i$ ergibt. Differenziert man die Gleichung (o) nach i, so folgt

$$\text{(q)} \qquad \partial C_{0\,(2)}/\partial i = \frac{2b^2 Y_0 (1+i) - ab(2-i^2)}{[b + b(1+i)^2]^2}$$

Der Zähler ist für jedes i positiv, wenn für $i = 0$ $bY_0 > a$ gilt[11].

---

[9] Da für $i = 0$ ausdrücklich $u'_t(C_t) = u'_{t+1}(C_{t+1})$ mit der Folge $C_t = C_{t+1}$ nachgewiesen wird, ist es nicht möglich, hinsichtlich Stackelbergs Argumentation vorzutragen, daß die Minderschätzung unabhängig vom Zinssatz, also auch bei $i = 0$ gelten müsse; so *Drukarczyk:* (1970) S. 165 oben.

[10] Auf die Relevanz für die optimale Sparquote im makroökonomischen Wachstumsmodell sei verwiesen.

[11] Für die Werte des Beispiels ($a = 3{,}60$; $b = 0{,}05$; $Y_0 = 100$) wird der Zähler der 1. Ableitung bei $i_{(1)} = -0{,}32$ und $i_{(2)} = -2{,}46$ gleich Null, die Extremwerte der Funktion $\partial C_0/\partial i$ liegen also außerhalb des ökonomisch relevanten Bereichs.

Die Relation C_1/C_0 hingegen — und damit die Aussage Stackelbergs — unterliegt wesentlich stärkeren Einschränkungen. Bildet man aus den Gleichungen (p) und (o) den Quotienten

$$C_{1\,(2)}/C_{0\,(2)} = \frac{(bY_0 + ai)(1+i)}{bY_0(1+i)^2 - ai} \tag{r}$$

und leitet C_1/C_0 nach i ab, folgt

$$\partial\,(C_{1\,(2)}/C_{0\,(2)})/\partial\, i = \frac{bY_0(1+i)\,[2a - bY_0(1+i)] + ai^2(bY_0 - a)}{[bY_0(1+i)^2 - ai]^2} \tag{s}$$

Der Zähler dieser 1. Ableitung wird Null, wenn i folgende Werte annimmt:

$$i_{(1,2)} = \frac{abY_0 - b^2Y_0^2}{a^2 - abY_0 + b^2Y_0^2} \pm \frac{\sqrt{a^3bY_0 + abY_0(a - bY_0)^2}}{a^2 - abY_0 + b^2Y_0^2} \tag{t}$$

Für die Werte unseres Beispiels (a = 3,60; b = 0,05; Y_0 = 100) errechnen sich $i_{(1)}$ = 0,47028 und $i_{(2)}$ = – 1,17134. Daraus folgt: bei einem positiven Zinssatz von 47 % erreicht die Relation C_1/C_0 mit 1,08 ihren maximalen Wert. Die Abhängigkeit der Stackelbergschen Aussage von den Daten des Einzelfalles zeigt sich erneut für die Abhängigkeit der Relation C_1/C_0 von Y_0:

$$\partial\,(C_{1\,(2)}/C_{0\,(2)})/\partial\, Y_0 = -\frac{abi(1+i)(1+(1+i)^2)}{[bY_0(1+i)^2 - ai]^2} \tag{u}$$

Die Relation C_1/C_0 nimmt also mit steigendem Y_0 ab. Abhängig von i läßt sich durch Gleichsetzen von (o) und (p) das $\bar{Y}_0$ ausrechnen, bei welchem $C_1 = C_0$ ist:

$$\bar{Y}_0 = \frac{a(2+i)}{b(1+i)} \tag{v}$$

Für unser Beispiel ist bei

i	0	0,10	0,20
$\bar{Y}_0$	144,—	137,45	132,00

Das so ermittelte $\bar{Y}_0$ reicht aus, um unter Berücksichtigung der Zinsen auf die Ersparnis S_0 in beiden Ausgabezeitpunkten die Sättigungsmengen zu kaufen, d. h. der Grenznutzen wird Null.

Wie Gleichung (r) zeigt, setzt die Abhängigkeit der Relation C_1/C_0 von Y_0 einen positiven Zinssatz voraus. Wir können daher festhalten, daß die Relation C_1/C_0 direkt oder indirekt *nur von i* abhängig ist.

Fassen wir die Ergebnisse für Fall 1 und 2 zusammen:

1. Bei $i > 0$ verbessert sich die Versorgungslage in späteren Ausgabezeitpunkten (hier t_1) wegen des Zinseinkommens (Einkommenseffekt des Zinssatzes), wenn in t_0 Ersparnisse gebildet werden.

2. Ein Teil des künftigen Zinseinkommens wird durch eine Vergrößerung von $C_{0(2)} > C_{0(1)}$ antizipiert (Preiser). Diese Vorwegnahme beruht auf der Tendenz zum Ausgleich der Grenznutzen und ist völlig unabhängig davon, ob eine positive Zeitpräferenz besteht oder nicht[12].

3. Einem vollständigen Grenznutzenausgleich steht entgegen, daß der Konsum — bei konstanten Güterpreisen für t_0 und t_1 — in t_0 „teurer" ist als in t_1 wegen des Verzichtes auf das alternativ erzielbare Zinseinkommen (Preis- oder Kosteneffekt eines positiven Zinssatzes).

4. Der Einkommenseffekt in Verbindung mit dem 1. und 2. Gesetz von Gossen und der Preiseffekt sind gegenläufige Kräfte.

5. Es konnte gezeigt werden, daß eine allgemeine Aussage über das Ergebnis, nämlich die Größenrelation $C_1 \gtreqless C_0$, nicht möglich ist. Die Voraussetzung $C_0 < C_1$ für den Beweis der Notwendigkeit der Existenz einer positiven Zeitpräferenz setzt bestimmte Datenkonstellationen voraus. Daraus folgt, daß Stackelbergs „Beweis" für die Existenz der Zeitpräferenz weder generell noch wenigstens für niedrige Zinssätze gesichert ist. Dieses Ergebnis wurde unabhängig von der Kritik Preisers, auf die wir erst im folgenden eingehen, nachgewiesen.

6. Zum Vergleich seien die Ergebnisse von Monissen angeführt, wenn man für die Indifferenzkurve zwischen C_0 und C_1 mit $\bar{p} = 0$ — also der von uns hier untersuchte Fall 2 — eine CES-Funktion annimmt[13]. Monissen stellt fest, daß stets (d. h. unabhängig von der Höhe des Zinssatzes) $C_0 < C_1$ gilt und daß die Größenrelation $C_1/C_0 = (1 + i)^{\sigma}$ auch für alle späteren, jeweils nebeneinander stehenden Konsumausgabenbeträge unverändert bleibt. Für den Konsumausgabenbetrag C_t zu einem beliebigen späteren Zeitpunkt errechnet sich also $C_t = C_0 (1 + i)^{\sigma t}$ (vgl. Monissen S. 199). σ bezeichnet dabei die Substitutionselastizität mit

---

[12] Vgl. unsere Bemerkungen S. 82 f. zu Böhm-Bawerks erstem Grund; losgelöst davon *Preiser:* (1961) S. 251 - 253. Aus Ziffer 2 folgt, daß ein bei $i = 0$ uniformer Konsumausgabenstrom ($C_0 = C_1$) bei $i > 0$ nicht entsprechend ansteigt mit $C_0 < C_1$, wobei $C_1 = C_0 (1 + i)$ ist; vgl. so *Drukarczyk:* (1970) S. 165 Mitte.

[13] *Monissen*, Hans Georg: Konsum und Vermögen. Analyse der Konsum-Vermögen-Relation im makroökonomischen Gesamtzusammenhang, Göttingen 1968, S. 196 - 201, 213 - 216; auch Warren E. *Weber* verwendet eine CES-Funktion, vgl. The Effect of Interest Rates on Aggregate Consumption, AER Vol. 60, 1970, S. 591 - 600, S. 591 f, *ders.:* Interest Rates and the Short-Run Consumption Function, AER Vol. 61, 1971, S. 421 - 425.

$$\sigma = \frac{\partial\,(C_1/C_0)}{(C_1/C_0)} : \frac{\partial\,(P_1/P_0^*)}{P_1/P_0^*} \text{ mit } P_0^* = 1 + i \text{ und } P_1 = 1$$

bei konstanten Güterpreisen.

σ ist ex definitione konstant, weshalb auch jeweils C_{t+1}/C_t für alle Zeitpunkte konstant und > 1 ist. $\sigma < 1$ schließe Schnittpunkte mit den Koordinatenachsen aus (Monissen S. 198 Fußnote 2), sachlich so begründet, daß das Existenzminimum für jede Periode einbezogen sei. Gerade dadurch wird es aber möglich, daß niedrige Gesamtnutzenniveaus mit nur einer Konsumausgabenart C_0 oder C_1 realisiert werden können, so daß Schnittpunkte mit den Koordinatenachsen erst recht entstehen. Es liegt die Vermutung nahe, daß hier Unvereinbarkeiten impliziert sind[14].

f) Exkurs: Zinssatzerhöhung und Änderung der Konsumausgaben

Es ist naheliegend, an dieser Stelle Literaturansichten zum Einfluß einer Zinssatzerhöhung auf den Umfang der Konsumausgaben in t_0 und t_1 zusammenzustellen.

Ricci stellt fest, daß eine Erhöhung des Zinssatzes C_0 verringere (1930, S. 236), die gleiche Ansicht vertritt Woll für den Normalfall (1971, S. 231 f.). Warren E. Weber weist für eine langfristige Betrachtung nach, daß der Konsumbetrag für eine Periode positiv mit dem Zinssatz korreliert ist (1970, S. 599). Unsere Gleichung (q) bestätigend, nimmt auch bei ihm der Wert der Ableitung $\partial C_t/\partial i_t$ mit i und/oder dem Verfügungsbetrag Y_t zu.

Für das Modell von I. Fisher unter Einbezug von Investitionsmöglichkeiten mit einer Grenzrendite $r' > i$ weist Buchner (1968, S. 36) nach, daß C_0 mit steigendem i fällt. Dieses Ergebnis setzt aber voraus, daß vor und nach Erhöhung des Zinssatzes Fremdkapital eingesetzt wird (je nach dem Betrachtungsstandpunkt zur Finanzierung des optimalen Investitionsprogrammes (gekennzeichnet durch $r' = i$) oder Konsumausgabenprogrammes über die Zeit (gekennzeichnet durch $(1 + i) =$ dem marginalen Konsumpräferenzfaktor $\equiv$ der Grenzrate der Substitution $\partial C_1/\partial C_0$). Dieser durch einen Schuldübertrag $D_0 > 0$ von t_0 auf t_1 gekennzeichnete Fall bietet die geringsten Schwierigkeiten. Für die anderen möglichen Konstellationen (in jeder Situation $S_0 > 0$ einerseits und $D_0 > 0$ vor, $S_0 > 0$ nach Zinssatzerhöhung andererseits) wird auf C_0 abhängig von i nicht eingegangen.

Henderson/Quandt (1967, S. 252 - 254) unterscheiden analog zur Preisänderung im Zwei-Güter-Fall einen Substitutions- und Einkommens-

---

14 Vgl. die Diskusion im Anhang S. 200 f. für die Indifferenzkurve auf der Basis linearer und unabhängiger Grenznutzenfunktionen für C_0 und C_1.

effekt. Eine Erhöhung des Zinssatzes bedeutet eine Verteuerung des Konsums in t_0 im Vergleich zu t_1, so daß C_0 reduziert wird (Substitutionseffekt).

Fall A: der Einkommenseffekt einer Zinssatzerhöhung ist ebenfalls negativ, wenn das Individuum nach Verausgabung von C_0 in t_0 Schulden (D_0) habe[15], weil der Zinsanstieg höhere Kreditkosten bedeutet. Für Fall A ist damit die Reduktion von C_0 eindeutig. Bildet das Individuum umgekehrt in t_0 Ersparnisse S_0, so bedeutet ein höherer Zinssatz eine Verbesserung der Einkommenssituation in t_1;

Fall B: wenn der positive Einkommenseffekt den negativen Substitutionseffekt überwiegt, nimmt jedenfalls C_0 zu (S. 254);

Fall C: überwiegt umgekehrt der Substitutionseffekt, so nimmt jedenfalls C_0 bei steigendem Zinssatz ab.

Von welchen Bedingungen es abhängt, ob Fall B oder C eintritt und wie sich C_1 entwickelt, wird nicht ausgeführt.

Auf Grund unserer Rechnungen zum Zwei-Güter-Fall ist zu vermuten, daß die Antwort auf diese Fragen damit zusammenhängt, ob Y_0 unter Berücksichtigung der Zinsen auf S_0 so reichlich ist, daß der realisierte Grenznutzen u'_0 (C_0) und/oder u'_1 (C_1) im unelastischen Bereich der Grenznutzenfunktion U'_0 (C_0) bzw. U'_1 (C_1) liegt oder nur für Grenznutzen im elastischen Bereich ausreicht.

Einen ersten Anhalt gibt Gleichung (q) mit $\partial C_0/\partial i$[16]. Setzt man die Ableitung gleich Null und löst nach Y_0 auf, resultiert

(w) $$Y_0^* = \frac{a\,(2 - i^2)}{2\,b\,(1 + i)}$$ [17]

Setzt man (w) in (o) bzw. (p) ein, sind die zugehörigen Konsumausgabenbeträge mit (x) und (y):

(x) $$C_0^* = \frac{a\,(2 - i^2 - i^3)}{2\,b\,(1 + (1 + i)^2)} \,.$$

Da der Quotient der Klammerausdrücke < 1 ist, folgt $C_0^* < a/2\,b$, d. h. kleiner als die halbe Sättigungsmenge.

[15] Dieser Fall ist bei unserer bisherigen Problemformulierung, daß ein in t_0 voll verfügbarer Betrag Y_0 auf zwei Ausgabezeitpunkte zu verteilen ist, nicht möglich.

[16] Auf die Indizierung mit (2) zur Kennzeichnung des Falles 2 mit $i > 0$ wird im folgenden verzichtet.

[17] Für die Werte unseres Beispieles mit $a = 3{,}60$; $b = 0{,}05$; und $i = 0{,}10$ ist $Y_0^* = 65{,}1273$ und $C_0^* = 32{,}40$; aus $S_0^* = 32{,}727$ folgt $C_1^* = 36{,}00$.

(y) $$C_1^* = a/2\,b.$$

C_1^* ist die halbe Sättigungsmenge. Bei ihr ist die Grenznutzenelastizität

$$\eta_{(u_1')} \equiv \frac{\partial\, u_1'(C_1)/u_1'(C_1)}{\partial\, C_1/C_1} = -1\,.$$

Diese Ergebnisse lassen folgende Aussagen zu:

1. Es gibt ein Y_0^*, bei dem $\partial\, C_0/\partial\, i = 0$ ist.

2. Das daraus errechnete C_0^* mit $< a/2\,b$ hat eine Grenznutzenelastizität $\eta_{(u_0')} < -1$ zur Folge. Der Grenznutzen $u_0'(C_0^*)$ liegt also noch im elastischen Bereich der $U_0'(C_0)$-Funktion.

3. Maßgebend für den Wert von Y_0 und damit für C_0^* ist vielmehr, daß das resultierende C_1^* gerade die halbe Sättigungsmenge darstellt. Bei dem damit realisierten Grenznutzen $u_1'(C_1^*)$ ist die Grenznutzenelastizität $\eta_{(u_1')} = -1$.

4. Ob also die Ableitung $\partial\, C_0/\partial\, i$ positiv oder negativ ist, hängt davon ab, ob der mittels Y_0 realisierbare Grenznutzen $u_1'(C_1)$ im unelastischen oder elastischen Bereich der Grenznutzenfunktion $U_1'(C_1)$ liegt.

5. Dieses Ergebnis schränkt die Allgemeingültigkeit der These von Preiser ein und erweitert die Gültigkeit von Stackelbergs Aussage: ist die Mittelknappheit so groß, daß $u_1'(C_1)$ bei optimaler Aufteilung von Y_0 auf C_0 und C_1 im elastischen Bereich von $U_1'(C_1)$ liegt, führt eine Zinssatzerhöhung zu einer Reduktion von C_0 entgegen der Ansicht von Preiser.

6. Wieder anknüpfend bei Henderson/Quandt, lautet die präzisierte Antwort:

es überwiegt hinsichtlich C_0 der Substitutionseffekt (d. h. $\partial\, C_0/\partial\, i < 0$) bei $C_1 < C_1^*$,

und es überwiegt hinsichtlich C_0 der Einkommenseffekt (d. h. $\partial\, C_0/\partial\, i > 0$) bei $C_1 > C_1^*$ [18].

7. Identifiziert man hingegen für $\bar{p} = 0$ und $i > 0$ die Indifferenzkurve zwischen C_0 und C_1 mit einer CES-Funktion, so ist bei einem Wert für die Substitutionselastizität $\sigma < 1$ die Ableitung $\partial\, C_0/\partial\, i$ stets > 0 (vgl. Monissen S. 215[19]). Sind jedoch auch die Verfügungsmittel zeitverteilt — ein bisher nicht von uns berücksichtigter Fall —, so ist

[18] In seinem empirischen Test weist Warren E. *Weber:* (1970, S. 599 f.) nach, daß der Einkommenseffekt einer Zinsänderung während des Untersuchungszeitraumes stets größer als der Substitutionseffekt war.

[19] Unklar ist, warum Monissen den Wert dieser Ableitung als Substitutionseffekt bezeichnet (S. 214 f.), denn die substitutive Reaktion auf eine Zinssatzerhöhung wäre eine Reduzierung von C_0.

mit der Zinssatzerhöhung ein „Vermögenseffekt“ (eine Vermögensminderung) verbunden (Vermögen verstanden als Summe der Barwerte der Einzahlungen). Für diesen Fall wird bei $\sigma < 1$ ein gegenläufiger Effekt festgestellt, so daß $\partial C_0/\partial i \gtreqless 0$ möglich ist[20].

8. Nachdem sich für den Problemzusammenhang die Grenznutzenfunktion $U'_1(C_1)$ als relevant erwiesen hat, ist eine Korrektur in der Ausdrucksweise — nicht im Sachzusammenhang — notwendig: ein positiver Zinssatz gegenüber $i = 0$ (bzw. eine Zinssatzerhöhung) ist nicht als eine Verteuerung des Konsums in t_0 aufzufassen (so S. 126, auch Henderson/Quandt 1967, S. 254), sondern als eine Verbilligung des Konsums in t_1[21]. Dementsprechend ist $P^*_{t+1} = P_{t+1}/(1 + mi)$ definiert.

9. Ein steigender Zinssatz bedeutet also eine Preissenkung für das Gut 1 (Zukunftsversorgung). Daraus folgt eine Erhöhung der Ausgabe C_1 für dieses Gut 1, jedoch *abweichend* vom Zwei-Güter-Fall auch dann, wenn aus dem Verfügungsbetrag Y_0 ein C_1-Betrag im unelastischen Bereich der Grenznutzenfunktion $U'_1(C_1)$ resultiert[22].

---

20 Dieser gegenläufige Effekt muß voraussetzen, daß das Zeitzentrum der Konsumausgaben vor dem Zeitzentrum der Einzahlungen liegt. Inwieweit der „Vermögenseffekt“ für die Änderung der Konsumausgabenstruktur überhaupt relevant wird, kann also aus der Änderung des Ertragswertes der künftigen Einzahlungen allein nicht abgeleitet werden, sondern nur durch Gegenüberstellung der erwarteten Einzahlungs- und Konsumauszahlungsstruktur (wobei über das vom Sparen abhängige Zinseinkommen Interdependenz zwischen beiden Strukturen besteht). Es handelt sich um eine nutzenorientierte mikroökonomische Analyse eines Sonderfalles des Pigou-Effektes (Zinsänderung als Preisänderung). Und es genügt nicht, für eine mehrperiodige Nutzenmaximierung nur die zeitverteilten Nutzen des Konsumvermögens (zum Begriff vgl. S. 58) neben $i > 0$ zu berücksichtigen, ohne die Auszahlungen für die Konsum-Gebrauchsgüter zu beachten (vgl. so Warren E. *Weber:* 1970, S. 592 Fußnote 3). Zum Begriff des Zeitzentrums vgl. *Schneider,* Erich: Wirtschaftlichkeitsrechnung, 5. Aufl. Tübingen und Zürich 1964, S. 8 f., zum Pigou-Effekt *Haberler,* Gottfried: Prosperität und Depression, 2. Aufl. Tübingen und Zürich 1955, S. 525 - 534, *Monissen:* (1968) S. 47 - 50, 73 f.

21 So *Preiser:* (1961) S. 250, *Patinkin:* (1965) S. 65, *Monissen:* (1968) S. 203, *Drukarczyk:* (1970) S. 144.

22 *Nachweis:* Die Ableitung der Gleichung (p)

$$\partial C_1/\partial i = \frac{ab\,(2 + 4\,i + i^2) - b^2\,iY_0\,(2 + i)}{[b + b\,(1 + i)^2]^2}$$

wird gleich Null gesetzt und nach Y_0^{**} aufgelöst mit $Y_0^{**} = a\,(2 + 4\,i + i^2)/bi\,(2 + i)$ und in Gleichung (p) eingesetzt. Der zugehörige Konsumausgabenbetrag in t_1 ergibt sich mit $C_1^{**} = \dfrac{(1 + i)\,a\,(3\,i^2 + i^3 + 2 + 4\,i)}{ib\,(4 + 6\,i + 4\,i^2 + i^3)}$. In die Grenznutzenfunktion $U'_1 = a - bC_1$ für C_1 eingesetzt, resultiert

$$u'_1(C_1^{**}) = \frac{-\,a\,(1 + (1 + i)^2)}{i\,(4 + 6\,i + 4\,i^2 + i^3)}$$

also ein negativer Grenznutzen. Das Ergebnis zeigt, daß es im ökonomisch relevanten Bereich keinen Wert für Y_0 gibt, bei dem $\partial C_1/\partial i \leq 0$ wird.

Übereinstimmend mit dem Zwei-Güter-Fall verringert sich der Geldbetrag für das relativ teurer werdende Gut 0 (Gegenwartsversorgung), solange C_1 im elastischen Bereich von U'_1 (C_1) liegt[23]. Ist C_1 gleich der halben Sättigungsmenge ($C_1 = a/2\,b$) mit $\eta_{(u'_1)} = -1$, ist $\partial C_0/\partial i = 0$. Diese Konstellation tritt mit steigendem Zinssatz um so eher ein, je reichlicher C_1 innerhalb des elastischen Bereiches der U'_1 (C_1)-Funktion ist.

10. Da die Änderung von C_1 in bezug auf eine Zinssatzerhöhung im ökonomisch relevanten Bereich stets positiv ist, ist es kaum möglich, mit dem Kriterium der Zinselastizität $(\partial C_1/C_1)/(\partial i/i)$ die Bereiche für (a) zunehmendes und (b) abnehmendes C_0 abzugrenzen, wie es Patinkin (S. 65 f.) vornimmt. Patinkin verbindet den Fall (b) mit zinselastischem C_1 und bezeichnet ihn als den Regelfall. Als Ergebnis seiner Diskussion wird *angenommen*, daß S_0 positiv mit dem Zinssatz verbunden ist (S. 66 oben). Darin erschöpft sich seine Behandlung des für die Integration der Geld- und Werttheorie wichtigen Problemes[24].

g) 3. Fall: Marktzins- und Zeitpräferenzsatz sind positiv

Wir beschränken uns hier darauf, an Hand eines Beispieles die Wirkung einer positiven Zeitpräferenz zu zeigen. Den ermittelten Werten liegt Gleichung (m) zu Grunde.

Das Zusammenwirken von Zins und Zeitpräferenz auf das absolute (C_0) und relative (C_1/C_0) Konsumniveau für $a = c = 3{,}60$ und $b = d = 0{,}05$ und $Y_0 = 100$:

	i	0,00	0,06	0,10	0,14	0,40	0,47	0,50
$p_0 =$	C_0	50,00	50,876	51,49	52,13	56,49	57,66	58,15
0,00	C_1/C_0	1,00000	1,02350	1,03634	1,04684	1,07832	1,07953	1,07937
$p_0 =$	C_0	50,64	51,46	52,04	52,64	56,80	57,93	58,41
0,06	C_1/C_0	0,97470	1,00000	1,01376	1,02570	1,06480	1,06775	1,06806
$p_0 =$	C_0	51,05	51,83	52,38	52,96	56,99	58,10	58,57
0,10	C_1/C_0	0,95880	0,98515	1,00000	1,01257	1,05657	1,06032	1,06104
$p_0 =$	C_0	51,44	52,18	52,71	53,27	57,18	58,27	58,72
0,14	C_1/C_0	0,94402	0,97143	0,98700	1,00000	1,04841	1,05294	1,05450

23 In bezug auf die Rechnungen zum Zwei-Güter-Fall (S. 185 f.) entspricht C_1 dem C_A und C_0 dem C_B (Spalte h), zu errechnen aus Budget $\equiv 40 - C_A$. Die halbe Sättigungsmenge für Gut A ergibt sich mit $a/2\,b = 3{,}56/0{,}052 = 17{,}112$. Sie legt zwar für C_A, nicht aber für C_1 das Maximum und für C_B und analog für C_0 das Minimum fest.

24 Im gleichen Sinne unbefriedigt äußert sich *Monissen:* (1968) S. 215.

Die Tabelle zeigt:

1. Wie zu erwarten, bewirkt eine positive Zeitpräferenz eine Begünstigung der Gegenwart zu Lasten der Versorgung in t_1[25].
2. Die geringste Konsumausgabensumme C_0 liegt bei $i = 0$ und $\bar{p}_0 = 0$.
3. C_0 steigt sowohl mit i als auch mit $\bar{p}_0$, mit i jedoch ausgeprägter.
4. Für die Konstellationen $i = \bar{p}_0$ folgt erwartungsgemäß $C_0 = C_1$, für $\bar{p}_0 > i$ ist $C_1/C_0 < 1$, für $i > \bar{p}_0$ ist $C_1/C_0 > 1$.
5. Das Maximum für C_1/C_0 verschiebt sich mit $\bar{p}_0 > 0$ zu höheren Zinssätzen.
6. Die gegenläufige Wirkung von i und $\bar{p}_0$ entspricht dem Grundgedanken der Argumentation von Stackelberg.

h) Stellungnahme zu den Ausführungen von Stackelberg und Preiser und darauf bezugnehmenden Arbeiten

Die Ausführungen Stackelbergs sind — jedenfalls in der 2. Auflage von 1951 — konsistent, wenn man

(1) beachtet, daß seine Argumentation von der Relation der Versorgungslagen zueinander ausgeht (also $C_0 : C_1 : C_2 : \ldots$) und

(2) den mit dem Symbol W gemeinten Sachverhalt schärfer formuliert.

Auf den zweiten Punkt soll kurz eingegangen werden. „Die heute geschätzten Grenznutzen der Gegenwartsbeträge $G_0, G_1, G_2, \ldots$ müssen also alle gleich werden. Bezeichnen wir diese Grenznutzen mit $W_0, W_1, W_2, \ldots$, so gelten die Gleichungen $W_0 = W_1 = W_2 = W_3 = \ldots$ Das ist der einfachste Ausdruck für das zeitliche Zweite Gossensche Gesetz.“ (1951, S. 137).

G_t ist der abgezinste Konsumausgabenbetrag zum Zeitpunkt t, G'_t entsprechend die marginale Geldeinheit des Barwertes G_t. Der Nutzen von G'_t wird in Stackelbergs Argumentation verwendet, die Konzeption muß jedoch präzisiert werden. Gemeint ist der im Zeitpunkt t realisierte Nutzen W_t aus der konsumtiven Verwendung der um die Zinsen angewachsenen marginalen Einheit G'_t; also $W_t = u_t\,(G'_t \cdot (1 + i)^t)$. Wichtig ist also, daß die Formulierung „die heute geschätzten Grenznutzen“ nicht die Vorstellung eines Nutzenbarwertes enthält, sondern im Sinne von „erwarteter Nutzen“ aus der Sicht von t_0 zu verstehen ist. Dividiert man W_t durch $(1 + i)^t$, so erhält man den zeitpunktbezogenen Grenznutzen $u'_t\,(C_t, t)$ (Stackelberg verwendet V für C)[26]. Genau genommen

---

[25] So auch *Morgan:* (1945) S. 83 oben.

ist der von Stackelberg so errechnete Grenznutzen $u'_t(C_t, t)$ ein durchschnittlicher Nutzen des Geldbetrages $G'_t(1+i)^t$.

Stackelbergs Ergebnisse sind für $i > 0$, $\bar{p}_0 = 0$ und implizit als konstant unterstellte Grenznutzenfunktionen

1. $$u'_t(C_t, t) > u'_{t+1}(C_{t+1}, t+1) \; ,$$

daher

2. $$C_t < C_{t+1}$$

oder unter Verwendung der Grenzrate der Substitution

$$\partial C_0/\partial C_1 = 1/q = u'_1(C_1, t_1)/u'_0(C_0, t_0) \; ,$$

$$\partial C_0/\partial C_2 = 1/q^2 = u'_2(C_2, t_2)/u'_0(C_0, t_0)$$

usw., woraus folgt

3. $$\partial C_0/\partial C_1 > \partial C_0/\partial C_2 > \ldots = 1/q > 1/q^2 > \ldots$$

In Worten besagt die von Stackelberg definierte Optimalbedingung (S. 138): Die Grenzraten der Substitution der gegenwärtigen Konsumausgabe durch jede für die Zukunft geplante Konsumausgabe sind gleich den entsprechenden Abzinsungsfaktoren.

Diese *für den Zeitablauf* gesehene Abnahme der Grenzrate der Substitution bei optimaler Mittelverteilung hat nichts mit der durch eine Erhöhung der Mengenrelation C_0/C_1 bedingten, also rein grenznutzenbestimmten Abnahme der Grenzrate der Substitution zu tun. Eine durch unzureichende Trennung dieser beiden Sachverhalte veranlaßte Kritik an Stackelberg geht natürlich fehl[27].

Die Ausführungen Preisers zeigen zum Teil Mißverständnisse hinsichtlich Stackelberg[28] und zum Teil eigene Unklarheiten. Die Argumentation S. 249 - 253 deckt sich inhaltlich mit Stackelberg für $\bar{p} = 0$ mit dem Ergebnis 1. $u'_t(C_t, t) > u'_{t+1}(C_{t+1}, t+1)$ im Optimum, ohne jedoch die wichtige Schlußfolgerung 2. $C_t < C_{t+1}$ zu ziehen.

Die Symbole X und Y stehen bei Preiser für die zeitverschiedenen Konsumausgaben, V_x und V_y meinen den zeitpunktbezogenen Gesamt-

---

[26] Da Stackelberg die zitierte Optimalbedingung $W_0 = W_1 = W_2 \ldots$ bei $i > 0$ formuliert, resultiert natürlich das Ergebnis zu Ziffer 1. Die Relation der zeitpunktbezogenen Grenznutzen ist eine Folge der zinsbedingten ungleichen Verteilung der Mittel auf die Ausgabezeitpunkte und zeigt nicht etwa eine implizierte Minderschätzung künftiger Grenznutzen, wie *Drukarczyk* (S. 164 unten) meint.

[27] Vgl. *Preiser:* (1961) S. 257, Fußnote 7.

[28] Z. B. S. 251 oben, 256 Mitte und unten, 258 oben, 259 Ziffer 1.

nutzen aus X bzw. Y (Preiser spricht vom „Wert" des Güterpaketes, S. 256). Die optimale Verteilung der Mittel auf t_0 und t_1 ist bei $\bar{p}_0 = 0$ durch $V_x = V_y$ gekennzeichnet[29]. Der von Preiser definierte Minderschätzungsfaktor m entspricht unserem $(1 + \bar{p}_0)$, denn m ist den Ausführungen nach eindeutig > 1. Preiser formuliert die Minderschätzungsbedingung $V_y = V_x/m$, der Nutzen der zeitnahen Konsumausgabe wird also abgewertet. Sollen jedoch auch bei $\bar{p}_0 > 0$ die bewerteten Nutzenbeträge in beiden Ausgabezeitpunkten gleich sein, muß X zu Lasten von Y um das m-fache[30] erhöht werden. Die Schlußfolgerung für die Ersparnis $S_{0(m=1)} > S_{0(m>1)}$ erscheint plausibel (S. 256 unten), verdeckt aber nur die Problematik der Ausgangsbasis gleicher bewerteter Gesamtnutzen in t_0 und t_1.

Preisers Ausführungen führen zu keinen vergleichbaren Ergebnissen, weil die Überlegungen weder auf die Größenrelationen der Grenznutzen für die Situationen $i \geqslant 0$ und/oder $\bar{p}_0 \geqslant 0$ bezogen sind noch auf die Relationen der zeitverschiedenen Versorgungsniveaus (Konsumausgaben). Die Tabelle auf S. 258 behält für die Gegenwartsversorgung in allen Fällen 1 Güterpaket X bei und variiert mit i und/oder $\bar{p}_0$ nur die Zukunftsversorgung Y, wobei offen bleibt, was mit dem Differenz-Geldbetrag geschieht. Die Bedingungen optimaler Aufteilung und die Aufteilung selbst fehlen[31]. Es ist daher kein Vergleich mit den Ergebnissen unserer Rechnungen zum 3. Fall möglich.

Es genügt festzuhalten, daß wir Preisers Ansicht nicht teilen, daß Stackelberg hinsichtlich des Zusammenhanges zwischen Zins und Zeitpräferenz keinen Nachweis erbracht habe[32], strittig kann nur sein, ob man ihm ausreichende Allgemeingültigkeit zuerkennen kann.

Die Ansicht Preisers, daß Minderschätzung die Ursache der Marktlage ist, aus der ein positiver Zins entspringt, ist so wenig „richtig" wie die gegenteilige Ansicht Stackelbergs: inwieweit ein Marktzinssatz Ausdruck der Erwartungen über unterschiedliche Relationen von Bedarf

---

[29] Vgl. S. 256, zu Unrecht wird Stackelberg auf diese Bedingung hin interpretiert. Da S. 258 Tabelle Fall 1 zugleich $X = Y$ ausweist, werden wie bei Stackelberg implizit gleiche Grenznutzenfunktionen für t und $t + 1$ vorausgesetzt.

[30] S. 259, Fortsetzung der Fußnote 8; diese Rechnung ist wegen der fallenden Grenznutzenfunktionen unzutreffend.

[31] Unerklärlich ist in der Tabelle S. 258 für $i > 0$ und $\bar{p}_0 > 0$ die Konstellation $1\,X + Y/q^n m^n$. Das q als Preis des gegenwärtigen Konsums ist als Nenner bei X bzw. alternativ im Zähler bei Y zu berücksichtigen (so S. 255 f. selbst). Die Absicht Preisers, mit q im Nenner bei Y zu zeigen, daß bei $i > 0$ die Zukunftsversorgung verschlechtert wird, weil die Sparquote gegenüber $i = 0$ abnimmt, läßt sich weder so noch überhaupt nachweisen (vgl. unsere S. 138, Fußnote 22).

[32] Vgl. *Preiser:* (1961) S. 259 oben, 262 oben.

und Deckung im Zeitablauf einerseits und Ausdruck der reinen Zeitbewertung (Minderschätzung) andererseits ist, läßt sich nicht entscheiden. Mengen- und Zeitdifferenzbewertung als Determinanten der Tauschrelation zeitverschieden verfügbarer Mittel für Konsumzwecke finden automatisch in den aggregierten Größen ihren Niederschlag. Die Frage „Huhn oder Ei" stellt sich gar nicht, Problembereich ist die Verzahnung zwischen Sparverhalten, Zins und Zeitpräferenz.

In seinem Beitrag zur Minderschätzung künftiger Bedürfnisse knüpft Bernholz[33] an die Diskussion bei Preiser an und versucht auf präferenztheoretischer Basis, die Minderschätzung bei Existenz eines positiven Zinssatzes zu beweisen. Soweit von einem Ergebnis der Abhandlung gesprochen werden kann, wird es in der Definition der Minderschätzung antizipiert. Sie zeigt bereits, daß das Problem nicht gesehen worden ist und bringt zudem die Berücksichtigung von $i > 0$ nicht klar zum Ausdruck.

Bernholz definiert (S. 245) die Minderschätzung mit Hilfe von Vektoren. Jeder Vektor bezeichnet eine ganz bestimmte Struktur der Konsumausgaben über die Zeit von t_0 bis t_n. Aus der Vielzahl der Vektoren sollen sich a und b nur durch den zeitlichen Vertausch zweier Glieder unterscheiden:

$$a = (a_0, a_1, \ldots a_j, \ldots a_k, \ldots a_n)$$

$$b = (a_0, a_1, \ldots a_k, \ldots a_j, \ldots a_n)\ .$$

Bezeichnet $U(a)$ und $U(b)$ den Nutzenindex des Konsumausgabenstromes a bzw. b unter Beachtung der jeweiligen zeitlichen Struktur, so wird der Fall $a_j > a_k$ in Verbindung mit $U(a) > U(b)$ als Minderschätzung künftiger Bedürfnisse definiert[34]. Aus der positiven Differenz im Nutzenindex wird geschlossen, daß der zeitlich frühere Verbrauch der Differenz $(a_j - a_k)$ die Ursache sei und damit die positive Bewertung expliziere. Übersehen wird dabei, daß die Nutzenindexdifferenz $(U(a) - U(b))$ neben der Zeitbewertung auch die Nutzendifferenz $u_a(a_j - a_k) \gtreqless u_b(a_j - a_k)$ umfaßt. Erst die Annahme, daß in j und k die gleichen Grenznutzenfunktionen gelten, scheidet diesen Mengeneffekt aus und isoliert den Zeitdifferenzeffekt. Jedoch: Grenznutzenfunktionen sind mit den präferenzorientierten Ausführungen von Bernholz nicht vereinbar (S. 248 unten). Bernholz' Definition zeigt anschaulich, daß Gegeben-

---

[33] *Bernholz*, Peter: Konsumtivzins und Minderschätzung künftiger Bedürfnisse, ZfN Bd. 24, 1964, S. 244 - 255, *ders.:* Nochmals: Konsumtivzins und Minderschätzung künftiger Bedürfnisse. Korrektur und Erweiterung, ZfN Bd. 25, 1965, S. 176 - 181.

[34] S. 245 f. und im Rahmen des eigentlichen „Beweises" S. 251 f. Der gleiche Fehlschluß findet sich bei *Becker*, Claus: Optimale Betriebsgrößen, 1969, S. 138, ferner bei *Fama* und *Miller:* (1972) S. 43 f.

heiten des Zwei-Güter-Falles ungeprüft auf den Zwei-Perioden-Fall übertragen werden.

Bernholz verweist zwar (S. 245, Fußnote 4) auf die Arbeit von Koopmans (1960), übersieht jedoch, daß Koopmans weder zwei Geldbeträge noch Güterbündel im sonst gleichen Vektor vertauscht, sondern zwei Nutzengrößen[35]. Im Vergleich zu Bernholz steht also

$$U(a) = (u(a_0), u(a_1), \ldots u(a_j), \ldots u(a_k), \ldots u(a_n))$$

$$U(b) = (u(a_0), u(a_1), \ldots u(a_k), \ldots u(a_j), \ldots u(a_n)) \ .$$

Ist $u(a_j) > u(a_k)$, so ist eine Differenz $U(a) - U(b) > 0$ nunmehr eindeutig auf die Realisierung der Nutzendifferenz $\Delta u = u(a_j) - u(a_k)$ eine Periode früher zurückzuführen. Die harmlos erscheinende Änderung in der Art der Vektorelemente bei Bernholz gegenüber Koopmans entwertet wegen der nunmehr bikausalen Definition die weitere Abhandlung. Zudem übersieht die Definition der Minderschätzung bei Bernholz den positiven Zinssatz: es geht nicht um die Nutzendifferenz aus a_j vor a_k und a_k vor a_j, sondern um $u_a(a_j - a_k) \gtreqless u_b((a_j - a_k)(1 + i))$. Der Vektor b mit dem kleineren Betrag a_k zeitlich vor dem größeren a_j führt zu einem Zinseinkommen auf die Differenz $a_j - a_k$, das seinerseits einen Nutzenbeitrag liefert, der in $U(a) \gtreqless U(b)$ eingeht[36]. Der Fehlschluß wird auf S. 254 offensichtlich, wenn die Existenz eines positiven Zinssatzes die Minderschätzung begründet. Das Individuum hat drei Konsumausgabenvektoren zu beurteilen:

$$m = (m_0, m_1, \ldots m_j, m_k, \ldots m_n)$$

$$p = (m_0, m_1, \ldots m_j - (1 - t)u, m_k + tv, \ldots m_n)$$

$$d = (m_0, m_1, \ldots m_j - (1 - t)u, m_k, m_l + tv, \ldots m_n) \ .$$

Da zwischen m und p Indifferenz angenommen wird — also $U(m) = U(p)$ —, sind $(1 - t)u$ und tv nutzengleiche Geldbeträge *einschließlich* der Bewertung der Zeitdifferenz. Ob $(1 - t)u(1 + i) \gtreqless tv$, wird nicht behandelt. Wenn $(1 + i)u(1 - t) \neq tv$, ist die Herkunft (bzw. der Verbleib) der Mitteldifferenz ungeklärt. Urteilt das Individuum $U(m) > U(d)$, so sei Minderschätzung bewiesen. Diese „Minderschätzung" ist aber bereits die logische Folge der bei Vektor d nicht angesetzten Zinsen auf tv für die eine Periode, denn um den Nutzen aus itv steht sich das Individuum bei p gegenüber d von vornherein besser[37]. Überflüssig ist

---

[35] *Koopmans*, Tjalling C.: Stationary Ordinal Utility and Impatience, Econometrica Vol. 28, 1960, S. 287 - 309, S. 296, noch deutlicher in der Darstellung bei Karl Otwin *Becker:* (1966) S. 95 f.

[36] In dieser Hinsicht wird der Zinssatz erst 1965, S. 178 berücksichtigt. Bei der Definition von *Koopmans* ist der Nutzenbeitrag des Zinseinkommens $i(a_j - a_k)$ bereits in den zeitpunktbezogenen Nutzengrößen enthalten.

auch der „Beweis" auf S. 250, der zeigt, daß der nutzenmaximale Vektor (*m*) den Betrachtungszeitraum mit einem Restvermögen von Null abschließt (S. 251, Gleichung (11)), sachlich nur begründbar, wenn das Restvermögen bei anderen Vektoren mit einem Nutzen von Null in die Rechnung eingeht.

Nicht ergiebiger sind die Ausführungen von Sieben[38], der ohne Bezugnahme auf Stackelberg und Preiser der Literatur unterstellt, daß sie Abzinsungsfaktor und Zeitpräferenzfaktor identifiziere (S. 109, 111, 117, 122, 139 f.), um nunmehr an dieser Identifikation Kritik zu üben. Dieses Vorgehen ist um so erstaunlicher, als gleichzeitig aus der Literatur angeführt wird, daß das Diskontieren mit der Reinvestitionsmöglichkeit zum Zinssatz i für zeitlich früher verfügbare Geldbeträge begründet wird (S. 112, 117). Der Versuch Siebens, diese Identifikation von i und $\bar{p}$ als Implikation bei der Kapitalwertmethode aufzuzeigen, geht fehl, weil der zu diskutierende Problemzusammenhang nicht richtig erfaßt worden ist. Denn: Gibt es für das Individuum einen einheitlichen Soll- und Habenzinssatz und kann das Individuum in dem durch sein „Vermögen" abgesteckten Rahmen leihen und ausleihen, ist der Zinssatz i für den Wert des Vermögens und für das Einkommen aus Vermögen relevant, während die Zeitpräferenz die Strukturierung der Konsumausgaben über die Zeit mitbestimmt, also reine Verteilungs- und keine Bewertungsfunktion besitzt. Unter „Vermögen" ist dabei die Summe aus a) dem Barwert des erwarteten Arbeitseinkommens, b) dem im Betrachtungszeitpunkt vorhandenen Real- und Finanzvermögen und c) den Kapitalwerten künftiger Real- und Finanzinvestitionen zu verstehen. Indem die Verschuldungsfähigkeit auf den Umfang dieses „Vermögens" beschränkt wird, wird auch die Annahme freier zeitlicher Transformierbarkeit von Geldbeträgen zum Satz i zu einer theoretisch interessanten Konzeption, die ausschließt, daß das Individuum jeden Wunsch befriedigt und seinen Erben einen Berg Schulden hinterläßt[39].

Eine Aussage über die Konsumausgabenstruktur impliziert die Kapitalwertmethode gerade nicht[40]. Auch kann man nicht sagen, daß der für

[37] Dem entspricht die von *Drukarczyk:* (1970, S. 157, Fußnote 143) zu dem Unterbeweis von *Bernholz:* (1964, S. 252 f.) vorgebrachte Kritik. Bernholz schließt hier aus der Differenz der Barwerte zweier Konsumausgabenvektoren auf Minderschätzung, während die Differenz eine Folge unterschiedlicher Auszahlungsstrukturen unter Vernachlässigung der Zinsen auf die Differenzbeträge ist (vgl. auch 1965, S. 178, explizit S. 181 oben).

[38] *Sieben,* Günter: Bewertung von Erfolgseinheiten. Unveröffentlichte Habilitationsschrift, eingereicht der Wirtschafts- und Sozialwissenschaftlichen Fakultät der Universität Köln, 1968, S. 109 - 140 (Abschnitt 5: Zeitpräferenz versus Kapitalisierung).

[39] Entsprechende Beschränkungen in der Verschuldungsfähigkeit finden sich bei I. *Fisher:* (1932) S. 103, 188 f., *Patinkin:* (1965) S. 68, *Uzawa:* (1968) S. 489.

die Diskontierung verwendete Marktzinsssatz i die Konsumpräferenz normiere[41]. Die angebliche Normierung scheitert schon daran, daß die Konsumpräferenz als Ableitung der Indifferenzkurve nur marginal definiert ist. Zweitens wäre erst einmal klarzustellen, welches Verhältnis zwischen Zinssatz und marginaler Konsumpräferenz besteht[42]:
Identität — wie Sieben der Literatur unterstellt —,

Alternativität — so Drukarczyk jedenfalls für den unvollkommenen Kapitalmarkt (z. B. S. 53) —

Additivität — mit der Folge, daß der früher verfügbare Geldbetrag aus zwei Gründen höher bewertet wird als ein später verfügbarer (so Preiser S. 258) —

Gegeneinanderwirkung — wie die Diskussion bei Stackelberg ergeben hat (vgl. unsere S. 139).

Unter der Annahme eines einheitlichen Soll- und Habenzinssatzes ist sachlich keine Aussage darüber notwendig, ob und in welcher zeitlichen Struktur der Investor die durch den Ertragswert[43] des Investitionsobjektes repräsentierten Einzahlungen für Konsumausgaben verwendet. Daraus folgt, daß die Konzeption des (Brutto-)Kapitalwertes (= Ertragswertes) weder die Konsumpräferenz normiert, noch überhaupt eine Aussage darüber trifft[44]. Mit dem Abzinsen wird lediglich die Reinvestitionsmöglichkeit für aus dem Investitionsobjekt freigesetzte Mittel normiert, eine seit der Arbeit von Heister (1962) diskutierte Problematik. Der Fehlschluß, daß mit dem Diskontfaktor auch die Konsumpräferenz normiert werde, geht von der Optimalbedingung „Zinsfaktor $(1 + i)$ gleich marginaler Konsumpräferenz" aus. Übersehen wird, daß die marginale Konsumpräferenz ein Quotient der wegen des Zeitunterschiedes bewerteten Grenznutzen ist. Daß dieser Quotient gleich $(1 + i)$ wird, ist mit irgendeinem Verhältnis der Konsumausgaben C_0 im Verhältnis zu C_1 stets zu erreichen. Die Formulierung, daß das Individuum bei vollkommenem Kapitalmarkt so viele Mittel aufnehme, bis die

---

[40] Vgl. *Drukarczyk:* (1970) S. 37 f., 43 f.; die gegenteilige Ansicht, die neben *Sieben:* (S. 118, 134) auch H. *Koch* vertritt: (1968, S. 400 f.), ist bereits von *Drukarczyk:* (S. 44) zurückgewiesen worden; vgl. auch H. *Laux* und G. *Franke:* (1970) S. 34 oben.

[41] So *Sieben:* (1968) S. 118, 139 f., auch *Drukarczyk:* (1970) S. 36 oben und Mitte, 37 unten, 52 Mitte.

[42] Zur Diskussion vgl. *Drukarczyk:* (1970) S. 36 - 44, *Sieben:* (1968) S. 109 bis 140. *Böhm-Bawerk* vertritt die Ansicht, daß Minderschätzung und Produktivitätszins alternativ zu sehen sind: (1921, II, 1. Bd. S. 355 - 358).

[43] Falls Fremdkapital eingesetzt ist, ist dementsprechend der Netto-Ertragswert relevant.

[44] Anders *Drukarczyk:* (1970, S. 52), der den Konsum als alternative Geldverwendung implizit im Kalkül enthalten sieht.

Konsumpräferenz gleich dem Zinsfaktor sei (so z. B. Drukarczyk S. 43), läßt nicht nur die Beschränkung der Verschuldung durch das vorhandene Vermögen (hier: durch den Ertragswert) übersehen, sondern täuscht auch vor, daß die Konsumpräferenz von C_0 als Absolutbetrag abhängig ist, während es auf das Verhältnis von C_0 zu C_1 ankommt. Gerade der Einbezug der Versorgungslage in t_1 und das Abstimmen der Beträge von C_0 und C_1, bis die das Optimum kennzeichnende marginale Tauschrelation erreicht ist, zeichnet den Ansatz von I. Fisher aus.

Den diskutierten Punkt zusammenfassend und durch einen Vergleich erläuternd kann man festhalten, daß die Zielsetzung der Gewinnmaximierung bzw. der Einkommensmaximierung jeweils auf ein unvollständig definiertes Entscheidungsfeld angewendet wird, solange keine Aussage über die Thesaurierungs- bzw. Sparquote getroffen wird. Deshalb ist aber noch nicht der Schluß zulässig, daß jeweils implizit eine Annahme über die Thesaurierungs- bzw. Sparpolitik getroffen wird. Erst mit Vorgabe einer bestimmten Ausschüttungspolitik bzw. Konsumausgabenstruktur normiert man die Entnahme- bzw. Konsumausgabenpräferenzen[45].

Die der Kapitalwertkonzeption zu Grunde liegenden Annahmen vorausgesetzt, sind die Ermittlung des kapitalwertmaximierenden Investitionsprogrammes und des nutzenmaximierenden Entnahmestromes für Konsumausgaben zwei *isoliert* optimierbare Fragestellungen, wie die Behandlung des Fisher-Modelles bei Buchner[46] zeigt. Die Ausführungen von Sieben (S. 120 f.) über den Zusammenhang zwischen Kapitalwert- und Konsumausgabenmaximierung betreffen ein Problem, das nicht existiert. Was hier an Hand eines Beispieles als Differenz zwischen beiden Maximierungskriterien ausgewiesen wird, beruht auf der unzulässigen Verwendung von zwei verschiedenen Zinssätzen für die Diskontierung einerseits, die Verzinsung der Supplementinvestitionen andererseits (S. 122 - 125).

Wenn Sieben durch Einführung einer von den Diskontierungsfaktoren abgelösten Zeitpräferenz zu zeigen versucht, daß die kapitalwertmaximale nicht auch die nutzenmaximale Investitionsmöglichkeit ist,

---

[45] Der begriffliche Unterschied liegt in der Abgrenzung des betrachteten Vermögensbereiches: im ersten Fall könnte man von Betriebsvermögen, im zweiten von Gesamtvermögen sprechen. Zugleich zeigt sich, daß die in den Ausführungen von H. *Koch* (1968) vorgegebene Konsumausgabenstruktur sich von der vorgegebenen Ausschüttungsstruktur in den Ansätzen von *Jacob* (1964) und H. *Hax* (1964) nur hinsichtlich des Vermögensbereiches unterscheidet, aber dem eigentlichen Problem, der Abwägung zwischen Konsum und Sparen, nicht näher kommt.

[46] Vgl. *Buchner:* (1968) S. 32 - 38, insbesondere S. 35 oben, 37 unten, I. *Fisher* selbst: (1932) S. 197 - 201, *Drukarczyk:* (1970) S. 46 f., auch H. *Laux* und G. *Franke:* (1970) S. 45 Mitte, S. 34, 38, H. *Hax:* (1970) S. 60.

so übersieht er, daß seine Zeitpräferenzfaktoren nichts mit der Bewertung der Zeitdifferenz zu tun haben, sondern die zeitpunktbezogenen Grenznutzenfunktionen für die Einzahlungen (E_t) sind, also U_t (E_t). Dabei nimmt Sieben für die einzelnen Zeitpunkte unterschiedliche Grenznutzenfunktionen an, jedoch stets mit konstantem Grenznutzen (Beispiele S. 125, 130 f.). Im Ergebnis wird die Investitionsmöglichkeit mit der nutzenmaximalen Auszahlungsstruktur an das Individuum — identisch mit dessen Konsumausgabenstruktur — ermittelt. Sparen und zwischenzeitliche Verschuldung (im Rahmen des Restertragswertes der Investition) sind anscheinend nicht zulässig. Wichtiger ist — und darauf kommt es vor allem an —, daß die einzelnen Zeitpunktnutzen unabhängig von ihrem zeitlichen Anfall einfach addiert werden. Die Feststellung Siebens, daß den meisten Autoren das Denken in Zeitpräferenzen noch fremd ist (S. 126), gilt daher allerdings auch für ihn.

2. Die Funktion der Grenzrate der Substitution bei konstantem Zeitpräferenzsatz

Schreiben wir die intertemporale Nutzenfunktion (vgl. S. 127, Gleichung (i)) für ein beliebiges Nutzenniveau U und daher ohne die mit α angeschlossene Restriktion, so ist der Einfluß des positiven Zinssatzes über die vergleichbaren Grenznutzenfunktionen (j^*) und (k^*) zu berücksichtigen. Durch Integration erhalten wir die Nutzenfunktionen und durch Addition die Gesamtnutzenfunktion

$$(1) \qquad U = (a - 0{,}5\, bC_0/P_0)\, C_0/P_0 + (1 + i)\,(c - 0{,}5\, dC_1/P_1)\, C_1/P_1\,(1 + \bar{p}) \;.$$

Nach C_1 aufgelöst folgt

$$(2) \qquad C_1 = \frac{cP_1}{d} \pm \frac{P_1}{dP_0\,(1 + i)} \cdot$$

$$\cdot \sqrt{c^2 P_0^2\,(1 + i)^2 - 2\, dUP_0^2\,(1 + \bar{p})\,(1 + i) + (1 + \bar{p})\,(1 + i)\,(2\, adP_0 - bdC_0)\, C_0}$$

Gleichung (2) ist die Indifferenzkurve zwischen C_1 und C_0 für ein beliebiges Gesamtnutzenniveau U. Die Ableitung $\partial C_1/\partial C_0$ ergibt die Gleichung (3) als Funktion der Grenzrate der Substitution

$$(3) \qquad \frac{\partial C_1}{\partial C_0} = \pm$$

$$\pm \frac{P_1\,(1 + \bar{p})\,(aP_0 - bC_0)}{P_0 \sqrt{c^2 P_0^2 (1 + i)^2 + (1 + \bar{p})\,(1 + i)\,(2\, aP_0 - bC_0)\, dC_0 - 2\, dUP_0^2 (1 + \bar{p})\,(1 + i)}}$$

Setzt man in (3) für U die Gleichung (1) ein, wird der restliche Ausdruck unter der Wurzel gleich 1, und wir erhalten

(4) $$\frac{\partial C_1}{\partial C_0} = \pm \frac{P_1 (1 + \bar{p}) (a - bC_0/P_0)}{P_0 (1 + i) (c - dC_1/P_1)}$$

Dieser Ausdruck definiert die Grenzrate der Substitution zwischen C_1 und C_0. Da im Nenner der Zinsfaktor $(1 + i) \equiv q$ vorkommt, ist die genaue Bezeichnung „monetäre marginale Substitutionsrate (oder Konsumpräferenz) mit Zinsfaktor". Die Begründung für diese umständliche Bezeichnung zeigt die Diskussion der Gleichung (4).

1. Der Ausdruck (4) zeigt, daß die Grenzrate der Substitution $\partial C_1/\partial C_0$ im Zwei-Zeitpunkte-Modell das Produkt ist aus a) dem Verhältnis der Güterpreisindices, b) dem umgekehrten Verhältnis der zeitpunktbezogenen Grenznutzen und c) dem Verhältnis aus Zeitpräferenz und Zinsfaktor. Stellt man Gleichung (4) etwas um zu

(4a) $$\frac{\partial C_1}{\partial C_0} = \pm \frac{P_1}{P_0} \cdot \frac{(a - bC_0/P_0)}{(1 + i)} \Big/ \frac{(c - dC_1/P_1)}{(1 + \bar{p})},$$

so läßt sich die Grenzrate der Substitution $\partial C_1/\partial C_0$ bezeichnen als das Produkt aus dem Preisverhältnis und dem umgekehrten Verhältnis der durch Berücksichtigung von Zins und Zeit bewerteten Grenznutzen[47].

Für die folgenden Ausführungen nehmen wir an, daß konstante Güterpreise erwartet werden, so daß $P_0 = P_1 = 1$.

2. Unterstellen wir, daß die Grenznutzenfunktionen in beiden Zeitpunkten gleich sind, so daß also $a = c$ und $b = d$ angenommen wird, so folgt für alle durch $C_0 = C_1$ gekennzeichneten Aufteilungen beliebig gewählter Y_0, daß die Indifferenzkurven in den Schnittpunkten mit der 45°-Linie im I. Quadranten die Steigung $-(1 + \bar{p})/(1 + i)$ haben, weil $(a - bC_0)/(c - dC_1) = 1$ ist.

Damit ist zunächst einmal unser Einwand (vgl. S. 110) gegen die Literatur bestätigt, daß die Steigung der Indifferenzkurven im Schnitt mit der 45°-Linie auch dann nicht den Zeitpräferenzfaktor expliziert, wenn man die Annahme $U'_0(C_0) = U'_0(C_1)$ als implizit getroffen berücksichtigt. Die Konzeption mit der 45°-Linie würde ihren Zweck erfüllen, wenn entweder $i = 0$ wäre oder wenn man eine Grenzrate der Substitution ausschließlich q formulieren würde. Damit ist das eigentliche Problem angesprochen, dem wir die Betrachtung der Optimalbedingung vorschalten.

---

[47] Diese Formulierung entspricht dem Zwei-Güter-Fall. Setzt man auf S. 202 in Gleichung (14) für U die Gesamtnutzengleichung (5) von S. 199 bzw. (12) von S. 202 ein, so folgt $\partial C_B/\partial C_A = P_B (a - bX)/P_A (c - dY)$, d. h. die Grenzrate der Substitution $\partial C_B/\partial C_A$ im Zwei-Güter-Fall ist gleich dem Produkt aus dem Preisverhältnis und dem umgekehrten Verhältnis der Gütergrenznutzen.

3. Die Bedingung für die optimale Aufteilung der finanziellen Mittel auf zwei Zeitpunkte ist dadurch gekennzeichnet, daß der Wert der abgehenden Geldeinheit gleich ist dem Wert der in dem anderen Zeitpunkt hinzukommenden Geldeinheit. Danach gilt für das Optimum[48]

(5) $$\partial C_1/\partial C_0 = (1 + \bar{p})(a - bC_0)/(1 + i)(c - dC_1) = 1$$

oder

(5b) $$(1 + \bar{p})(a - bC_0) = (1 + i)(c - dC_1) \ ,$$

wobei diese Fassung den Ansatz S. 128 Gleichung (6) bestätigt. Die umgestellte Form (5a) $(a - bC_0)/(1 + i) = (c - dC_1)/(1 + \bar{p})$ zeigt, daß im Optimum die zeitverschiedenen und daher bewerteten Geld-Grenznutzen gleich sind (2. Gesetz von Gossen unter Einschluß der aus dem Zeitaspekt resultierenden Wertdeterminanten).

4. Die Literatur verwendet für die Grenzrate der Substitution eine andere Funktion, wie wir sie bereits auf S. 128 entwickelt haben:

(6) $$\partial C_1/\partial C_0 = u'_0(C_0, t_0)/u'_1(C_1, t_0)$$

(7) $$u'_1(C_1, t_0) = u'_1(C_1, t_1)/(1 + \bar{p}) \ ,$$

in (6) eingesetzt:

(8) $$\partial C_1/\partial C_0 = u'_0(C_0, t_0)(1 + \bar{p})/u'_1(C_1, t_1) \ .$$

Der Unterschied gegenüber (5) liegt in dem Fehlen des Zinsfaktors im Nenner. Wir bezeichnen daher die herkömmliche Grenzrate der Substitution als „monetäre marginale Substitutionsrate (oder Konsumpräferenz) ohne Zinsfaktor".

Das Optimum wird als Tangentialpunkt der Budgetgeraden — mit dem Anstieg $-(1 + i)$ — an die Indifferenzkurve definiert, woraus folgt

(9) $$-(1 + i) = \pm (a - bC_0)(1 + \bar{p})/(c - dC_1) \ ,$$

übereinstimmend mit (5b). Im Hinblick auf die Optimalbedingung besteht also zwischen den beiden Substitutionsraten mit und ohne Zinsfaktor kein Unterschied. Wir hatten bereits bei der analogen Behandlung des Zwei-Güter-Falles darauf hingewiesen, daß die Feststellung der Preisabhängigkeit der Indifferenzkurve auf das ermittelte Optimum keinen Einfluß hat (vgl. S. 204 f.), die Kritik richtete sich dort gegen die Ansicht, die Wirkungen von Preisänderungen mit Hilfe der Indifferenzkurven erklären zu können. Hier wird nachgewiesen, daß die Indifferenzkurve im Modell von I. Fisher zinssatzabhängig ist. Diese Fest-

[48] Für den Zwei-Güter-Fall auf Ausgabenbasis vgl. *Stackelberg:* (1951) S. 123.

stellung beeinflußt wiederum nicht die Optimalbedingung. Sie deckt jedoch das Folgende auf.

5. Im Zwei-Güter-Fall gibt das Individuum nutzengleiche Grenzgütermengen an, die als Indifferenzkurve aufgezeichnet werden. Das Individuum beachtet dabei nicht, daß die Änderung in den disponierten Gütermengen ausgabenwirksam ist. Erst das Zusammenfügen der güterwirtschaftlichen Indifferenzkurve mit der Budgetgeraden bringt im Optimum die Berücksichtigung des pagatorischen Aspektes.

Diese Konzeption scheint vertretbar, wenn auch die Vorstellung Schwierigkeiten bereitet, daß das Individuum seine Indifferenzrelationen unabhängig von den jeweiligen Güterpreisen formuliert, obgleich Geld auf zwei Ausgabearten zu verteilen ist und nicht Güter ver- und eingetauscht werden. Eine gewisse Inkonsistenz in der Modellkonzeption verrät die unzureichende Lösung von naturalwirtschaftlichen Vorstellungen.

6. Die Situation der herkömmlichen Indifferenzkurve im Zwei-Zeitpunkte-Fall ist fragwürdiger. Danach gibt das Individuum Tauschrelationen für wertgleiche Geld-Grenzmengen an, zwar unter Einschluß der Bewertung der Zeitdifferenz in der Nutzenrealisation, aber unter Ausschluß der Beurteilung des Vorteiles aus dem Zinseinkommen. Wie das Individuum dieses gedankliche Kunststück absolvieren soll, ist unklar, insbesondere deshalb, weil der Zinssatz nicht nur einen Preisaspekt hat — soweit besteht Vergleichbarkeit zum Zwei-Güter-Fall — sondern auch einen Einkommensaspekt. Die Wirkung des Zinseinkommens in t_1 auf den Nutzen der Geld-Grenzmenge ∂C_1 fehlt in der herkömmlichen marginalen Konsumpräferenz[49].

Das Unbefriedigende in der Konzeption der Indifferenzkurve im Modell von I. Fisher ist somit die Voraussetzung, daß das Individuum Präferenzrelationen unabhängig vom Zinssatz soll angeben können, obgleich dieser die Relationen mitbestimmt. Es wird also dem Individuum „zugetraut", daß es den Einfluß des Zinses bei der Formulierung seiner Aussagen ausscheidet, womit die Präferenzrelation notwendigerweise auf eine Determinante hin gespalten werden muß. Daß eine solche „Rückwärtsrechnung" eine Residualgröße zur Folge haben muß, wenn der Ausgangspunkt — die Präferenzrelation — nicht das Ergebnis einer erfolgten „Vorwärtsrechnung" ist, rechtfertigt unseren Ansatz, der, von der Annahme existenter Grenznutzenfunktionen ausgehend, die Determinanten dieser „Vorwärtsrechnung" explizieren möchte.

---

[49] Explizit *Henderson/Quandt:* (1967) S. 249: die marginalen Konsumpräferenzraten sind unabhängig von den Zinssätzen und von den Kreditmöglichkeiten.

Schärfer formuliert: soweit das Modell von I. Fisher etwas zur Klärung des Aufteilungsvorganges von Mitteln auf Konsum und Sparen beiträgt, wird dieses Aufteilungsproblem zuvor entsprechend künstlich erweitert. Obwohl es u. E. logisch zwingend ist, daß das Individuum seine Präferenzrelationen nur unter Beachtung des jeweiligen Zinssatzes formulieren kann, ist die Indifferenzkurve bei I. Fisher ausschließlich q definiert, damit nunmehr der Optimierungsvorgang erklärt werden kann. Gibt das Individuum hingegen seine Präferenzrelationen einschließlich q an, kennzeichnet die marginale Indifferenzrelation „eine Geldeinheit in t_0 gleich eine Geldeinheit in t_1“ sogleich das optimale Verhältnis von C_1 zu C_0 — dem Erklärungsbeitrag des Modelles von I. Fisher ist der Boden entzogen.

7. Bei gleichem Ergebnis können wir unter Rückgriff auf frühere Überlegungen (S. 97) auch wie folgt argumentieren: die übliche Indifferenzrelation (8) $\partial C_1/\partial C_0 = u_0' (C_0, t_0) (1 + \bar{p}) / u_1'(C_1, t_1)$ stellt mit ∂C_1 und ∂C_0 zeitungleiche und damit unvergleichbare Geldgrößen gegenüber. Vergleichbar sind nur $\partial C_1/(1 = i) \equiv \partial S_0$ und ∂C_0, das Individuum formuliert seine Indifferenzrelationen zwischen Konsum in t_0 und Sparen in t_0. Welchen Nutzen das Sparen hat, hängt wegen des Einkommensbeitrags vom Zinssatz und der Grenznutzenfunktion im Zeitpunkt der Verwendung der Ersparnis (hier t_1) ab. Der allgemeine Ausdruck für die Grenzrate der Substitution lautet dementsprechend

(8a) $$\frac{\partial C_1}{\partial C_0 (1 + i)} \equiv \frac{\partial S_0}{\partial C_0} = \frac{u_0' (C_0, t_0) (1 + \bar{p})}{u_1' (C_1, t_1) (1 + i)},$$ [50]

Diese Ausführungen lassen das Verdienst Fishers, das Aufteilungsproblem zwischen Konsum und Investition formuliert und als simultan zu lösendes Problem behandelt zu haben, unberührt. Es sollte jedoch gezeigt werden, daß die eigentlichen Bestimmungsgrößen für den Sparbetrag hinter der „residual“ (d. h. ohne q) definierten Indifferenzkurve verborgen bleiben.

8. Das Ergebnis unserer „Vorwärtsrechnung“ ist mit der Gleichung (4) für die Grenzrate der Substitution ausgewiesen. Es kann auf diese Weise gezeigt werden, wie die relative Änderung der Güterpreise, das Verhältnis der zeitpunktbezogenen Grenznutzen als Ausdruck des Befrie-

[50] Um Fehlschlüsse zu vermeiden: bei der marginalen Substitutionsrate nach (4), die aus einer ausgabenorientierten Gesamtnutzenfunktion abgeleitet wurde, sind ∂C_1 und ∂C_0 bereits vergleichbare Größen. Wollte man obige Argumentation zu (8) auch hier anwenden, hieße es, die Vergleichbarkeit zweimal zu berücksichtigen. Der Mangel liegt eindeutig bei der herkömmlichen Betrachtungsweise, die dem Individuum die Wahl zwischen zeitverschiedenen marginalen Geldbeträgen zumutet und dabei verlangt, daß die Wertrelevanz dieser Zeitverschiedenheit (vertreten durch den Zinssatz) außer Betracht bei der Angabe der Indifferenzrelationen bleibt.

digungsgrades in jedem der beiden Zeitpunkte, Zinssatz und Zeitpräferenz zusammenwirken und das marginale Austauschverhältnis zwischen C_1 und C_0 bestimmen.

Beispielsweise läßt die Konstellation $(1 + i) < (a - bC_0)(1 + \bar{p}) / (c - dC_1)$ noch keine Aussage zu, auf welche Weise Gleichheit und damit das Optimum erreicht wird. Annahmegemäß ist hier mit $\bar{p}$ die Zeitpräferenz für diesen Vorgang ausgeschlossen, so daß nur eine zeitliche Umverteilung der Konsumausgaben bleibt. Die angegebene Konstellation berechtigt nicht zu der Schlußfolgerung, daß nunmehr die rechte Seite der Ungleichung die Funktion des Zinsfaktors im Bewertungsmodell übernehme. Die Zusammenhänge bestehen nur mittelbar: für obige Konstellation wäre C_0 zu erhöhen durch Kreditaufnahme, während die spätere Tilgung und Verzinsung — eindeutig im Zwei-Perioden-Modell — den Konsumausgabenbetrag in t_1 reduziert, so daß $u'_1(C_1, t_1)$ ansteigt. Die zusätzliche Kreditaufnahme könnte auch den Zinssatz i beeinflussen, das Investitionsprogramm reduzieren und damit C_1. Es wirken also Zähler- und Nenneränderung auf das Erreichen des Optimums hin.

Mit dieser beispielhaft herausgegriffenen Konstellation sollte vor allem gezeigt werden, daß die Konsumpräferenz im herkömmlichen Sinne nicht „den" Kalkulationszinsfuß ersetzt, sondern ihn durch den von ihr ausgelösten finanziellen Umstrukturierungsprozeß möglicherweise — aber nicht zwangsläufig — tangiert, also den „relevanten" Zinssatz mitbestimmt[51]. Die mit Gleichung (4) explizierte monetäre marginale Substitutionsrate mit Zinsfaktor gibt also lediglich — entsprechend ihrem Namen — eine Austauschregel für zeitverschieden verfügbare Mittel für Konsumausgaben. Die mit (4) vollständig definierte Austauschregel tendiert nach 1 unabhängig davon, welche Relation der Zinsfaktor zum restlichen Quotienten einnimmt. Der Gedanke, daß zwischen Zinsfaktor und monetärer marginaler Substitutionsrate ohne Zinsfaktor eine funktionale Substitutionalität bestehen könnte, muß nach Explikation ihrer Determinanten entschieden zurückgewiesen werden.

3. Die optimale zeitliche Verteilung der Konsumausgaben bei einem marginalen und abhängigen Zeitpräferenzsatz

a) Der zeitliche Bezug des Knappheitsfaktors im Zwei-Perioden-Modell

Der eigene Ansatz mit einem marginalen und modellendogenen Zeitpräferenzsatz p' knüpft an den Knappheitsfaktor α an, im Zwei-Zeit-

[51] Vgl. H. *Hax:* (1970) S. 60; allerdings wird an anderer Stelle dem marginalen Konsumpräferenzfaktor die Funktion des Zinsfaktors zugeschrieben (S. 59, 78).

punkte-Modell an α_0. Wir hatten bisher folgende Beziehungen aufgestellt:

(39) $$p_0' = mk\,\beta_0\ ,$$

wobei m die relative Zeitdifferenz und k einen subjektiven Gewichtungskoeffizienten bezeichnet (vgl. S. 107, 113 f., 123), und

(42) $$\beta_0 = \alpha_0 - \alpha_N$$

(vgl. S. 113 f., 123).

Bevor wir diesen Ansatz ausbauen zur optimalen Aufteilung von Y_0 auf C_0 und C_1, muß geklärt werden, auf welchen der beiden Zeitpunkte t_0 und t_1 sich die mit α ausgedrückte Knappheit bezieht.

Zur Prüfung gehen wir von der Gesamtnutzenfunktion (i) (S. 127) aus, die wir durch die Annahmen $P_0 = P_1 = 1$ und $\bar{p} = 0$ vereinfachen:

(a) $$U(Y_0) = (a - 0{,}5\,bC_0)\,C_0 + (c - 0{,}5\,dC_1)\,C_1 - \alpha\left(C_0 + \frac{C_1}{(1+i)} - Y_0\right).$$

Die partiellen Ableitungen werden gleich Null gesetzt; umgestellt folgen

(b) $$\alpha = a - bC_0$$

(c) $$C_1 = (c\,(1+i) - \alpha)/d\,(1+i)$$

(d) $$C_0 = (Y_0\,(1+i) - C_1)/(1+i)\ .$$

Unter Verwendung von (c) für (d) und (d) für (b) folgt

(e) $$\alpha = \frac{ad\,(1+i)^2 - bdY_0\,(1+i)^2 + bc\,(1+i)}{b + d\,(1+i)^2}\ .$$

Zu prüfen ist, ob α mit $\overset{*}{u}{}_0'\,(C_0, t_0)$ identisch ist:

(f) $$\overset{*}{u}{}_0'\,(C_0, t_0) = a - bC_0^*\ ;$$

für C_0^* setzen wir Gleichung (m) (S. 127) mit $P_0 = P_1 = 1$ und $\bar{p} = 0$ ein, es folgt

(g) $$\overset{*}{u}{}_0'\,(C_0, t_0) = \frac{a\,(b + d\,(1+i)^2) - ab + bc\,(1+i) - bdY_0\,(1+i)^2}{b + d\,(1+i)^2}$$

Die Gleichsetzung von (e) und (g) führt zu $0 = 0$. Damit ist festgestellt, daß α die Knappheit in t_0 zum Ausdruck bringt. Wie ein Vergleich der partiellen Ableitungen (b) und (c) zeigt, gilt im Optimum

$$(\bar{b}) \qquad \alpha = (a - bC_0)$$

und

$$(\bar{c}) \qquad \alpha/(1 + i) = (c - dC_1) \; .$$

Das Verhältnis der Grenznutzen ist also $u'_0(C_0, t_0) : u'_1(C_1, t_1) = \alpha : \alpha/(1 + i)$, wenn der Zeitpräferenzsatz gleich Null ist[52]. Da das Grenznutzenverhältnis die Folge des positiven Zinssatzes ist, ist es sachlogisch nicht möglich, von dem Grenznutzenverhältnis auf den relevanten Zinsfuß zum Diskontieren von Zahlungen zu schließen[53]. Ob eine Investition einen positiven Kapitalwert hat, kann nicht mit dem Grenznutzenverhältnis, sondern nur mit dem Zinssatz geprüft werden. Das Grenznutzenverhältnis ist *die Resultante* der Verteilung der Mittel für Konsumausgaben über die Zeit. Bei divergierenden Soll- und Habenzinssätzen ist diese Aufgabe nur unter Berücksichtigung der Investitions- und Finanzierungsmöglichkeiten lösbar.

b) Die intertemporale Nutzenfunktion bei abhängigem Zeitpräferenzsatz

Der Zeitpräferenzsatz $p'_0 = mk\,(\alpha_0 - \alpha_N)$ setzt in dieser Formulierung eine intertemporale Gesamtnutzenfunktion voraus, die über α mit der Budgetrestriktion verbunden wird (Gleichung (i), S. 127). Diese Gesamtnutzenfunktion ist jedoch nicht definiert, weil der Zeitpräferenzfaktor zur Diskontierung des Nutzens $U_1\,(C_1, t_1)$ nicht bekannt ist: nur für den marginalen Zeitpräferenzsatz ist eine Beziehung angegeben. Diese Beziehung enthält mit α_0 eine Größe, die erst bekannt ist, wenn auch die optimale Aufteilung von Y_0 auf C_0 und C_1 bekannt ist. Daraus müssen wir für unseren Ansatz zum Zeitpräferenzsatz den Schluß ziehen, daß eine intertemporale Nutzenfunktion nicht aufgestellt werden kann mit dem Zweck, unterschiedlich strukturierte Konsumausgabenströme durch Ausschaltung der Zeitdimension zu eindimensionalen Größen (Nutzenertragswerten) zusammenzuziehen und damit vergleichbar zu machen, d. h. ihre vergleichsweise Vorteilhaftigkeit zum Ausdruck zu bringen.

Die Literatur verfährt in dieser Hinsicht unbefangener. Gemeinsam ist die Zielsetzung der Nutzenmaximierung über die Zeit, die Unterschiede liegen in der Art der Berücksichtigung der Zeitdimension.

---

[52] Vgl. bereits *Ramsey*, Frank Plumpton: A Mathematical Theory of Saving, The Economic Journal Vol. 38, 1928, S. 543 - 559, S. 546 (positive Zeitpräferenz (= Nutzendiskont) wird erst auf S. 553 eingeführt), *Tintner*, Gerhard: The Maximization of Utility over Time, Econometrica Vol. 6, 1938, S. 154 - 158, S. 155, *Stackelberg:* (1951) S. 137, *Henderson/Quandt:* (1967) S. 251 f.

[53] So *Hax*, Herbert und Helmut *Laux:* Investitionstheorie, in: „Beiträge zur Unternehmensforschung", hrsg. von G. Menges, Würzburg-Wien 1969, S. 227 - 284, S. 233, H. *Hax:* (1970) S. 77 f.

Im einfachsten Fall wird die intertemporale Nutzenfunktion mit einem gegebenen und konstanten Zeitpräferenzsatz formuliert[54]. In anderen Fällen werden intertemporale Nutzenfunktionen verwendet, die nicht erkennen lassen, wie die Zeitdimension Berücksichtigung findet[55], oder die die Zeitpräferenz durch Vorgabe einer bestimmten Funktionsart „verschwinden" lassen[56]. Sodann gibt es Ansätze zur Nutzenmaximierung über die Zeit, deren Ergebnisse zeigen, daß implizit ein Zeitpräferenzsatz $\bar{p}$ bzw. p' gleich Null unterstellt wurde[57].

Eine ausführlichere Diskussion der Nutzenfunktion findet sich bei Strotz[58]. Das bereits zitierte Ergebnis, daß die optimale Verteilung der

---

[54] Vgl. Earl A. *Thompson:* (1967) S. 357, *Samuelson,* Paul A.: Lifetime Portfolio Selection by Dynamic Stochastic Programming, The Review of Economics and Statistics Vol. 51, 1969, S. 239 - 246, S. 240, *Merton,* Robert C.: Lifetime Portfolio Selection under Uncertainty: The Continuous-time Case, The Review of Economics and Statistics Vol. 51, 1969, S. 247 - 257, S. 249 Gleichung (14), Warren E. *Weber:* (1970) S. 592, *Hakansson,* Nils H.: Optimal Investment and Consumption Strategies under Risk for a Class of Utility Functions, Econometrica Vol. 38, 1970, S. 587 - 607, S. 588 unten, auf S. 606 wird ein periodenabhängiger Zeitpräferenzfaktor angesetzt, jedoch keine sachliche Abhängigkeit formuliert, Ashok *Guha:* (1970) S. 132 f.

[55] Vgl. *Modigliani,* Franco und Richard *Brumberg:* Utility Analysis and the Consumption Function: An Interpretation of Cross-Section Data, in: Post-Keynesian Economics, ed. by Kenneth K. Kurihara, London 1954, S. 388 - 436, S. 391, in der (teilweisen) deutschen Übersetzung in „Konsum und Nachfrage", hrsg. von Erich und Monika Streißler, Köln und Berlin 1966, S. 319 bis 333, S. 320; *Fama,* Eugene und Merton H. *Miller:* The Theory of Finance, New York u. a. 1972, S. 43, 53 weisen bei der Darstellung der Arbeit von Modigliani und Brumberg darauf hin, daß ein Zeitpräferenzsatz von $p = 0$ unterstellt wird; *Miller,* Roger F.: The Theory of Household Saving, The Review of Economics and Statistics Vol. 45, 1963, S. 1 - 15, S. 2 f., bei Gleichung (8) wird $i = 0$ unterstellt, obgleich sonst ein positiver Zinssatz angesetzt ist, bei der spezifizierten Gleichung (17) könnte $p > 0$ gemeint sein, wenn das letzte Glied $-\beta C_2^2$ anstatt $-\beta C_1^2$ heißen würde (Druckfehler?); *Henderson/Quandt:* (1967) S. 249 f.; *Becker:* (1969) S. 136 - 138; H. *Hax* und *Laux:* (1969) S. 232 f.; *Long,* John B.: Consumption — Investment Decisions and Equilibrium in the Security Market, in: Studies in the Theory of Capital Markets, ed. by Michael C. Jensen, New York (Praeger) 1972, S. 146 - 222, S. 150, 156 - 162 (wie üblich, wird die Substitutionsrate mit der „time preference" identifiziert, und bei der Optimalbedingung fehlt die Annahme gleicher Grenznutzenfunktionen in t und $t + 1$, S. 159; bei Gleichung (7) muß es $1/\alpha_{t+1}$ heißen); *Fama* und *Miller:* (1972) S. 39 f.; *Fama,* Eugene F.: Multiperiod Consumption-Investment Decisions, AER Vol. 60, 1970, S. 163 - 174; *Diamond,* Peter A. and Menahem *Yaari:* Implications of the Theory of Rationing for Consumer Choice Under Uncertainty, AER Vol. 62, 1972, S. 333 - 343.

[56] Z. B. durch die Annahme, daß die intertemporale Nutzenfunktion eine CES-Funktion sei, vgl. Warren E. *Weber:* (1970) S. 591, *Monissen:* (1968) S. 196 - 201.

[57] Vgl. *Tintner:* (1938) S. 155; *Henderson/Quandt:* (1967) S. 251 f.: das Beispiel verwendet die Nutzenfunktion $U = C_0 C_1$, womit $p = 0$ impliziert ist; das als Wirkung der Zeitpräferenz ausgewiesene Verhältnis zwischen C_0 und C_1 ist die Folge von $i > 0$; das eigentliche Problem der Verteilung der Mittel für Konsumausgaben über die Zeit ist nicht erkannt worden.

Konsumausgaben über die Zeit dadurch gekennzeichnet ist, daß die diskontierten Grenznutzen u'_t (C_t) gleich sind (Strotz S. 169, Gleichung (13)), setzt jedoch $i = 0$ voraus. Auch die Budgetgleichungen S. 169 f. sind ohne Zinssatz angesetzt, ohne auf diese Besonderheit und ihre Auswirkung auf die Problembehandlung und ihre Ergebnisse hinzuweisen. Das eigentliche Anliegen der Arbeit von Strotz ist der Nachweis, daß der in t_0 aufgestellte Konsumausgabenplan im Zeitablauf nur für einen speziellen Fall auch der optimale bleibt. Dabei handelt es sich nicht etwa um Abweichungen im Zusammenhang mit der Unsicherheit, sondern um eine Änderung der Nutzendiskontfunktion bedingt durch den bloßen Zeitablauf[59]. Der spezielle Fall ist dadurch gekennzeichnet, daß die „Konsistenzbedingung" erfüllt ist, die erfordert, daß die Nutzendiskontfunktion $\lambda(t)$ gleich ist einem Abzinsungsfaktor k^t, also (in unseren Symbolen)

(a) $$1/(1+p)^t = 1/(1+i)^t \ .$$

Dabei stellt Strotz in seiner Arbeit nicht klar, ob der konsistente Plan nur einen konstanten Zeitpräferenzsatz p voraussetzt (in seinem Symbol k umgerechnet mit $k = 1/(1+p)$ enthalten) — diesen Schluß würde man nach den Ausführungen S. 170 - 172 und S. 174 f. ziehen — oder *zusätzlich* $p = i$ erforderlich ist[60]. Indem Strotz auf S. 172 (Fußnote) das Verhältnis von Grenzrate der Substitution, Nutzendiskontfunktion und zeitpunktbezogenen Grenznutzen klarstellt:

(b) $$\partial C_0/\partial C_1 = \lambda(t) \cdot u'_t(C_t)/\lambda(0) \cdot u'_0(C_0)$$

mit

(c) $$\lambda(0) = 1$$

(vgl. Strotz S. 167 Mitte), folgt über die übliche Optimalbedingung, daß der Zinsfaktor gleich ist der Grenzrate der Substitution

(d) $$1/(1+i)^t = \lambda(t)\, u'_t(C_t)/\lambda(0)\, u'_0(C_0)$$

in Verbindung mit der Konsistenzbedingung (a)

(e) $$\lambda(t) = \lambda(t)\, u'_t(C_t)/\lambda(0)\, u'_0(C_0)$$

und mit (c)

(f) $$u'_0(C_0) = u'_t(C_t) \ .$$

---

58 *Strotz,* Robert H.: Myopia and the Inconsistency in Dynamic Utility Maximization, Rev. of Economic Studies Vol. 23, 1955/56, S. 165 - 180.

59 Vgl. *Strotz:* (1955/56) S. 165, 170 oben, 173 oben, eine sachliche Begründung wird nicht gegeben.

60 In diesem Zusammenhang wird ein positiver Zinssatz bei Strotz angeführt. Nach der Fußnote zu schließen, erfordert der konsistente Plan zusätzlich $p = i$, weil $\lambda(t) = 1/(1+i)^t$ gesetzt wird.

D. h. aber, die Konsistenzbedingung von Strotz ist dadurch gekennzeichnet, daß sich Zeitpräferenz und Zinssatz in ihren Wirkungen genau kompensieren. Die optimale Mittelverteilung für Konsumausgaben über die Zeit ist in diesem Fall so vorzunehmen, daß die zeitpunktbezogenen Grenznutzen $u_t'(C_t)$ gleich sind.

Stellen wir Zinssatz, Zeitpräferenzsatz und Grenznutzenverhältnis gegenüber, so läßt sich festhalten:

1. Sind Zinsfaktor $(1 + i)$ und Zeitpräferenzfaktor $(1 + p)$ gleich, so ist das Grenznutzenverhältnis gleich 1 [61];
2. Sind Grenznutzenverhältnis $u_0'(C_0)/u_1'(C_1)$ und Zinsfaktor $(1 + i)$ gleich, ist der Zeitpräferenzfaktor gleich 1 [62];
3. Sind Grenznutzenverhältnis $u_1'(C_1)/u_0'(C_0)$ und Zeitpräferenzfaktor $(1 + p)$ gleich, ist der Zinsfaktor gleich 1 [63].

Diese Gegenüberstellung zeigt den Mangel aller intertemporalen Nutzenfunktionen, die die Zeitdifferenzbewertung in der Nutzenrealisation wenigstens explizit berücksichtigen: der Zeitpräferenzsatz ist exogen vorgegeben und wird wie ein Zinssatz zur Bewertung zeitverschiedener Nutzen verwendet. Existenz und Höhe des Satzes werden sachlich nicht begründet[64], es wird nicht geprüft, ob der Satz vielleicht funktional abhängig ist, und es wird auch nicht zwischen durchschnittlichem und marginalem Satz unterschieden[65].

Indem unser Ansatz diesen drei Aspekten Rechnung zu tragen versucht, resultiert ein endogener abhängiger, nur marginal definierter Zeitpräferenzsatz. Eine intertemporale Nutzenfunktion kann daher jedenfalls im voraus nicht formuliert werden, um mit ihrer Hilfe zeitverteilte Konsumausgaben zu bewerten. Das Problem ist aus der Investitionstheorie bei divergierenden Soll- und Habenzinssätzen bekannt[66]. Analog stehen in unserem Fall die relevanten Grenznutzen $u_t'(C_t)$ und davon abhängig die relevanten Zeitpräferenzsätze p_t' erst dann fest, wenn die optimale Strukturierung der Konsumausgaben bereits bekannt ist. Aus der Zielsetzung der Nutzenmaximierung über die Zeit ergibt sich keine Bewertungsfunktion in Gestalt einer intertemporalen Nutzenfunktion[67].

---

[61] So der konsistente Plan bei *Strotz*, vgl. auch unsere Tabelle S. 139.

[62] Implizit bei *Henderson/Quandt:* (1967) S. 251 f.

[63] *Strotz:* (1955/56) S. 169 unten, *Morgan:* (1945) S. 83 oben (für $p = 0$).

[64] Ein Hinweis auf die damit verbundene Willkür findet sich bei Karl *Borch:* Specification of Objectives in Decision Problems, in der Zeitschrift Theory and Decision Vol. 1, 1970, S. 5 - 21, S. 7 f.

[65] Auszunehmen ist *Marglin:* (1963), der auf „marginal" abstellt.

[66] Vgl. H. *Hax:* (1964) S. 441, 445, H. *Hax* und *Laux:* (1969) S. 236 - 238, 250 f., H. *Hax:* (1970) S. 76, 78.

Behalten wir die Verbindung des Problemes zur Investitionstheorie im Auge. Bei divergierenden Soll- und Habenzinssätzen ist der Vergleich der inner- und außerbetrieblichen Grenzrendite das Kriterium für die Allokation der marginalen Geldeinheit[68]. Wird eingewendet, daß für das Individuum als Zahlungsempfänger nicht seine privaten Investitionsmöglichkeiten (in der Regel Finanzinvestitionen) relevant sein müssen, weil „dringlichere" Konsumausgaben zu finanzieren seien, so folgt als nächster Schritt die Vorgabe einer „gewünschten Ausschüttungsstruktur" an den Kapitaleigner[69]. Die Mängel dieser Konzeption haben Laux und Franke (1970) gezeigt. Die Aufhebung vorgegebener Ausschüttungsstrukturen zwingt, durch die Zahlungsgrößen „hindurchzugreifen" und auf die damit realisierbaren konsumtiven Nutzen abzustellen. Da sich die Zeitunterschiede in den Zahlungen in Zeitunterschieden in den Nutzen widerspiegeln, lebt das zunächst als gelöst bzw. einer Lösung nicht mehr bedürftig angesehene Problem der „relevanten Kalkulationszinssätze" in der Gestalt der „relevanten Zeitpräferenzsätze" wieder auf.

Es war unser Anliegen, zu zeigen, daß

1. die Verwendung von Indifferenzkurven nur vordergründig und rechnerisch Lösungen bietet,
2. die marginale Konsumpräferenz nicht die Funktion des Zinsfaktors übernehmen kann[70],
3. die Bewertungen mit Hilfe intertemporaler Nutzenfunktionen, die einen konstanten exogen vorgegebenen Zeitpräferenzsatz verwenden, sachlich noch weniger begründet sind als Bewertungen, die den „relevanten Kalkulationszinssatz" in zuvor abgegrenzten Bereichen[71] annehmen.

c) Der Optimierungsansatz bei abhängigem Zeitpräferenzsatz

Läßt sich die intertemporale Nutzenfunktion nicht aufstellen, entfällt die Möglichkeit, die finanzielle Beschränkung mit α anzuschließen, so

---

67 Die Feststellung, daß der relevante Konsumpräferenzfaktor nicht im voraus, sondern als das Ergebnis der Optimierungsrechnung bekannt wird, findet sich bei *Feldstein:* (1964) S. 376.

68 Vgl. *Moxter,* Adolf: Die Bestimmung des optimalen Selbstfinanzierungsgrades unter privatwirtschaftlichem Aspekt, in: „Der Betrieb in der Unternehmung", Festschrift für Wilhelm Rieger zu seinem 85. Geburtstag, hrsg. von Johannes Fettel und Hanns Linhardt, Stuttgart 1963, S. 300 - 317, S. 301 f.

69 Vgl. H. *Hax:* (1964) S. 436, H. *Koch:* (1968) S. 424 - 434, H. *Hax:* (1970) S. 69 - 72.

70 Bereits *Laux* und *Franke:* (1970, S. 52 letzter Satz) deuten an, daß die Konsumpräferenz nur zur Kennzeichnung geeignet ist, ob das Individuum in einem Zeitpunkt Mittel für konsumtive Zwecke anbietet oder nachfragt.

71 Vgl. dazu H. *Hax:* (1970) S. 82 f.

daß der marginale Zeitpräferenzsatz nicht explizit mit $(\alpha - \alpha_N)$ verbunden werden kann. Bei einer Infinitesimalbetrachtung ist es zulässig, von $\alpha_0 = \overset{*}{u}{}'_0 (C_0)$ auszugehen, den Zeitpräferenzsatz also mit dem Grenznutzen des Optimums zu verbinden. Für eine mehr diskontinuierliche Rechnung in Geldeinheiten wäre $\overset{*}{u}{}'_0 (C_0 + 1)$ die Bezugsbasis, die zugleich deutlicher zum Ausdruck bringt, daß der Zeitpräferenzsatz p'_0 an den ersten, gerade nicht mehr realisierten marginalen Nutzen anknüpft.

Dem Fehlen einer Gesamtnutzenfunktion hatten wir bereits in einem alternativen Optimierungsansatz mit $\bar{p}$ vorgebeugt (S. 128). Die dort ausgewiesene Optimalbedingung (Gleichung (6)) wurde durch die Rechnungen S. 148 - 150 bestätigt. Davon ausgehend, mit p'_0 anstelle von $\bar{p}$, lautet unser Ansatz für den Zwei-Perioden-Fall:

(37) $$U'_0 (C_0, t_0) = a - bC_0/P_0$$

(38) $$U'_1 (C_1, t_1) = c - dC_1/P_1$$

(39) $$p'_0 = mk\,\beta_0 \qquad \beta_0 \geq 0$$

(44) $$\beta_0 = \alpha_0 - \alpha_N$$

(45) $$\alpha_0 \equiv \overset{*}{u}{}'_0 (C_0),$$

$\overset{*}{u}{}'_0 (C_0)$ ist der Grenznutzen in t_0 bei optimaler Mittelverteilung,

(46) $$(1 + p'_0) = (1 + mk\,(\overset{*}{u}{}'_0 (C_0) - \alpha_N))\ .$$

Die vollständige Optimalbedingung (vgl. S. 148) lautet

(47) $$P_1 (1 + p'_0) (a - bC_0/P_0) = P_0 (1 + mi) (c - dC_1/P_1)\ .$$

Die Budgetgleichung ist

(48) $$Y_0 = C_0 + (C_1/(1 + mi)\ .$$

Setzen wir in (47) für $(1 + p'_0)$ die Gleichung (46) unter Verwendung von (37) für $\overset{*}{u}{}'_0 (C_0)$, so erhalten wir

(49) $$P_1 (1 + mk\,(a - bC_0/P_0 - \alpha_N)) (a - bC_0/P_0) = P_0 (1 + mi) (c - dC_1/P_1).$$

Ausmultipliziert folgt für C_0 folgende Gleichung:

(50) $$b^2 mkC_0^2\, P_1/P_0^2 - [d\,(1 + mi)^2\, P_0^2/P_1^2 + b\,(1 + 2\,amk - mk\,\alpha_N)]\, C_0 \frac{P_1}{P_0}$$
$$- [cP_0\,(1 + mi) - dY_0\,(1 + mi)^2\, P_0/P_1 - aP_1\,(1 + amk - mk\,\alpha_N)] = 0$$

mit den Lösungen

(51) $$C_0 = \frac{P_0\,[dP_0^2\,(1+mi)^2 + bP_1^2\,(1 - mk\,\alpha_N)] + 2\,abmkP_0\,P_1^2}{2\,b^2\,mkP_1^2}$$

$$\pm \frac{P_0 \sqrt{[dP_0^2\,(1+mi)^2 + bP_1^2\,(1 - mk\,\alpha_N)]^2 + 4\,bmkP_0\,P_1^2\,(1+\text{mi})}}{2\,b^2\,mkP_1^2}$$

$$\overline{\cdot\,[(1+mi)\,d\,(aP_0 - bY_0) + bcP_1]}$$

Beispiel: Für $P_0 = P_1 = 1$; $m = 1$; $\alpha_N = 1$; $i = 0{,}10$; $a = c = 4{,}60$; $b = d = 0{,}05$; $Y_0 = 100$

erhalten wir

(51a) $$C_0 = \frac{[0{,}0605 + 0{,}05\,(1-k)] + 0{,}46\,k \pm \sqrt{[A]^2 + 0{,}04576\,k}}{0{,}005\,k}$$

wobei $A = [0{,}0605 + 0{,}05\,(1-k)]$ ist,

und für

k	1,00	0,50	0,20	0,10	0,01
C_0	59,63867	56,69864	53,747523	52,35084	50,786

wobei der negative Wurzelwert relevant ist.

Für $k = 0{,}001$ ist $C_0 = 50{,}60$ mit dem Grenzwert $C_0 = 50{,}589$ für $k = 0$. Dieser Fall führt bei Gleichung (50) zum Wegfall des quadratischen Gliedes, und die restliche Gleichung, nach C_0 aufgelöst, ergibt Gleichung (m) auf S. 128, wenn man dort $\bar{p} = 0$ setzt.

Greifen wir das Ergebnis für $k = 0{,}50$ heraus, so muß nach der Optimalbedingung (47) das Grenznutzenverhältnis $u_1'(C_1, t_1)/u_0'(C_0, t_0)$ gleich dem Quotienten der marginalen Bewertungsfaktoren $(1 + p_0')/(1 + i)$ sein:

$$C_0^* = 56{,}69864 \qquad \dot{u}_0'(C_0^*, t_0) = 1{,}765.068$$

$$S_0 = 43{,}30136$$

$$C_1^* = 47{,}631496 \qquad \dot{u}_1'(C_1^*, t_1) = 2{,}218.425$$

Der Zeitpräferenzfaktor errechnet sich nach

(46) $$(1 + p_0') = 1 + mk\,\beta_0 = 1 + mk\,(\dot{u}_0'(C_0^*) - \alpha_N)$$

$$(1 + p_0') = 1 + 0{,}5\,(1{,}765.068 - 1) = 1{,}382.534\ .$$

$$\frac{\dot{u}_1'(C_1^*,\ t_1)}{\dot{u}_0'(C_0^*,\ t_0)} = \frac{2{,}218.425}{1{,}765.068} = \frac{1{,}382.534}{1{,}100} = \frac{(1 + p_0')}{(1 + i)}$$

$$= 1{,}256.849\ .$$

Anmerkung: Bei einer mehr diskontinuierlichen Betrachtung, die p'_0 nicht mit (45) $\alpha_0 \equiv \overset{*}{u}'_0 (C_0)$ verbindet, sondern mit $\overset{*}{u}'_0 (C^*_0 + 1)$, folgt — zur Vereinfachung ist $P_0 = P_1 = 1$ und $m = 1$ gesetzt worden —:

$$C_{0(1,2)} = \frac{[d(1+i)^2 + b(1 - \alpha_N k) - b^2 k] + 2abk}{2b^2 k}$$

$$\pm \frac{\sqrt{[d(1+i)^2 + b(1 - k\alpha_N) - b^2 k]^2 + 4bk(1+i)[(1+i)d(a - bY_0) + bc]}}{2b^2 k}$$

Der Unterschied zu (51) in der Fassung von (51b) (s. u.) besteht nur in dem zusätzlichen Glied $b^2 k$ in der ersten und zweiten eckigen Klammer. Da aus dem Ansatz heraus der marginale Zeitpräferenzsatz etwas geringer sein muß, folgt ein etwas geringeres optimales C_0. Für $a = c$ und $b = d$, $k = 1$ und $\alpha_N = 1$ ergibt sich $C_0 = 59{,}272$ gegenüber (51a) $C_0 = 59{,}63867$ (s. o. Tabelle).

Wir können somit festhalten, daß bei gleichen Grenznutzenfunktionen in t_0 und t_1

1. die Konstellation (A) mit $(1 + p'_0)/(1 + i) > 1$ in Verbindung mit $\overset{*}{u}'_0 (C_0, t_0)/\overset{*}{u}'_1 (C_1, t_1) < 1$ ein Verhältnis der Konsumausgabenbeträge $C_0/C_1 > 1$ im Optimum zur Folge hat und
2. die Konstellation (B) mit $(1 + p'_0)/(1 + i) < 1$ in Verbindung mit $\overset{*}{u}'_0 (C_0, t_0)/\overset{*}{u}'_1 (C_1, t_1) > 1$ ein Verhältnis $C_0/C_1 < 1$ im Optimum ausweist.

d) Das Verhältnis der Konsumausgabenbeträge C_0 zu C_1 in Abhängigkeit von Y_0 unter der Annahme gleicher Grenznutzenfunktionen in t_0 und t_1

Wir vereinfachen (51) mit $P_0 = P_1 = 1$ und $m = 1$ zu

(51b) $$C_{0(1,2)} = \frac{[d(1+i)^2 + b(1 - k\alpha_N)] + 2abk}{2b^2 k}$$

$$\pm \frac{\sqrt{[d(1+i)^2 + b(1 - k\alpha_N)]^2 + 4bk(1+i)[(1+i)d(a - bY_0) + bc]}}{2b^2 k}$$

und verwenden (48) zur Ermittlung von C_1

(48a) $$C_1 = Y_0(1+i) - C_0(1+i) .$$

Ein Verhältnis der Konsumausgaben $C_0/C_1 = 1$ abhängig von Y_0 erhalten wir aus der Gleichsetzung von (51b) und (48a) und unter den Annahmen

(52) $a = c$ und $b = d$ durch Auflösung nach Y_0

(53) $$Y_{0(1,2)} = \frac{(2+i)[k(a - \alpha_N) - i + ak] \pm (2+i)[k(a - \alpha_N) - i - ak]}{2bk(1+i)}$$

mit

(53a) $$\bar{Y}_{0\,(1)} = \frac{(2+i)\,[k\,(a-\alpha_N)-i]}{bk\,(1+i)}$$

und

(53b) $$\bar{Y}_{0(2)} = \frac{(2+i)\,a}{(1+i)\,b}.$$

$\bar{Y}_{0(2)}$ ist unabhängig von k und ist die Summe der absoluten Sättigungsmengen in t_0 und t_1:

(54) $$\bar{Y}_{0(2)} = a/b + a/b\,(1+i)\ .$$

$\bar{Y}_{0(1)}$ hingegen verwenden wir für die Weiterrechnung und setzen (53a) in Gleichung (51b) ein und erhalten das aus $\bar{Y}_0$ resultierende optimale $\bar{C}_0^{\bullet}$

(55) $$\bar{C}^{\bullet}_{0\,(1,\,2)} = \frac{[(1+i)^2+1-k\,\alpha_N]+2ak \pm \{[(1+i)^2+1+k\,\alpha_N]+2\,i\}}{2\,bk}$$

mit

(55a) $$\bar{C}^{\bullet}_{0\,(1)} = \frac{(1+i)^2+1+ak+i}{bk}.$$

Da dieser Ausdruck größer als die absolute Sättigungsmenge a/b ist, ist diese Lösung nicht relevant.

(55b) $$\bar{C}^{\bullet}_{0\,(2)} = \frac{ak-k\,\alpha_N-i}{bk}$$

$\bar{C}^{\bullet}_{0(2)}$ ist kleiner als die relative Sättigungsmenge $(a-\alpha_N)/b$. Das heißt, daß aus $\bar{Y}_{0(1)}$ zwar

(a) $$\bar{C}^{\bullet}_{0\,(2)} = \bar{C}^{\bullet}_1$$

gemäß Ansatz und

(b) $$\dot{u}'_0\,(\bar{C}^{\bullet}_{0\,(2)}) = \dot{u}'_1\,(\bar{C}^{\bullet}_1)$$

folgt, aber

(c) $$\dot{u}'_0\,(\bar{C}^{\bullet}_{0(2)}) > \alpha_N\ .$$

Untersuchen wir, welcher marginale Zeitpräferenzsatz p'_0 aus $\bar{C}^{\bullet}_{0\,(2)}$ resultiert:

(46a) $$p'_0 = mk\,(\dot{u}'_0\,(\bar{C}^{\bullet}_0) - \alpha_N) \text{ mit } m = 1\ .$$

Für $\dot{u}'_0(\bar{C}^{\bullet}_0)$ setzen wir die Grenznutzengleichung (37) (mit $P_0 = 1$) ein unter Verwendung von (55b). Es ergibt sich — wie zu erwarten war — (56)

$$p_0' = i \,. \tag{56}$$

Fassen wir die Ergebnisse des Abschnittes d) zusammen:

1. Unter der Annahme, daß in t_0 und t_1 die gleichen Grenznutzenfunktionen gelten, gibt es für $\bar{Y}_0$ zwei Werte, die zu einem optimalen Ausgabenverhältnis $\bar{C}_0^* / \bar{C}_1^* = 1$ führen;

2. $\bar{Y}_{0(1)}$ führt zu einer optimalen Mittelaufteilung $\bar{C}_0^* = \bar{C}_1^*$, die zusätzlich dadurch gekennzeichnet ist, daß der resultierende marginale Zeitpräferenzsatz gleich ist dem Zinssatz;

3. $\bar{Y}_{0(2)}$ ist die Summe der beiden absoluten Sättigungsmengen für C_0 und C_1 unter Berücksichtigung von Zwischenzins; bei diesem $\bar{Y}_{0(2)}$ sind daher die beiden zeitpunktbezogenen Grenznutzen in t_0 und t_1 gleich Null.

6. Kapitel

Verallgemeinerung und Einordnung der Ergebnisse

1. Die Optimalbedingung für mehr als zwei Ausgabenzeitpunkte

a) Unter Verwendung der abkürzenden Schreibweise u'_t für den zeitpunktbezogenen Grenznutzen ermitteln wir aus der Verbindung verschiedener Substitutionsraten die Optimalbedingung für mehr als zwei Ausgabezeitpunkte:

(4a) $$\frac{\partial C_1}{\partial C_0} = \frac{P_1 (1 + p'_0) u'_0}{P_0 (1 + mi_0) u'_1}$$ (Vgl. S. 149 (4), S. 160 (47))

(4b) $$\frac{\partial C_2}{\partial C_1} = \frac{P_2 (1 + p'_1) u'_1}{P_1 (1 + mi_1) u'_2}$$

Der Quotient aus (4b) und dem Kehrwert von (4a) ergibt

(4c) $$\frac{\partial C_2}{\partial C_0} = \frac{P_2 (1 + p'_1) (1 + p'_0) u'_0}{P_0 (1 + mi_1) (1 + mi_0) u'_2}$$

Aus dieser marginalen Substitutionsrate zwischen Konsum in t_2 und t_0 folgt für das Verhältnis der Grenznutzen im Optimum wegen $\partial C_2/\partial C_0 = 1$ (vgl. S. 149, Ziff. 3)

(56) $$\frac{u'_2}{u'_0} = \frac{P_2 (1 + p'_0) (1 + p'_1)}{P_0 (1 + mi_0) (1 + mi_1)}$$

und verallgemeinert

(57) $$\frac{u'_t}{u'_0} = \frac{P_t}{P_0} \cdot \prod_{\tau=0}^{\tau=t-1} (1 + p'_\tau) \Big/ \prod_{\tau=0}^{\tau=t-1} (1 + mi_\tau) .$$

Im Optimum verhalten sich die zeitpunktbezogenen Grenznutzen wie der Quotient aus den Zeitpräferenz- und Zinsfaktoren, multipliziert mit dem Quotienten der Preisniveau-Indices. Stackelbergs Verhältnisgleichung für die Grenznutzen (1951, S. 137) ist um die Zeitpräferenz und die Preisniveauentwicklung erweitert worden.

Treffen wir die Annahme, daß die Grenznutzenfunktion $U'_t(C_t)$ im Zeitablauf konstant ist, dann folgt aus dem Verhältnis der Grenznutzen sofort das Verhältnis der Konsumausgabenbeträge: $u'_t/u'_0 > 1 > C_t/C_0$ und umgekehrt. Für Änderungen der exogenen Größen zeigt sich unmittelbar die Auswirkung auf die zeitliche Struktur der Konsumausgaben:

Eine erwartete Erhöhung des Preisniveaus begünstigt C_0 zu Lasten von C_t, eine erwartete Erhöhung der Zinssätze hat die gegenteilige Wirkung. Wegen der endogenen Zeitpräferenzfaktoren sind jedoch die Änderungen bei den Konsumausgaben trotz der unterstellten gleichen Grenznutzenfunktionen nur unterproportional zu den erwarteten Änderungen des Preisniveaus bzw. der Zinsfaktoren. Beispielsweise sinkt im ersten Fall mit steigendem C_0 das Produkt der Zeitpräferenzfaktoren und kompensiert damit zum Teil die Auswirkung des erwarteten höheren Preisniveaus P_t auf die C_t/C_0-Relation.

Die Zielsetzung der Nutzenmaximierung über die Zeit konkretisiert sich nicht in einer Zusammenfassung (Addition, Integration) der — mit einem abhängigen Zeitpräferenzsatz — bewerteten zeitverschiedenen Nutzen. Die Strukturierung der Konsumausgaben im Zeitablauf dahingehend, daß die durch Beachtung von Zins, Zeitpräferenz und Preisniveauentwicklung *bewerteten* Grenznutzen gleich werden, bedeutet eine unter Beachtung dieser Wertdeterminanten erfolgende Maximierung der Befriedigung, veranschaulicht durch eine Minimierung des Bedürfnisstandes über die Zeit, der durch den Knappheitsfaktor α_0 oder, damit identifiziert, den Grenznutzen u'_0 (C_0, t_0) repräsentiert wird.

Da aus der Zielsetzung der Nutzenmaximierung über die Zeit keine Verfahrensregel ableitbar ist, tritt an ihre Stelle die Minimierung des Bedürfnisstandes über die Zeit. Diese Zielsetzung — natürlich nur die Kehrseite der Nutzenmaximierung über die Zeit — kommt mit der Kenntnis der Grenznutzen aus[1]. Die Notwendigkeit, den Nutzen der Konsumgüter des Existenzbedarfes in einer Funktion zu erfassen[2], entfällt. Zugleich wird mit der „Minimierung des Bedürfnisstandes" auf die ökonomische Relevanz der Zeitextension des Bedürfnisstandes hingewiesen — die wir im Zeitpräferenzfaktor erfaßt haben —, ein Aspekt,

---

[1] Die finanzielle Zielsetzung des Individuums ist eindeutig mit der Folge, daß auch die Rangfolge von Investitionsobjekten unterschiedlicher Zahlungsstruktur eindeutig ist. Zur gegenteiligen Ansicht einer zielabhängigen Rangfolge vgl. *Drukarczyk*, Jochen: Zum Stand der Investitionstheorie bei Sicherheit, ZfB 1972, S. 803 - 820, S. 805, 808, 811 Ziffer 1.

[2] Zu diesem Problem vgl. bereits *Marshall:* (1905) Anmerkung VI (S. 687), für die Analyse mit Hilfe von Indifferenzkurven dementsprechend *Stackelberg*, Heinrich von: Beitrag zur Theorie des individuellen Sparens, ZfN Bd. 9, 1939, S. 167 - 200, S. 171 f.

der nicht direkt angesprochen wird, wenn die Zielsetzung auf das Positivum, den Nutzen, abstellt.

b) Die Annahme einer konstanten Grenznutzenfunktion im Zeitablauf kann natürlich nur Arbeitshypothese sein. Die entwickelte Strukturierungsregel mit ihren marginalen Determinanten läßt nicht nur die Aufhebung dieser Annahme zu, sondern weitere Spezifikationen. Die Aufhebung der Annahme erfordert den Ansatz der für jeden Zeitpunkt prognostizierten Grenznutzenfunktion $U'_t(C_t, t)$. Unterschiede in den zeitpunktbezogenen Grenznutzenfunktionen können verschiedene Ursachen haben:

1. Im Zeitablauf ändern sich die Nutzenvorstellungen a) auf Grund von Änderungen in den Bedürfnisintensitäten, b) auf Grund von Änderungen in der Beurteilung von Gütereigenschaften hinsichtlich ihrer Eignung zur Bedürfnisbefriedigung.
2. Die Güterpreisentwicklung ist zwar bereits durch den expliziten Ansatz der Preisniveauentwicklung P_t/P_0 berücksichtigt. Damit ist jedoch nur der Substitutionseffekt der Preisniveauentwicklung erfaßt, für z. B. $P_1/P_0 > 1$ wird tendenziell C_1 verringert mit der Folge eines Anstieges von u'_1. Der Einkommenseffekt der Preisniveauentwicklung hingegen ist bei auf Geldeinheiten bezogenen Grenznutzenfunktionen in der Steigung der Funktion zu erfassen (vgl. S. 160, Gleichungen (37) und (38)). Bei $P_1/P_0 > 1$ nimmt die Steigung ab mit der Folge, daß C_1 tendenziell vergrößert werden muß, soll der gleiche Geldgrenznutzen wie für die Konstellation $P_1/P_0 = 1$ realisiert werden. Die Literatur rechnet üblicherweise mit den Grenznutzen der realen Konsumausgaben — also $C_1\, P_0/P_1$ —, eine Konzeption, mit der sich weder eine Vorstellung verbinden — was ist der Grenznutzen einer deflationierten Geldeinheit in t_1? — noch das Problem befriedigend lösen läßt. Da Geldausgaben im Zeitablauf zu strukturieren sind, kommt es auf die Verbindung der Güter mit ihren aktuellen Preisen an.
3. Soll auch die Sozialbindung des Konsumentenverhaltens berücksichtigt werden[3], so schlägt sich dieser Aspekt in einer Wirtschaft mit wachsendem Pro-Kopf-Einkommen in einer im Zeitablauf abnehmenden Steigung der Grenznutzenfunktion $U'_t\,(C_t, t)$ nieder. Um im Zeitablauf ein bestimmtes Befriedigungsniveau — vertreten durch den Grenznutzen $u'_t\,(C_t, t)$ — zu realisieren, ist eine zunehmende Konsumausgabensumme C_t notwendig.

[3] Vgl. *Engels*, Wolfram: Unsicherheit, Konsumverhalten und Investitionsverhalten — Die Abbildung des Risikos in intertemporalen Nutzenfunktionen und die Relativität der Risikobeurteilung von Prospekten, in: Entscheidung bei unsicheren Erwartungen, Beiträge zur Theorie der Unternehmung, hrsg. von Herbert Hax, Köln und Opladen 1970, S. 27 - 52, S. 33.

Ansätze, die Änderungen der Grenznutzenfunktionen im Zeitablauf aus einem der angeführten Gründe berücksichtigen, lassen sich nicht feststellen[4]. Soweit in der Literatur Grenznutzenelastizitäten verwendet werden[5], dienen sie zur Charakterisierung der zeitpunktbezogenen Grenznutzenfunktion $U_t' (C_t, t)$. Erfolgt eine Aussage über das optimale Verhältnis der Grenznutzen im Zeitablauf[6], so entspricht sie — damit einen Zeitpräferenzsatz von Null voraussetzend — der Feststellung Stackelbergs, daß die zeitbedingte Differenz der Grenznutzen gleich dem Zinssatz bzw. der Grenzproduktivität des Kapitals ist.

2. Die Ergebnisse und ihre Einordnung

Die Frage nach der Zeitpräferenz stellt sich, wenn man bei der Bewertung einer nicht-konsumtiven Geldverwendungsart (Investition) davon abgeht, das Investitionsobjekt an Hand der mit ihm verbundenen Ein- und Auszahlungen unter Verwendung eines Diskontfaktors zu bewerten. Ein Anstoß dazu, die Überlegungen statt auf Zahlungsgrößen auf Nutzengrößen zu basieren, resultiert aus der Absicht, die mit der Vorgabe eines Diskontsatzes verbundenen Implikationen zu vermeiden und/oder die Konsumausgaben als alternative Geldverwendungsart bei der Beurteilung von Investitionsgelegenheiten zu berücksichtigen. Die zeitpunktbezogenen Zahlungsgrößen werden in zeitpunktbezogene Nutzengrößen umgerechnet. Es hieße den Sachzusammenhang verkennen, diese zeitpunktbezogenen Nutzen mit einem Nutzendiskont abzuzinsen unter Hinweis auf das bei Geldgrößen übliche Vorgehen. Aus der Existenz eines positiven Zinssatzes resultiert, daß eine zeitlich naheliegende Zahlung „wertvoller" ist als eine später fällige, weil erstere zwischenzeitliches Zinseinkommen ermöglicht. Eine analoge Vorstellung, daß ein in t_0 realisierter Nutzen bis t_1 um einen Nutzen„zins"ertrag anwachse, ist unhaltbar. Auch das, was man als „Erinnerungsnutzen" nach Abschluß des eigentlichen Konsumaktes bezeichnen könnte, stützt nicht eine allgemeine Konzeption des Nutzen„zins"ertrages. Mithin bedarf ein Nutzendiskont, losgelöst vom Geldzinssatz, einer eigenen nutzentheoretischen Begründung.

Dabei muß man sich lösen von solchen engen Fragestellungen, ob das Individuum „ein Mittagessen heute einem Mittagessen morgen" vorzieht[7], denn damit ist sofort die Problemanalyse verbaut: die Antwort

[4] Vgl. so auch *Vosgerau:* (1965) S. 113 oben.

[5] Vgl. z. B. *Vosgerau:* (1965) S. 44 - 48 für die makroökonomische Fragestellung, S. 108 als Funktion des Konsumniveaus diskutiert, im Makromodell damit zugleich vom Zeitablauf abhängig.

[6] *Weizsäcker:* (1962) S. 68 - 70, *Vosgerau:* (1965) S. 63, 70.

[7] Vgl. dazu I. *Fisher:* (1930) p. 248 bzw. (1932) S. 206.

hängt natürlich auch davon ab, wie die Versorgungslage von morgen im Verhältnis zu heute beurteilt wird. Diese Verquickung der Knappheitsrelation mit der Beurteilung der Zeitdifferenz hat bei Böhm-Bawerk und I. Fisher verhindert, an den Kern des Problemes vorzustoßen[8]. Die zutreffende Problemformulierung findet sich hingegen bereits bei A. Marshall[9]: wenn für beide Zeitpunkte das gleiche Einkommen erwartet wird und auch in beiden Zeitpunkten die gleiche Bedürfnisstruktur besteht und trotzdem das Individuum eine zusätzliche Geldeinheit heute einer GE morgen oder sogar eine zusätzliche GE heute einer um den zwischenzeitlichen Zinsertrag erhöhten GE morgen *für konsumtive Zwecke* vorzieht, muß eine Bewertung der Zeitdifferenz in der Nutzenrealisierung existieren, die Marshall mit dem Nutzendiskont erfaßt[10]. Diese klare Trennung zwischen Mengen- und Zeiteffekt — der erstere durch die angeführten Annahmen ausgeschlossen — ist wahrscheinlich kein Zufall, sondern Reflex seiner Zinstheorie, nach welcher der Zins das Abwarten, den Aufschub in der Realisation konsumtiver Nutzen entgilt[11].

Diese Ansicht ist wiederum nur die Umformulierung der Theorie von N. W. Senior, deren Kerngedanke darin liegt, daß die Zeitextension der Mangelempfindung ökonomisch relevant ist. Unabhängig von seiner Schlußfolgerung auf einen positiven Zinssatz als Entgelt für die „Abstinenz", genügt es für unseren Problemzusammenhang festzuhalten, daß das Individuum die Zeitdifferenz in der Nutzenrealisierung beurteilt und wertet. Die Zeitdifferenz als Wertdeterminante ist der Kern der Senior'schen Theorie, naturgemäß bei der zudem straffen Behandlung des Stoffes 1836 nicht expliziert, aber unabdingbar, weil der Zins als Preis erklärt wird.

Die Bewertung der Zeitdifferenz haben wir als Zeitpräferenz bezeichnet, positive Zeitpräferenz bedeutet, daß eine früherzeitige Nutzenrealisierung einer späteren vorgezogen wird, wenn und weil in der Zwischenzeit eine Mangelempfindung besteht. Sachlich ist eine negative Zeitpräferenz nicht möglich, und der marginale Zeitpräferenzsatz ist Null, wenn die Relation zwischen Bedarf und Deckung in t_0 so günstig ist, daß keine akuten Bedürfnisse über die Zeitspanne bestehen.

---

8 Im Gegensatz zur herrschenden Lehre sind wir der Ansicht, daß beide Autoren Konsumtheorien mit Zeitindifferenz formulieren, obgleich im Mittelpunkt ihrer Ausführungen eine Gegenwartspräferenz zu stehen scheint. Zur Einordnung der Theorien der beiden Autoren vgl. *Engels:* (1970) S. 37 f.

9 Vgl. A. *Marshall:* (1905) S. 163 f.

10 "The rate at which future pleasures are discounted", A. *Marshall:* (1920/1956) p. 102, Fußnote 1.

11 Vgl. A. *Marshall:* (1905) S. 263 f.

Das Grundmuster der Zusammenhänge ist klar: der Wunsch, lieber heute als morgen konsumtiven Nutzen zu realisieren (Zeitpräferenz), und die Erwartung, daß die Versorgungslage morgen besser sein wird als heute, wirken zu Gunsten des Konsums C_0 in t_0, beeinflussen die Ersparnis S_0 negativ bzw. führen zur Nachfrage nach Konsumentenkredit. Die umgekehrte Erwartung und die Aussicht eines Zinseinkommens sind positive Determinanten der Ersparnis S_0 und führen zum Geldangebot.

Die Literatur hingegen stellt den unvollständig definierten marginalen Konsumpräferenzfaktor

$$\partial C_1/\partial C_0 = u_0' (C_0, t_0) (1 + p)/u_1' (C_1, t_1)$$

dem Zinsfaktor $(1 + i)$ gegenüber[12]. Hält ein Individuum z. B. festverzinsliche Wertpapiere mit dem Nominalzins i, so wird daraus der Schluß $\partial C_1/\partial C_0 \leq (1 + i)$ gezogen und dahingehend interpretiert, daß der individuelle Zeitpräferenzsatz gleich/kleiner dem Marktzinssatz i sei[13]. Diese Ansicht übersieht, daß diese Schlußfolgerung gleichen Versorgungsstand — gleiche Grenznutzen — in den Ausgabezeitpunkten voraussetzt[14]. Das individuelle Sparverhalten wird unvollständig nur als Funktion des Verhältnisses von Zeitpräferenz- und Zinssatz gesehen[15]. Die häufig festgestellte relative Zinsunempfindlichkeit des individuellen Sparens bleibt ohne theoretische Erklärung, wie andererseits auch nicht erklärt werden kann, daß Individuen sparen, obgleich bei ihnen $\partial C_1/\partial C_0 > (1 + i)$ ist[16]. Diese Konstellation wird so gedeutet, daß der subjektive Zinssatz $i_S > i$ sei[17]. Daraus folgt $(1 + i) < (1 + i_S) = \partial C_1/\partial C_0$

---

[12] Unklar — und nach unseren Ergebnissen unzutreffend — ist die Andeutung von *Gottinger:* (1969 b) S. 432, die marginale Konsumpräferenzrate als *Nutzen*diskontfaktor zu verwenden.

[13] So *Somers:* (1971) S. 511, *Marglin,* Stephen A: Diskontsatz und öffentliche Investition, in: Nutzen-Kosten-Analyse und Programmbudget, hrsg. von Horst Claus Recktenwald, Tübingen 1970, S. 143 - 153, S. 143 unten, 144, 148 (es handelt sich um die Übersetzung eines 1968 gehaltenen Referates); *Gandenberger,* Otto: Zur Rationalität der öffentlichen Kreditnahme, Finanzarchiv Bd. 30, 1972, S. 369 - 391, S. 381, 386.

[14] Besonders deutlich bei *Marglin:* (1968/1970) S. 148 unten. Marglin schließt aus $u_0' (C_0, t_0) (1 + p)/u_1' (C_1, t_1) = (1 + i)$ auf $p = i$. „Beträgt der Zinssatz ... 10 %, so zeigen die Wirtschaftssubjekte damit, daß sie den *Grenznutzen* des Verbrauchs von einem Dollar heute um 10 % *höher bewerten* als im nächsten Jahr". Ferner *Lerner,* Eugene M. and Willard T. *Carleton:* A Theory of Financial Analysis, New York u. a. (Harcourt) 1966, S. 113.

[15] Vgl. *Fricke,* Dieter: Das Sparverhalten der privaten Haushalte in der Bundesrepublik Deutschland, Berlin 1972, S. 11 („Zinsmotiviertheit des Sparens"); als Mangel anerkannt bei *Stackelberg:* (1939) S. 199 f., *Ramsey:* (1928) S. 556 f.

[16] *Gandenberger:* (1972) S. 387, angedeutet bei I. *Fisher:* (1932) S. 207.

[17] Vgl. z. B. *Gandenberger:* (1972) S. 382.

$= u'_0(C_0, t_0)\,(1 + p)/u'_1\,(C_1, t_1)$, und $\partial C_1/\partial C_0$ wird als subjektiver Diskontfaktor interpretiert[18]. Danach wird eine Investition mit dem Renditefaktor $(1 + r)$ mit der Folge einer zeitlichen Umstrukturierung der Konsumausgaben dann vorgenommen, wenn $(1 + r) > \partial C_1/\partial C_0$ ist[19]. Dieses Kriterium ist hingegen völlig ungeeignet, denn $\partial C_1/\partial C_0$ bezeichnet lediglich die vorliegende Strukturierung vor Durchführung der möglichen Investition, in einer marginalen Relation zusammengefaßt. Ob die Investition durchgeführt wird, ergibt sich durch den Vergleich von $(1 + r')$ mit $(1 + i)$ — wobei i den relevanten Zinssatz bezeichnet —, unabhängig davon, ob der marginale Konsumpräferenzfaktor $\partial C_1/\partial C_0$ im literaturüblichen Sinne $\gtreqless (1 + r')$ ist. In der Interpretation von Porterfield u. a. hingegen würde der marginale Konsumpräferenzfaktor im Bereich der Konstellation $\partial C_1/\partial C_0 > (1 + r') > (1 + i)$ *direkt* das Investitionsvolumen und damit das (zeitverteilte) Einkommensvolumen determinieren. Einkommen aber, verstanden als Geldgröße, kann nur der Saldo aus Zahlungsgrößen sein. Nur Zinsfaktoren — also $(1 + r') > (1 + i)$ und nicht die dimensionslosen marginalen Konsumpräferenzraten — sind als monetäre Größen geeignet, das Einkommensvolumen zu maximieren[20]. Die vollständig definierten Konsumpräferenzfaktoren haben (nur) die Aufgabe, die zeitliche Verteilung des Einkommens mittels der zeitpunktbezogenen Grenznutzen zu kennzeichnen und gegebenenfalls unter Beachtung von Zeitpräferenz und relevantem Zins eine Umverteilung des Einkommens anzuregen zur optimalen Konsumausgabenstruktur im Zeitablauf, gekennzeichnet für jeden Zeitpunkt durch $\partial C_{t+1}/\partial C_t = 1$. Soweit diese Umverteilung die relevanten Zinsfaktoren tangiert, berührt sie *mittelbar* das Investitions- und resultierend das Einkommensvolumen.

Dementsprechend läßt sich z. B. die Fragestellung Gandenbergers, wie das Individuum eine einmalige Steuermehrzahlung von 1 000 GE alternativ zu jährlich $i \cdot 1\,000$ GE Zinszahlung zeitlich unbeschränkt beurteilt, nicht dadurch beantworten, daß $i \cdot 1\,000\ \text{GE}/((\partial C_1/\partial C_0) - 1) < 1\,000$ GE mit $\partial C_1/\partial C_0 > (1 + i)$ festgestellt wird und zugunsten der Anleihefinanzierung entschieden wird[21].

---

18 Vgl. die Diskussion, ob der Zins- oder Konsumpräferenzfaktor der „richtige" Abzinsungsfaktor sei, bei *Feldstein:* (1964) S. 361 — kritisch allerdings dazu S. 369 f., *derselbe:* (1965) S. 277 f.; *Porterfield,* James T. S.: Investment Decisions and Capital Costs, Englewood Cliffs/New Jersey 1965, S. 9 f.; *Marglin:* (1968/1970) S. 148 f.; *Kirsch und Rürup:* (1971) S. 448 - 451; *Drukarczyk:* (1970) S. 54, 110, 116, 123; anders *derselbe:* (1972) S. 813.

19 Vgl. *Porterfield:* (1965) S. 9 f.; *Drukarczyk:* (1972) S. 812 unten.

20 Vgl. auch *Franke,* Günter und Helmut *Laux:* Die Ermittlung der Kalkulationszinsfüße für investitionstheoretische Partialmodelle, ZfbF 1968, S. 740 bis 759, vor allem S. 745 - 752.

21 *Gandenberger:* (1972) S. 382.

Für den Zwei-Güter-Fall würde man aus der Konstellation $u(X')/P_A / u(Y')/P_B > 1$ sofort die Aussage ableiten, daß der Geldgrenznutzen in der marginalen Verwendung für Gut A größer ist als in der marginalen Verwendung für Gut B. Niemand würde aus der umgestellten Form $u(X') \cdot P_B / u(Y') > P_A$ den Schluß ziehen, daß der subjektive Preis (die marginale Preiswilligkeit) für Gut A größer sei als der Marktpreis P_A! Diese Analogie zeigt anschaulich, daß die übliche Interpretation von $\partial C_1/\partial C_0$ als subjektiver Diskontfaktor den Problemzusammenhang völlig verkennt.

Erst die Aufdeckung des Hintergrundes des marginalen Konsumpräferenzfaktors und die vollständige Zusammenstellung der Versorgungslagen (Grenznutzen), der Preisniveauentwicklung, des Zins- und Zeitpräferenzfaktors in unserer marginalen Austauschrelation (vgl. S. 149 (4) und S. 160)

$$\text{(4a)} \qquad \frac{\partial C_1}{\partial C_0} = \frac{u_0'(C_0, t_0)(1 + p_0') P_1}{u_1'(C_1, t_1)(1 + i) P_0}$$

mit $\partial C_1/\partial C_0 = 1$ im Optimum behebt die zuvor aufgezeigten Erklärungsmängel. Die Zusammenstellung der Determinanten ist eine Strukturierungsregel für die Konsumausgaben und keine Bewertungsregel für Investitions- und/oder Konsumausgaben. Für eine Diskontierungsrechnung — wenn man auf sie bei einem simultanen Ansatz nicht verzichten will — kommen nur Geldgrößen in Frage, im Zähler Zahlungen, im Nenner Zinsfaktoren. Bei unvollkommenem Kapitalmarkt bleibt nur die allerdings entscheidende Frage, welche Diskontierungsfaktoren im Zeitablauf „relevant" sind. Die Diskussion zur Investitionstheorie hat ergeben, daß sie erst zugleich mit der optimalen Lösung bekannt werden[22]. Die explizite Berücksichtigung der Konsumausgaben als mögliche Geldverwendungsart bedeutet nur die Berücksichtigung des Einflusses dieser Geldverwendung auf die Finanzierungssituation in jedem Zeitpunkt (Mittelarten, Mittelstruktur, Mittelsätze und Mittelfristen)[23], aber nicht die Einführung eines in Konkurrenz zum Zinssatz tretenden Kalküles. Die Strukturierungsfunktion dieser vollständig definierten Grenzrate der Substitution zeigt sich sofort, wenn wir $p_0' = 0$, $i = 0$, $P_1/P_0 = 1$ unterstellen: es resultiert das Verhältnis der zeitpunktbezogenen Grenznutzen, deren Optimalverhältnis dem 2. Gesetz von Gossen entspricht.

[22] Vgl. die ausführliche Darstellung bei *Franke*, Günter und Helmut *Laux*: (1968), S. 745 - 752.

[23] So auch *Drukarczyk*: (1970) S. 101 Mitte.

3. Ungelöste Fragen

a) Die Nutzenfunktion über das Vermögen

Die Entscheidungstheorie verwendet Nutzenfunktionen, um die durch mehrere Merkmale gekennzeichneten Ergebnisse von Entscheidungsalternativen zu bewerten und durch Zuordnung von Zahlen (kardinale Nutzen, Nutzenindices) vergleichbar zu machen[24] oder um die in Geldeinheiten gemessenen — und somit bereits vergleichbaren — Ergebnisse der Entscheidungsalternativen einer subjektiven Wertung durch den Entscheidungsträger zu unterwerfen[25]. Diese „Umwertung“ im zweiten Falle erfolgt mit der Absicht, den Erwartungswert der möglichen Geldergebnisse einer Aktion durch den Erwartungswert der Nutzen aus den wahrscheinlichkeitsverteilten Geldergebnissen zu ersetzen[26]. Von dem Ergebnis dieser „Umwertung“ schließt die Literatur auf die Risikoneigung des Individuums. Danach ist z. B. Risikoaversion gekennzeichnet durch

(Sicherheitsäquivalent in Geldeinheiten)	$S < \mu(x)$	(Erwartungswert der möglichen Ergebnisse in GE)
(Erwartungswert für die Nutzen der möglichen Ergebnisse x)	$E[u(x)] < u(\mu(x))$	(Nutzen aus dem Erwartungswert $\mu(x)$)
und	$E[u(x)] = u(S)$	(Nutzen aus dem Sicherheitsäquivalent S)[27].

Die Differenz $S < \mu(x)$ ist die individuelle Risikoauswirkung einer Aktion mit unsicherem monetärem Ergebnis, erfaßt mittels einer Nutzenrechnung[28].

Angesichts der Bedeutung der Nutzenfunktion für die Risikoauswirkung und insoweit für die Einstellung des Individuums gegenüber dem Risiko ist die Zurückhaltung in der Literatur gegenüber der Frage, welcher Nutzen mit der verwendeten Nutzenfunktion eigentlich gemeint sei, erstaunlich.

Die Unklarheiten beginnen mit der Frage, was denn unter den in Geldeinheiten gemessenen möglichen Ergebnissen einer Aktion zu verstehen ist. Die Bezeichnung Gewinn oder Einkommen[29] im Sinne eines

---

[24] Vgl. *Schneeweiß*, Hans: Entscheidungskriterien bei Risiko, Berlin-Heidelberg-New York 1967, S. 11 - 14, 61 f.

[25] Vgl. *Schneeweiß:* (1967) S. 29 - 31.

[26] Vgl. *Krelle:* (1968) S. 146 f., D. *Schneider:* (1970) S. 110.

[27] Vgl. *Schneeweiß:* (1967) S. 42, 62 f.

[28] Vgl. *Teichmann*, Heinz: Die Investitionsentscheidung bei Unsicherheit, Berlin 1970, S. 53, 58 und 122 f., D. *Schneider:* (1970) S. 83 - 86.

finanziellen Überschusses über den Geldeinsatz ist unzutreffend, denn die Nutzenfunktion wird nicht auf diese Differenz angewendet, sondern auf die möglichen Ergebnisse in Geld einschließlich der Amortisation des eingesetzen Betrages[30]. Die Bezugsbasis ist in jedem Fall eine Vermögensgröße, die alternativ als Teil- oder Gesamtvermögen definiert werden kann. Teilvermögen meint den aus der Aktion resultierenden Geldbetrag, Gesamtvermögen faßt diesen mit dem sonstigen Vermögen des Individuums im Zeitpunkt der Ergebnisrealisation (vereinfacht mit t_1 bezeichnet) zusammen. In das sonstige Vermögen kann man den Barwert des erwarteten Arbeitseinkommens einbeziehen (Definition i. w. S.). Jede Beschränkung in dem explizit betrachteten Vermögensbereich (V) bedeutet eine Implikation der Relevanz des ausgeschlossenen Vermögens in den Parametern der Nutzenfunktion über V[31].

Die sachliche Problematik bleibt, solange nicht klargestellt wird, ob die verwendete Nutzenfunktion

a) den Nutzen aus dem Vermögensbestand als solchem meint (originärer Vermögensnutzen), abstrahiert von irgendeiner konsumtiven Verwendung dieses Vermögensbestandes, oder

b) den Nutzen des Vermögens als einem Potential für künftige Konsumausgaben, oder — genau spezifiziert —

c) den konsumtiven Nutzen aus der Verwendung des Vermögensbestandes für Konsumausgaben im gleichen Zeitpunkt t_1.

Die Version a) ist u. E. mit abnehmendem Grenznutzen unvereinbar. Man müßte behaupten, daß der Mensch generell eine abnehmende Wertschätzung für Vermögenszuwächse (in einem Zeitpunkt) — losgelöst von irgendwelchen Vorstellungen über ihre spätere konsumtive Verwendung — habe. Die Version b) setzt implizit eine Verteilung des Vermögensbestandes über die Zeit für konsumtive Zwecke voraus. Die Nutzenfunktion $U_1(V_1)$ bezeichnet damit einen derivativen Nutzen des Vermögens, letzteres verstanden als ein Potential künftiger Kauffähig-

---

[29] Vgl. so *Schneeweiß:* (1967) S. 30, daran anlehnend *Hielscher:* (1969) S. 137, der allerdings statt Einkommen den Begriff Ertrag verwendet.

[30] Damit kann auch nicht die „Zustandsänderung" im Sinne von Vermögensänderung Bezugsbasis der Nutzenfunktion sein, wie Schneeweiß und Hielscher meinen.

[31] Dieses Problem ergibt sich z. B. bei *Franke:* (1971, S. 16), der von der Zielsetzung der Maximierung des erwarteten Nutzens des explizit betrachteten Vermögensbereiches (Wertpapiere und Kasse) ausgeht und annimmt, daß die Aktionäre zusätzlich ein der Art und dem Betrage nach nicht spezifiziertes Vermögen besitzen. Das gleiche Problem findet sich bei der Verwendung zustandsabhängiger Nutzenfunktionen, vgl. dazu z. B. *Myers*, Stewart C.: A Time-State-Preference Model of Security Valuation, Journal of Financial and Quantitative Analysis Vol. 3, 1968, S. 1 - 33, S. 7 - 9, *Fama:* (1970) S. 168 f.

keit[32]. Diese Interpretation (b) der Nutzenfunktion findet sich bei Hakansson (1970, S. 589 - 591), dessen $f_{j+1}(x_{j+1})$ den Barwert aller konsumtiven Nutzen ab einschließlich t_{j+1}, bewertet per t_{j+1} und explizit abdiskontiert mit α auf den Entscheidungszeitpunkt t_j, repräsentiert, *wenn* der Verfügungsbetrag x_{j+1} *optimal* im Zeitablauf auf Konsum- und Investitionsausgaben aufgeteilt wird[33]. Daher seine Formulierung: Since x represents capital, $f(x)$ is clearly the utility of money at any decision point j. *Instead of being assumed*, as generally the case, the utility function of money has in this model been induced from inputs which are more basic than the preferences for money itself (S. 591)[34]. Diese Explikation dessen, was mit $U(V)$ gemeint ist, ist in der Literatur ungewöhnlich.

Zugleich wird klar, daß das „optimal" auch eine Stellungnahme zur Zeitpräferenz voraussetzt, denn in jedem der n Entscheidungspunkte (t_k), rückwärts von t_{n-1} bis t_0 betrachtet (mit Hilfe der dynamischen Programmierung), ist das Optimum zwischen dem entscheidungszeitpunktbezogenen $U_k(C_k)$ und dem erst in t_{k+1} realisierten Nutzen $U_{k+1}(C_{k+1}, V_{k+2})$, in t_k vertreten durch $U_k(V_{k+1})$, zu bestimmen. Die Frage, welchen Bedingungen die Nutzenfunktion $U_k(V_{k+1})$ genügen muß — vor allem von Fama diskutiert —, ist das geringere Problem gegenüber unserem Ergebnis, daß eine derartige intertemporale Nutzenfunktion bei einem modellendogenen Zeitpräferenzsatz gar nicht definiert ist.

Die Version c) begründet einen abnehmenden Grenznutzen. Die Nutzenfunktion $U_1(V_1) \equiv U_1(C_1)$ ist sachlich genau spezifiziert und erklärt die Strukturierung des Vermögens unter den Aspekten der Rendite und des Risikos im Entscheidungszeitpunkt t_0 in einem einperiodigen Modell. Störend ist die zu enge Problemstellung: die Sparentscheidung in t_0 gilt als getroffen, Problem ist nur noch die Aufteilung der gesparten Mittel S_0 auf die einzelnen Vermögensarten (von denen in der Regel nur Aktien und Obligationen berücksichtigt werden). Ein simultaner Ansatz für die Bestimmung des Konsumausgabenbetrages C_0 und die Portefeuilleentscheidung für die Ersparnis S_0 liegt nahe[35]. Die zeitverschiedenen Nutzen $U_0(C_0)$ und $U_1(C_1)$ zwingen zu einer Stellungnahme,

---

[32] Daß Vermögen dem intertemporalen Nutzentransport diene, wie Engels formuliert, ist sachlich nicht zutreffend, denn konsumtiver Nutzen ist stets zeitpunktbezogen; vgl. *Engels:* (1970) S. 30.

[33] *Hakansson:* (1970) S. 589, Definition dort für $f_j(x_j)$, verwendet in den Gleichungen (10) und (72) (S. 590 und 606). Die Vernachlässigung des Zeitindex in Gleichung (11) erscheint dem Verfasser unzutreffend.

[34] So auch *Fama:* (1970) S. 166 rechte Spalte.

[35] Vgl. *Samuelson:* (1969) S. 240, *Merton:* (1969) S. 249, *Hakansson:* (1970) S. 588, *Fama:* (1970) S. 165, *Diamond/Yaari:* (1972) S. 333 f., *Fama* und *Miller:* (1972) S. 215 - 260.

ob der Zeitunterschied in der Nutzenrealisierung wertrelevant ist. Die angeführten Arbeiten gehen darauf nicht oder stark vereinfacht ein (Hakansson). Die Verwendung eines konstanten Nutzendiskontsatzes bedeutet nur eine Verschiebung der U_1 (C_1)-Funktion (positive lineare Transformation) und stellt kein Problem dar.

Unter Vernachlässigung einer expliziten Berücksichtigung der Unsicherheit haben wir hingegen den Zeitunterschied in den Mittelpunkt der Überlegungen gestellt, um erst einmal eine Theorie zur Zeitpräferenz zu entwickeln. Das Ergebnis ist eine nur marginal definierte Beziehung zwischen den Entscheidungszeitpunkten. Mithin bleibt die von den angeführten Autoren angegangene Fragestellung einer simultanen Entscheidung über das Konsumausgabenvolumen und die Vermögensstruktur der Ersparnis jedoch unter Beachtung einer nicht-willkürlichen — u. E. gleichbedeutend mit einer modellendogenen — Zeitpräferenztheorie noch zu lösen.

b) Die Relevanz von Konsum- und Zeitpräferenz für die Bewertung von Aktien

Ausgangspunkt unserer Arbeit war die Frage, ob in ihrer zeitlichen Struktur vorgegebene Dividendenströme die Zielsetzung des Kapitaleigners zutreffend wiedergegeben, ob also der Entzug von Mitteln aus der Unternehmung als Datum für die Investitionsrechnung vorgegeben werden kann. Die Frage nach der Relevanz der Konsum- und innerhalb dieser der Zeitpräferenz ist ein Teilproblem in der Diskussion über die Existenz und die Merkmale einer optimalen Dividendenpolitik.

Mögliche Zielsetzung einer optimalen Dividendenpolitik ist die Maximierung des Vermögens, hier verstanden als Summe aus der in t_0 zu zahlenden Dividende D_0, dem Kurs P_0 nach Abschlag der Dividende D_0 und einem als Kasse gehaltenen Ausgleichsbetrag in Geld bei den Aktionären[36]. Aktionsparameter der Unternehmensleitung in t_0 ist die Ausschüttungsquote $(1 - b_0)$ in Verbindung mit

(a) den Investitionsmöglichkeiten in der Unternehmung,

(b) den Möglichkeiten, durch Ausgabe neuer Aktien Eigenkapital zu erhalten (Beteiligungsfinanzierung),

(c) den Möglichkeiten, Fremdkapital zu erhalten.

Aktionsparameter i. w. S. ist die entsprechende Betrachtung der Ausschüttungsquoten $(1 - b_t)$ im Zeitablauf.

---

[36] Die letzte Position ist notwendig, um eine Kapitalerhöhung als Alternative in die Überlegungen einschließen zu können und um dabei die Vergleichbarkeit zu sichern, wenn der Grund (2) vorliegt.

Indem wir von (a) und (c) abstrahieren, beschränken wir uns auf den Zusammenhang zwischen Dividendenpolitik und Beteiligungsfinanzierung. Innerhalb dieses verengten Problemrahmens sind folgende Aspekte zu unterscheiden, die eine „Ausschüttungspräferenz" (oder vice versa Thesaurierungspräferenz) eines Anteilseigners begründen könnten[37]:

(1) Die Anteilseigner haben außerhalb der Unternehmung Investitionsmöglichkeiten mit divergierender Rendite.

(2) Aus dem Steuersystem und wegen unterschiedlicher Emissionskosten ergeben sich für thesauriertes und durch Beteiligungsfinanzierung erhaltenes Eigenkapital betragsmäßige Unterschiede[38].

(3) Von den Gründen (1) und (2) abgesehen können die Aktionäre eine Präferenz für höhere Bardividende mit anschließender Kapitalerhöhung haben alternativ zu entsprechender Gewinnthesaurierung, erklärt mit den informativen Aspekten des ersten Verfahrens[39].

(4) Die Aktionäre können eine Präferenz für Bardividende haben alternativ zu einer Gewinnthesaurierung, weil im zweiten Fall eine entsprechende positive Kursdifferenz (capital gain) unsicher ist. Der capital gain ist erst das Ergebnis der Bewertung der Thesaurierung im Hinblick auf die daraus resultierenden künftigen zusätzlichen Dividendenzahlungen durch den Aktienmarkt. Der einzelne Aktionär hat eine Ausschüttungspräferenz, wenn der Kursanstieg hinter seiner Indifferenzrelation für zusätzliche Dividende in t_0 versus Kursanstieg zurückbleibt[40]. Die explizite Berücksichtigung der Un-

---

[37] Vgl. dazu *Van Horne*, James C. and John G. *McDonald:* Dividend Policy and New Equity Financing, The Journal of Finance Vol. 26, 1971, S. 507 - 519.

[38] Zu ihrer Umrechnung in Eigenkapitalkostensätze (im Sinne von Mindestrenditen), abhängig wiederum von der künftigen Ausschüttungspolitik, vgl. *Lehmann*, Matthias: Der Einfluß der Besteuerung auf die Eigenkapitalkosten im wachsenden Unternehmen, ZfbF 1971, S. 232 - 247. Anmerkung dazu: Bei der Formel (5a) auf S. 236 ist vor der schließenden eckigen Klammer $(1 - s_8)$ einzufügen. Entsprechend muß es in der 10. und 11. Textzeile im Zähler statt $- gs_7$ jeweils $- g\ (s_7 - s_8)$ heißen.

[39] Vgl. dazu *Solomon*, Ezra: The Theory of Financial Management, New York und London 1963, S. 142 f., *Swoboda*, Peter: Investition und Finanzierung, Göttingen 1971, S. 184 f., bereits auch *Theisinger*, Karl: Effekten als Kapitalbeschaffungsmittel der Unternehmung, Stuttgart 1928, S. 50.

[40] Die Indifferenzrelation hängt von den Renditeerwartungen des Aktionärs für das thesaurierte Kapital und von seiner subjektiven Risikoprämie ab. Diese Risikoprämie müßte c. p. mit der Thesaurierungsquote b_0 ansteigen, und in diesem Sinne interpretiert die Literatur den Modellansatz von Gordon. Gordon selbst jedoch nimmt die Verknüpfung mit der Dividendenwachstumsrate $g_0 = b_0 \cdot r$ vor (r bezeichnet die durchschnittliche Rendite für thesauriertes Eigenkapital); vgl. *Robichek*, Alexander A. und Stewart C. *Myers*, Optimal Financing Decisions, Englewood Cliffs, New Jersey 1965, S. 63 f., *Van Horne* und *McDonald:* (1971) S. 508 einerseits, *Gordon*, Myron J.:

sicherheit zwingt dazu, die Zielsetzung „Vermögensmaximierung" durch die Zielsetzung der Maximierung des erwarteten Nutzens aus dem Vermögen zu ersetzen.

(5) Abstrahiert von den Gründen nach (1) bis (4) können Aktionäre eine Präferenz für Dividende für konsumtive Zwecke haben alternativ zur Gewinnthesaurierung („Konsumpräferenz"). Die Zielsetzung „Maximierung des erwarteten Nutzens aus dem Vermögen" muß erneut modifiziert werden. Zu maximieren ist nunmehr die Zusammenfassung des konsumtiven Nutzens in t_0 mit dem bisher nicht näher spezifizierten Nutzen aus dem Vermögen in t_1.

Die mögliche Relevanz der Konsumpräferenz für die Wertung der Dividendenpolitik der Gesellschaft wird in der Literatur wiederholt angedeutet[41] und in Abhängigkeit vom Aktionärskreis gesehen[42]. Es wird festgestellt, daß die Konsumpräferenz für die Bewertung der Dividendenpolitik durch den Markt keine Bedeutung habe, wenn die Anteilseigner die gezahlte Dividende ihren Konsumwünschen entsprechend durch Zukauf/Verkauf von Aktien (bzw. Teilnahme/Nichtteilnahme an einer Kapitalerhöhung) angleichen können[43]. Dieses Argument ist einzuschränken, wenn das Steuersystem und Transaktionskosten zu Differenzen in den für Konsumausgaben verfügbaren Mitteln führen, ausgehend von einem bestimmten Betrag des Bruttogewinnes der Gesellschaft vor Steuern und gerechnet für Dividendenzahlung einerseits, für Thesaurierung in Verbindung mit Aktientransaktionen andererseits[44]. Abgesehen von dieser Einschränkung, verschiebt das Argument der Möglichkeit des Teilverkaufes/Zukaufes von Aktien das Problem der zeitlichen Strukturierung des Dividendenstromes nur auf die Bildung des Aktienkurses. Es bleibt also zu berücksichtigen, in welchem Umfang die Aktionäre bei einer jeweils gegebenen Ausschüttungsquote $(1 - b_0)$ auf Grund ihrer von D_0 abweichenden Konsumbedürfnisse Verkaufs- bzw. Zukaufsentscheidungen treffen. Mithin ist der aus dem thesaurierten Gewinn je Aktie resultierende capital gain nicht unabhängig von

The Investment, Financing, and Valuation of the Corporation, Homewood, Illinois, 1962, S. 50 - 53, 65 f., *Lerner* and *Carleton:* (1966) S. 113 f. andererseits.

[41] Vgl. *Solomon:* (1963) S. 141, *Porterfield:* (1965) S. 8 - 10, 65, *Van Horne* und *McDonald:* (1971) S. 508.

[42] Z. B. *Porterfield:* (1965) S. 65, *Stahl,* Hans: Aktien vor und nach Kapitalerhöhungen, Frankfurt 1969, S. 28.

[43] Vgl. *Porterfield:* (1965) S. 61, *Solomon:* (1963) S. 139, 142, *Van Horne* und *McDonald:* (1971) S. 508.

[44] Vgl. die ähnliche Fragestellung (hier aus der Sicht der Unternehmung) bei *Swoboda,* Peter und Christian *Köhler:* Der Einfluß einer Kapitalgewinnsteuer auf den Aktienkurs und die Dividendenpolitik von Aktiengesellschaften, ZfbF 1971, S. 208 - 231, S. 225 - 229.

der Konsumpräferenz aller Aktionäre. Die Bedeutung dieser Beweisführung wird jedoch abgeschwächt, wenn man unterstellt, daß die Aktienkäufer ihre Entscheidungen bereits unter Berücksichtigung der Übereinstimmung ihrer steuerlichen Situation[45] und ihrer Konsumpräferenzen mit der Ausschüttungspolitik der Gesellschaft treffen (clientele effect). Solche Gruppierungen vereinigen Anteilseigner mit vergleichsweise homogenen Interessen und geringen Differenzen zur Ausschüttungspolitik der Gesellschaft. Diese Ansicht geht davon aus, daß die Gesellschaft ihre Ausschüttungspolitik vergleichsweise autonom bestimmt und die Optimierung durch die Anpassungsentscheidungen der Aktionäre erfolgt[46].

Ist aus der bisherigen Argumentation kein abschließendes Urteil über die Relevanz der Konsumpräferenz für die Bewertung der Dividendenpolitik einer Unternehmung möglich, so ist diese Frage weiter zu verfolgen.

Dabei gewinnen wir — um das Ergebnis vorwegzunehmen — die Überzeugung, daß die Konsumpräferenz der Aktionäre kaum/nicht relevant sein kann. Diese Ansicht gründet sich auf drei Beobachtungen:

(1) Beim Aufbau eines Vermögens aus eigener Ersparnis wird die Aktie ausgeprägt nachrangig berücksichtigt;

(2) der Aktienbesitz ist — dementsprechend — in den obersten Einkommens- und Vermögensschichten konzentriert;

(3) der durchschnittliche Aktienbesitz ist in den unteren und mittleren Einkommensklassen so gering, daß er keine Einkommensquelle von Bedeutung für die Alimentierung der Konsumausgaben darstellen kann; in den oberen Einkommensklassen sind zwar die Dividendeneinkünfte gewichtig, aber — bei einer marginalen Betrachtung — nicht mehr für die konsumtive Verwendung relevant.

Zu (1): In Anbetracht der zahlreichen Determinanten[47] wie Einkommen, Vermögen, Ausbildung, Beruf, Alter und Geschlecht ergibt sich

---

[45] Vgl. dazu *Elton*, Edwin J. und *Gruber*, Martin J.: Marginal Stockholder Tax Rates and the Clientele Effect, The Review of Economics and Statistics Vol. 52, 1970, S. 68 - 74.

[46] Das Ergebnis sind Aktiendepots, beschränkt auf Anteile an wenigen Gesellschaften — die Widerspiegelung ausgeprägter clientele-Effekte. Soweit Aktienbewertungsmodelle den Aktienmarkt einbeziehen, weisen sie durchweg das Marktportefeuille als optimale Anlagestrategie aus. Die dem entgegenstehenden empirischen Ergebnisse sind Opfer der Modellprämissen geworden. Einige empirische Ergebnisse zur geringen Portefeuille-Streuung (für die BRD ist dabei abzusehen von den Kleindepots mit Aktien aus den Privatisierungsaktionen) finden sich bei *Leverkus*, Johann Christoph: Das Verhalten der Kleinaktionäre in seiner Bedeutung für die Eigentumspolitik, Berlin 1969, S. 24 f.

zwar keine eindeutige Rangfolge für die Vermögensarten, jedoch folgendes Grundmuster[48].

1. Ein Mindestbetrag an geldgleichem Finanzvermögen (Giro- und Sparguthaben) für unerwartete Ausgaben einerseits und als Ansparung für den Kauf von Gebrauchsvermögen (Konsumvermögen) andererseits steht am Beginn der Vermögensbildung.

2. Nach Konsolidierung eines Besitzstandes an Gebrauchsgütern[49] folgt das Eigenheim und damit verbundene Formen des Ansparens (Bausparvertrag, Erhöhung des geldgleichen Vermögens)[50].

3. Für die Vereinigten Staaten folgt der Erwerb von Staatsanleihen (Wertpapiere ohne Kursrisiko; vergleichbare Wertpapiere [z. B. Bundesschatzbriefe] werden in der BRD erst seit wenigen Jahren angeboten).

4. Überraschenderweise schließt sich in der Rangfolge nicht der Erwerb von festverzinslichen Wertpapieren an[51], sondern die Aktie. Diese Reihenfolge wäre nicht zu erwarten gewesen, wenn man die Argumente gegen den Erwerb von Aktien berücksichtigt. Angeführt werden die mit der Vermögensart Aktie verbundene Unsicherheit[52] und Unbequemlichkeit der Erst- und laufenden Information[53].

   Abgesehen von den festverzinslichen Wertpapieren mit Kursrisiko steht nach den empirischen Untersuchungen der Erwerb von Aktien am Schluß der Rangfolge für ein typisches Individuum[54].

---

47 Vgl. im einzelnen *Katona*, George: Das Verhalten der Verbraucher und Unternehmer, Tübingen 1960, S. 148, *Schmölders:* (1969) S. 142 f., *Bohn:* (1969) S. 94, ausführlich *Leverkus:* (1969) S. 26 - 44.

48 Vgl. dazu *Schmölders:* (1969) S. 140 - 154, *Katona:* (1960) S. 119 - 123, 145 - 150, *Bohn:* (1969) S. 86 - 88, 94 - 96; für die Vermögensstrukturierung aus einmaligen Geldbeträgen (= Lottogewinnen) vgl. *Allekotte*, Heinz: Sparneigung und Sparformen. Eine Analyse am Beispiel der Verwendung von Lottogewinnen, Beiträge des Deutschen Industrieinstituts, Jahresband 1971, 9. Jahrgang, Heft 2 (43 Seiten).

49 Zu diesem Kriterium vgl. insbesondere *Schmölders:* (1969) S. 149 f., *Leverkus:* (1969) S. 42 - 44.

50 Vgl. *Katona:* (1960) S. 148, *Schmölders:* (1969) S. 145, für die Vereinigten Staaten ist in Konkurrenz zu 2. die Lebensversicherungspolice zu berücksichtigen.

51 *Katona:* (1960) S. 122, *Schmölders:* (1969) S. 150 f., *Leverkus:* (1969) S. 23 f.

52 „Ein unbekanntes und unbestimmbares Ausmaß des Risikos", vgl. *Katona:* (1960) S. 120, 124, 149, ferner *Schmölders:* (1969) S. 149, *Bohn:* (1969) S. 86.

53 Zur Erstinformation gehört auch „die Vertrautheit mit der Aktie", vgl. vor allem *Schmölders:* (1969) S. 151 - 154, *Katona:* (1960) S. 123, 149.

54 Die mögliche Fortsetzung über die Aktien hinausgehend betrifft noch informationsintensivere Vermögensarten wie die Beteiligung als Großaktionär oder als Gesellschafter einer Personengesellschaft (vgl. *Katona* S. 123),

Zu (2) und (3): Die Gegenüberstellung von Aktienbesitz und Vermögensklasse ist jedenfalls für die BRD problematisch, da sich die Trennung zwischen gesetzlicher und freiwilliger Altersversorgung in Unterschieden im Vermögensvolumen bzw. auf jeden Fall in der Vermögensstruktur niederschlagen muß. Etwas aussagefähiger ist die Gegenüberstellung der Zahl der Aktienbesitzer mit Nettoeinkommensklassen[55], für unsere Fragestellung aber interessiert die relative Bedeutung der Dividendeneinkünfte. Für die Vereinigten Staaten ließ sich für das Jahr 1957 feststellen[56]:

Zeile (a): Gesamtbetrag der Einkünfte (adjusted gross income in 1 000 Dollar)

Zeile (b): Dividendeneinkünfte in % des Gesamtbetrages der Einkünfte (im Gesamtdurchschnitt 3,7 %)

Zeile (c): Verteilung in % der gesamtwirtschaftlichen Dividendensumme auf die Einkommensklassen

Zeile (d): Zeile (c) kumuliert

(a)	bis 5	5 - 10	10 - 25	25 - 50	50 - 100	über 100
(b)	0,95 %	1,1 %	5,9 %	14,3 %	22,9 %	40,0 %
(c)	7,4 %	13,8 %	24,3 %	18,2 %	14,9 %	21,2 %
(d)	7,4 %	21,2 %	45,5 %	63,7 %	78,6 %	100,0 %

1952 erhielten 67 % (78,5 %) der Aktienbesitzer weniger als 500 (1 000) Dollar Dividendeneinkünfte im Jahr[57].

Die Zahlen zeigen, daß die Dividendeneinkünfte entweder im Rahmen der relativ geringeren Gesamteinkommen ohne große Bedeutung sind oder in den hohen Einkommensklassen konzentriert sind, in denen — marginal betrachtet — die Dringlichkeit für zusätzliches Einkommen für konsumtive Zwecke am geringsten ist. Da gewichtige Dividendeneinkünfte — unter Berücksichtigung der Rangfolge in den Vermögensarten — den Rückschluß auf relativ große Vermögen zulassen, ist auch die laufende Ersparnis kaum mehr eine konsumtiv orientierte im Sinne unserer Einteilung (S. 25). Im Hinblick auf unseren Ansatz zur Zeitpräferenz folgt daraus, daß die relative Knappheit β und damit die Zeitpräferenz in bezug auf Dividendeneinkünfte im Regelfall unbedeutend/gleich Null ist. Dabei ist zusätzlich zu berücksichtigen, daß eine zeitliche

an „Abschreibungsgesellschaften" oder den Kauf von Kunstwerken und Sammlerraritäten.

55 Vgl. so bei *Schmölders:* (1969) S. 148, *Katona:* (1960) S. 148, *Leverkus:* (1969) S. 41.

56 Entnommen aus *Holland,* Daniel M.: Dividends Under the Income Tax, Princeton 1962, Tabelle 8 und 9 (S. 42 f.).

57 *Holland:* (1962) Tabelle 5 (S. 36 f.).

Umstrukturierung der Dividendenzahlungen ja immer nur für einen Grenzbereich — also nicht vollständig — zur Diskussion steht. Ein großer Unterschied in den Versorgungslagen hingegen als Bestimmungsgröße der Konsumpräferenz eines einzelnen Aktionärs setzt unerwarteten Einkommensausfall (im Vergleich zum gewohnten Konsumausgabenniveau) voraus, bleibt also Einzelfall.

Es geht uns nicht darum, die Relevanz der Konsumpräferenz für die Bewertung der Ausschüttungspolitik der Aktiengesellschaften „wegzudiskutieren". Jedoch halten wir es für eine tradierte Klischeevorstellung, daß der „Kleinaktionär" — wie immer er definiert sei[58] — nur wegen „möglichst hoher" Dividende für konsumtive Zwecke Aktien erwirbt — dieses Ziel könnte er mit festverzinslichen Wertpapieren einfacher erreichen. Die Gründe für die Strukturierung des einzelwirtschaftlichen Vermögens sind viel differenzierter, und in bezug darauf sind die Ansätze der Portefeuilletheorie — so kompliziert sie auch bereits sind — nur ein Anfang.

Der Verfasser ist zwar von der Relevanz der Zeitpräferenz für die Erklärung des Sparvorganges überzeugt, sieht aber die Voraussetzungen, diese Konzeption auf die Bewertung von Zahlungsströmen aus Aktienbesitz zu übertragen, nicht als gegeben, denn — wie herausgestellt — vor allem der sozioökonomische Status der Aktienbesitzer steht einer solchen Übertragung entgegen. Besteht eine „Ausschüttungspräferenz", wie sie z. B. die Untersuchung von Van Horne und McDonald (1971) nachweist, so ist es Aufgabe der Theorie, anderen Gründen nachzugehen und nicht der Einfachheit halber auf die Konsumpräferenz der Anteilseigner zu verweisen.

[58] Vgl. dazu *Leverkus:* (1969) S. 11 - 19.

Anhänge

Anhang I (zu S. 28): Kompatible Nachfragefunktionen

Grenznutzenfunktionen und individuelle Nachfragefunktionen im Zwei-Güter-Fall bei Beachtung der Kompatibilität der Nachfragefunktionen in bezug auf ein gegebenes Budget.

1. Definitionen:

A, B = zwei unabhängige Güter, d. h. es besteht keine Nutzeninterdependenz

X, Y = Menge des Gutes A bzw. B

$u'(X)$ bzw. $u'(Y)$ = der Nutzen der marginalen Mengeneinheit des Gutes A bzw. B

P_A, P_B = Preis des Gutes A bzw. B

B = Budget zum Kauf der Güter A und B

α = Lagrangefaktor, ökonomisch der Verwendungsgrenznutzen bei der Erhöhung des Budgets um eine Geldeinheit. Obwohl damit nicht genau identisch, wird mit α auch das durch das Budget realisierte Grenznutzenniveau gekennzeichnet.

2. Ermittlung der Funktion für den Knappheitsfaktor:

Wir unterstellen vereinfachend lineare Grenznutzenfunktionen

$$U'(X) = a - bX$$

$$U'(Y) = c - dY \; ,$$

die als partielle Ableitungen der unter Berücksichtigung der Budgetbeschränkung aufgestellten additiven Gesamtnutzenfunktion (im einzelnen vgl. im 2. Kapitel S. 33) lauten:

(1) $$\partial U/\partial X = a - bX - \alpha P_A$$

(2) $$\partial U/\partial Y = c - dY - \alpha P_B$$

(3) $$\partial U/\partial \alpha = -(P_A X + P_B Y - B)$$

(11) $$\alpha = (a - bX)/P_A$$

(21) $$Y = (c - \alpha P_B)/d$$

(31) $$X = (B - P_B Y)/P_A$$

(21) und (31) in (11) eingesetzt ergibt

(4) $$\alpha = \frac{adP_A - bdB + bcP_B}{dP_A^2 + bP_B^2}$$

3. Ermittlung der Funktion der nachgefragten Menge X des Gutes A (= individuelle Nachfragefunktion bei Beachtung der Kompatibilität):

Gleichung (4) in Gleichung (1) eingesetzt und nach X aufgelöst ergibt

(5) $$X = \frac{aP_B^2 + dBP_A - cP_B P_A}{dP_A^2 + bP_B^2} .$$

4. Die Nachfragefunktion ohne Berücksichtigung der Kompatibilität wird mit der Grenznutzenfunktion identifiziert (Marshall 1905, S. 140 - 142, Samuelson 1964 II, S. 53, 56 = 8. ed. 1970, S. 417).

Danach gilt

$$U'(X) = a - bX \equiv P_A = a - bX^* ,$$

so daß für die Nachfragefunktion

(6) $$X^* = \frac{a - P_A}{b}$$

folgt.

Eine Gegenüberstellung der nach beiden Funktionen nachgefragten Mengen (6) $X^* \gtreqless$ (5) X führt zu folgendem Ausdruck

(7) $$adP_A - dP_A^2 - bP_B^2 \gtreqless dbB - bcP_B$$

Bei den für das anschließende Beispiel angenommenen Werten für a, b, c, d, B und P_B ergibt sich stets

$$X^* > X \quad \text{für } 0 < P_A < a .$$

5. Ermittlung des Preises P_A, bei dem das Individuum die Ausgaben C_A für dieses Gut maximiert:

(8) $$C_A = P_A \cdot X$$

Für X wird Gleichung (5) eingesetzt, womit sich die Ausgabefunktion für Gut A ergibt:

(8a) $$C_A = \frac{aP_B^2 P_A + dBP_A^2 - cP_B P_A^2}{dP_A^2 + bP_B^2}$$

Die Ableitung $\partial C_A / \partial P_A$ wird gleich Null gesetzt und nach P_A aufgelöst:

(9) $$P_A = -\frac{b}{ad}(cP_B - dB) \pm \frac{1}{ad}\sqrt{(cP_B - dB)^2 b^2 + a^2 bdP_B^2}$$

6. Ermittlung des Preises P_A, bei dem das ausgabenbezogene Grenznutzenniveau α einen Extremwert erreicht.

Dazu wird von Gleichung (4) die Ableitung $\partial \alpha / \partial P_A$ gleich Null gesetzt und nach P_A aufgelöst:

$$(10) \qquad P_A = -\frac{b}{ad}(cP_B - dB) \pm \frac{1}{ad}\sqrt{(cP_B - dB)^2 b^2 + a^2 bdP_B^2}$$

Es ergibt sich, daß die maximale Konsumausgabe C_A und der Extremwert für den geldbezogenen Grenznutzen α des Budgets auf den gleichen Preis P_A gemäß (9) und (10) zusammenfallen.

Der Extremwert der Funktion $\alpha = f(P_A)$ ist ein Maximum, wenn der relevante Teil der zweiten Ableitung, also $\partial \alpha^2 / \partial P_A^2$, für $P_{A\,(\alpha = \max.)}$ negativ ist, wenn

$$(11) \qquad P_A^3 + \frac{3\,b\,(cP_B - dB)\,P_A^2}{ad} - \frac{3\,bP_B^2\,P_A}{d} - \frac{b^2\,P_B^2\,(cP_B - dB)}{ad^2} < 0\,.$$

7. Die Änderung des Grenznutzens des Geldes (α) bei Änderung des Budgets ergibt sich aus der Ableitung $\partial \alpha / \partial B$ der Gleichung (4) mit

$$\partial \alpha / \partial B = -\,bd/(dP_A^2 + bP_B^2)\,.$$

α fällt linear mit B, eine Folge der linearen (auf die Gütermengen bezogenen) Grenznutzenfunktionen (1) und (2).

8. Beispiel:

$$B = 40 \qquad P_B = 1{,}00 \qquad P_A = \text{wird variiert}$$

Parameter der Grenznutzenfunktionen

$$a = 3{,}56 \qquad b = 0{,}104$$

$$c = 1{,}65 \qquad d = 0{,}016.250\text{, so daß}$$

$$(1) \qquad U'(X) = 3{,}56 - 0{,}104\,X - \alpha\,P_A$$

$$(2) \qquad U'(Y) = 1{,}65 - 0{,}016.25\,Y - \alpha$$

$$(3) \qquad P_A\,X + Y - 40 = 0$$

Ermittelt werden für alternative Werte von (a) P_A

(b) die nachgefragte Menge X^* (die Nachfragemenge nach Marshall, zugleich die Sättigungsmenge in bezug auf den jeweiligen Preis) (Gleichung (6))

(c) die nachgefragte Menge X (Nachfragemenge unter Berücksichtigung des Budgets für die Güter A und B, d. h. die kompatible Nachfragemenge (Gleichung (5))

(d) X als Anteil von X^*

(e) die Konsumausgabe $C_A^* = X^* \cdot P_A$

(f) die Konsumausgabe $C_A = X \cdot P_A$ (Gleichung (8))

(g) der jeweils realisierte Grenznutzen des Budgets α (Gleichung (4))

(h) die Konsumausgabe $C_B = B - C_A$

P_A (a)	X^* (b)	X (c)	X/X^* (d)	C_A^* (e)	C_A (f)	α (g)	C_B (h)
3,56	0	0	0	0	0	1,000.000	40,00
3,00	5,385	2,238	0,415	16,16	6,71	1,109.090	33,29
2,20	13,076	7,449	0,570	28,77	16,38	1,266.190	23,62
2,00	15,000	9,231	0,615	30,00	18,46	1,300.000	21,54
1,78	*17,115*			*30,46*			
1,50	19,808	14,657	0,739	29,71	21,99	1,357.200	18,01
1,40	20,769	15,905	0,765	29,08	22,27	1,361.700	17,73
1,306	21,675	*17,112*	0,789	28,31	*22,35*	1,363.161	17,65
1,30	21,731	17,186	0,790	28,25	22,34	1,363.160	17,66
1,20	22,692	18,530	0,817	27,23	22,24	1,361.224	17,76
1,10	23,653	19,890	0,841	26,02	21,88	1,355.590	18,12
1,00	24,615	21,289	0,865	24,62	21,29	1,345.940	18,71
0,00	34,230	34,230	1,000	0	0	1,000.000	40,00

Das Beispiel in graphischer Darstellung:

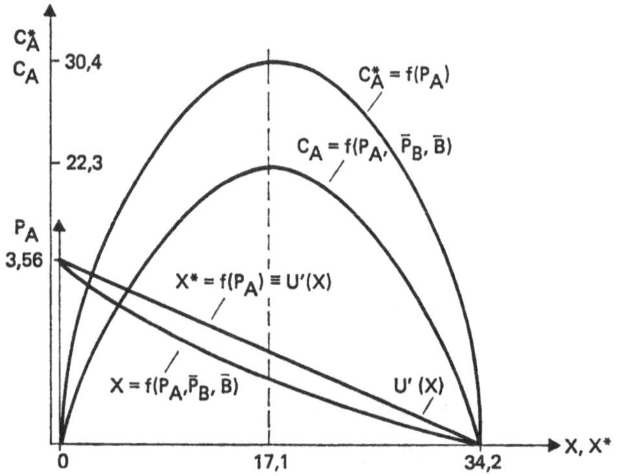

Anhang II (zu S. 28): Anmerkungen zu Morgenstern (1948) bzw. (1963)

Morgenstern wählt zur Ermittlung der Nachfragekurve sukzessive anstelle der üblichen alternativen Preissetzungen, um den zeitlichen Aspekt bei der Ausgabeninterdependenz zu berücksichtigen (S. 169 bzw. 135).

Die alternative Preissetzung vergleicht den Preis p_i einer Ware mit p_{i+1} mit $p_i \gtrless p_{i+1}$, wenn das Individuum noch nicht zu p_i gekauft hat. Entsprechend ist im elastischen Bereich der Nachfragekurve die Grenzausgabe $\Delta C_i = p_{i+1} \cdot q_{i+1} - p_i q_i$ mit $\Delta C_i \gtrless 0$.

Bei der sukzessiven Betrachtungsweise hat das Individuum gerade zu p_i gekauft, und es ist gefragt, wie es auf den neuen Preis reagiert. Bei $p_{i+1} > p_i$ ist die zusätzliche Nachfrage Null (= kein Zukauf, S. 170 f., bzw. 136, 138). Bei einer Preissenkung mit $p_{i+1} < p_i$ hingegen wird eine zusätzliche Menge Δq_i gekauft, wobei $q_i < q_i + \Delta q_i < q_{i+1}$ ist. Für Δq_i gilt nach Morgenstern (S. 170, eindeutiger S. 172, deutsche Fassung unbrauchbar)

$$\Delta q_i = \frac{q_{i+1} \cdot p_{i+1} - q_i p_i}{p_{i+1}} \;, \quad \text{wenn } q_{i+1} p_{i+1} - q_i p_i > 0 \;,$$

was im elastischen Bereich stets der Fall ist.

Kritik:

1. Diese Festlegung/Beschränkung von Δq_i ist von der Sache her unbegründet.
2. Im unelastischen Bereich der Nachfragekurve bleibt Δq_i unbestimmt.
3. Es ist ungeklärt, woher die Mittel für den Zukauf kommen. Zwei Fälle sind möglich:

Fall a) Neben der Menge q_i wurden zugleich auch alle anderen Güter gekauft, das Budget ist vor Eintritt von p_{i+1} (mit $p_{i+1} < p_i$ im elastischen Bereich der Nachfragekurve) verteilt: ohne weitere Aussagen ist nicht einmal der Zusatzkauf im Umfang von Δq_i gesichert, und in jedem Fall ist die Herkunft der Mittel nicht ohne Einfluß auf den Umfang des Zusatzkaufes.

Fall b) Es wurde nur die Menge q_i gekauft, die übrigen Verfügungsmittel wurden zwar auf die anderen Verwendungsarten optimal verteilt, aber noch nicht ausgegeben: der Zusatzkauf wird durch eine Umverteilung finanziert. Die Begrenzung des Zukaufes auf den von Morgenstern definierten Umfang steht dabei im Widerspruch zum Ausgleich der Grenznutzen auf der Grundlage von p_{i+1}.

Nehmen wir den Sonderfall, daß sich bei alternativer Preisstellung $p_i \cdot q_i = p_{i+1} \cdot q_{i+1}$ ergibt. Nach Morgenstern wäre auch bei sukzessiver Preisstellung die Grenzausgabe gleich Null. Trotz der Preissenkung auf p_{i+1} bliebe das Individuum bei der Mittelaufteilung, die für den Ausgleich der gewogenen Grenznutzen von p_i ausgeht.

Anhang III (zu S. 40): Individuelle Nachfragekurve und Konsumentenüberschuß

Die wenig befriedigende Behandlung des Konsumentenüberschusses (KÜ) in der Literatur ist kürzlich durch eine umfangreiche Monographie von Porstmann ergänzt worden, die eine völlige Unkenntnis bereits der Problemstruktur aufzeigt[1].

---

[1] *Porstmann*, Reiner: Zur Theorie der Nachfrage unter besonderer Berücksichtigung des Konsumentenüberschusses, Berlin 1971. Es ist hier nicht beab-

Es wäre wenig ergiebig, verschiedene Definitionen für den KÜ gegenüberzustellen und zu diskutieren. Es soll vielmehr eine Systematik nach zwei Kriterien versucht werden. Wir unterscheiden rein formal drei Kategorien und unterteilen dann nach der Art des Angebotes:

A. KÜ ist eine Differenz zwischen zwei Geldbeträgen

B. KÜ ist eine Differenz zwischen einem Nutzen- und einem Geldbetrag

C. KÜ ist die Differenz zwischen zwei Nutzenbeträgen.

Hiermit wird dem Umstand Rechnung getragen, daß der KÜ verzahnt ist mit der Grenznutzenfunktion für ein Konsumgut einerseits und mit der individuellen Preis-Nachfrage-Funktion für dieses Gut andererseits. Für die individuell nachgefragte Gütermenge ist es notwendig, zwischen einer (1) Gesamt- und (2) Marginalbetrachtung zu unterscheiden. Eine Gesamtbetrachtung zieht die gesamte in einem Zeitpunkt gekaufte Gütermenge x_i für die Überlegungen zum KÜ heran. Dieser Fall ist zu differenzieren danach, ob (11) ein unteilbares oder (12) teilbares Angebot vorliegt.

11. Ein nichtteilbares Angebot ist gegeben bei

a) Unteilbarkeit des Kaufgegenstandes (technische Unteilbarkeit) oder

b) geschlossenem Angebot durch den Verkäufer (ökonomische Unteilbarkeit aus der Sicht des Käufers). Im Hinblick auf den KÜ läßt sich auf beide Fälle die „alles-oder-nichts"-Überlegung anwenden (all-or-none case)[2]. Gefragt wird nach dem maximalen Preis, den das Individuum in der gegebenen Situation für das unteilbare Angebot zu zahlen bereit ist. Die Differenz zum tatsächlich zu zahlenden Preis ist der in Geld ausgedrückte KÜ (Kategorie A)[3]. Durch die „all-or-none"-Überlegung wird das Individuum gezwungen, seine Konsumentenrente im Kaufpreis zu bezahlen und somit zu explizieren. Entscheidungskriterium ist der durchschnittliche Konsumnutzen je Geldeinheit des Kaufpreises im Vergleich zum durchschnittlichen Nutzen bei alternativer Geldverwendung. Dieser Ansatz erfordert also eine Zurechnung zwischen dem Betrag nach gleichen Geldverwendungsarten, die nur im Zwei-Güter-Fall (das zweite Gut muß teilbar sein) problemlos möglich ist.

Unklar in Problemstellung und -behandlung sind die Ausführungen von Schmitt-Rink[4]. Nach seinem Ansatz (S. 235 f.) soll der KÜ dadurch erfaßt werden, daß das Individuum für alternative Mengen des Gutes x_i den jeweils maximalen Ausgabebetrag $C_i(x_i)$ nennt. Der Ausgabebetrag für Gut j wird dabei konstant gehalten (S. 236 - 238). Soll $C_i(x_i)$ variiert werden können, muß also eine dritte Geldverwendungsart für das Individuum bestehen. Ihr Nutzen und dessen Rückwirkung auf $C_i(x_i)$ ist als Problem weder erkannt noch bei der Lösung berücksichtigt worden.

---

sichtigt, dieses zusammenfassende Urteil in Details zu belegen, weil dies nur in Übernahme des Gliederungsschemas von Porstmann möglich wäre. In Anhang III wird hingegen versucht, die Problemstruktur des KÜ zu entwickeln.

[2] Vgl. z. B. *Patinkin*: (1963). Im Hinblick auf die zahlreichen Definitionen des KÜ fragt Samuelson: „Which would Marshall have selected if confronted with a one or none offer?", *Samuelson:* (1947) S. 198.

[3] *Porstmann:* (1971) S. 135, 188.

[4] *Schmitt-Rink*, Gerhard: Die Ausgabenfunktion des privaten Haushalts. Eine Integration des kardinalistischen und ordinalistischen Instrumentariums, Jahrbuch für Sozialwissenschaft, Bd. 22, 1971, S. 235 - 243.

12. Teilbares Angebot in Verbindung mit einer Gesamtbetrachtung ist der üblicherweise behandelte Fall, der mit Hilfe der individuellen Preis-Nachfrage-Kurve erläutert wird[5]. Ein für das Individuum jeweils als Datum gesetzter Preis wird alternativ variiert, während das Individuum die zugehörige Nachfragemenge angibt. Dabei handelt es sich nicht um eine im Zeitablauf sukzessive Preisstellung, sondern um eine fiktive alternative[6]. Für den Nutzen der jeweiligen marginalen Mengeneinheit wird die Gültigkeit des Grenzwerttheorems behauptet: der Nutzen (in Geldeinheiten gemessen) der letzten gekauften Mengeneinheit ist gleich dem Preis (denn anderenfalls würde die Nachfragemenge erhöht oder verringert werden)[7]. Danach gilt $u\,(x_i') = p_i$ bzw. auf den Verwendungsgrenznutzen der marginal für Gut i aufgewendeten Geldeinheiten abgestellt $u\,(\mathrm{GE}_i') = u\,(x_i')/p_i$. Da dieses Theorem für jeden Punkt der Nachfragekurve gelten soll, folgt daraus Identität von Nachfragekurve und Grenznutzenkurve für Gut i. Entsprechend wird der KÜ als Differenz aus dem Ertragsnutzen aus der gesamten gekauften Gütermenge x_i und dem als Kaufpreis aufgewendeten Geldbetrag $C_i = x_i\,p_i$ definiert (Kategorie B)[8].

Dieser Rechengang ist nur zulässig, weil der Kaufpreis mit einem Aufwandnutzen gleicher Höhe identifiziert ist (1. Folgerung aus dem Grenzwerttheorem), wobei die einzelne Geldeinheit des Kaufpreises einen *konstanten* Aufwandgrenznutzen vertritt (2. Folgerung), der zudem gleich eins festgesetzt wird (1 Geldeinheit = 1 util, 3. Folgerung)[9].

Um diese Implikationen drückt sich die Literatur wohlweislich. Bestenfalls wird angegeben, daß es sich bei dem Kaufpreis im Verhältnis zum Budget um einen bedeutungslosen Betrag handle, so daß von ungefähr konstantem Geldgrenznutzen ausgegangen werden könne[10]. Die exaktere Problemfassung führt also dazu, den KÜ als Nutzenüberschuß (Nutzengewinn) zu definieren aus der Gegenüberstellung des Ertragsnutzens aus dem gekauften Gut/Güterbestand und des Aufwandnutzens. Die Bestimmung des Aufwandnutzens (= der mit dem zu zahlenden Kaufpreis verbundene Nutzenentgang aus alternativer Geldverwendung) setzt die Festlegung der alternativen Geldverwendung voraus. Stehen nur zwei Geldverwendungsmöglichkeiten (Gut i und j) zur Wahl, so fällt mit zunehmender Widmung der Budgetmittel für Gut i der Ertragsgrenznutzen $u'\,(x_i)$ bzw. $u'\,(C_i)$, während der Aufwandgrenznutzen $u'\,(x_j)$ bzw. $u'\,(C_j)$, der identisch mit dem entgehenden (preisbezogenen) Ertragsgrenznutzen aus dem Gut j ist, gleichzeitig ansteigt. Diese Überlegung, die man als „Dean-Modell im Konsumbereich" bezeichnen könnte[11], hat Illy

---

[5] Vgl. *Marshall:* (1905) S. 140 - 142 bzw. (1920/1956) S. 79 - 82 (Tee-Beispiel).

[6] Zur sukzessiven Preisstellung im Zeitablauf vgl. *Morgenstern:* (1948) und unseren Anhang II.

[7] Vgl. *Marshall:* (1905) S. 140.

[8] *Porstmann:* S. 138, 179, *Woll:* (1971) S. 172, *Henderson/Quandt:* (1967) S. 24 Fußnote 2. Woll und Henderson/Quandt erwähnen zwar eine Identifikation von Grenznutzen- und Nachfragefunktion nicht, sondern stellen auf die Nachfragefunktion ab, obwohl diese nur gilt, wenn das Individuum den KÜ *nicht* zu bezahlen hat. Andererseits wäre eine Identifikation beider Funktionen wieder unvereinbar mit den auf S. 22 f. entwickelten kompatiblen Nachfragefunktionen.

[9] Vgl. das Beispiel bei *Henderson/Quandt:* (1967) S. 7 f. *Samuelson:* (1964) II, S. 46.

[10] Vgl. bereits *Marshall:* (1905) Anmerkung VI (S. 687), *Samuelson:* (1964) II, S. 46, 48, 64 rechte Spalte.

drei Jahre vor dessen Namensgeber veröffentlicht[12]. Klar erkannt wird, daß die Marshallsche Definition des KÜ fragwürdig ist, die den KÜ als Fläche zwischen der Waagrechten in Höhe des Güterpreises und der Nachfrage-/Grenznutzenfunktion ausweist. Vielmehr ist auch die Fläche zwischen dieser Waagrechten und der darunter liegenden, von links ansteigenden Aufwandgrenznutzenfunktion dem KÜ zuzurechnen (S. 61 f.). Die Begrenztheit dieses

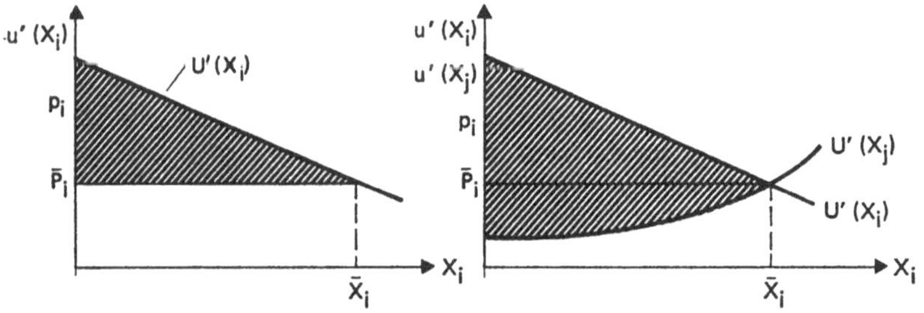

KÜ (schraffiert) bei Marshall und nach Illy

Erklärungsansatzes von Illy zum KÜ ist offensichtlich: bestehen mehr als zwei Möglichkeiten der Geldverwendung, ist keine Aussage über den Aufwandnutzen möglich[13]. Soweit Geldverwendungsmöglichkeiten mit dem gegebenen Budget realisiert werden, scheiden sie bei der Ableitung des Aufwandnutzens aus[14]. Es bleiben also die nicht realisierten, die man aber erst kennt, wenn auch das optimale Budget bereits feststeht[15], sowie die Probleme der Reihung dieser nichtrealisierten Geldverwendungsmöglichkeiten und ihrer Zurechnung auf die tatsächlichen Geldverwendungen[16].

Es bleibt zu prüfen, ob sich die Vorstellung von Marshall nicht mit Hilfe der Einkommenstheorie des Geldes absichern läßt. Sie erklärt den subjek-

---

[11] Vgl. *Dean*, Joel: Capital Budgeting, New York 1951, Darstellung bei *Moxter*, Adolf: Die Bestimmung des Kalkulationszinsfußes bei Investitionsentscheidungen, Zeitschrift für handelswissenschaftl. Forschung 1961, S. 186 - 200, S. 187 - 189.

[12] *Illy*, Leo: Das Gesetz des Grenznutzens. Untersuchung über die Wirtschaftsrechnung des Konsumenten, Wien 1948, S. 51 - 62, 278 - 282.

[13] Die Alternative, aus der der Aufwandnutzen abzuleiten ist, bleibt bei *Illy* völlig unspezifiziert, vgl. S. 55 - 58, 284 f.

[14] So *Illy* selbst S. 120 - 122, 127 f.

[15] Zu dieser aus der Investitionsrechnung bekannten Situation vgl. H. *Hax*: (1964) S. 441, 445, *Jaensch*, Günter: Ein einfaches Modell der Unternehmungsbewertung ohne Kalkulationszinsfuß, ZfbF 1966, S. 660 - 679, S. 669, Fußnote 27.

[16] Das Problem der für den Aufwandnutzen relevanten Alternative ist von Illy unzureichend erfaßt: wenn er seine Überlegungen zum Aufwandnutzen auf das ganze Budget überträgt, ist die Funktion des Aufwandnutzens nicht einfach die Ertragsgrenznutzenfunktion in umgekehrter Richtung (so S. 57 unten), sondern ist genau spezifiziert als Fortsetzung dieser Ertragsgrenznutzenfunktion jenseits der Budgetgrenze. Mit anderen Worten, die Aufwandgrenznutzenfunktion für das ganze Budget läßt sich nur aus einer *totalen* alternativen Verwendung des gesamten Budgets ermitteln. Es sei dahingestellt, welchem Zweck diese Rechnung noch dienen könnte, wenn das optimale Budget bereits feststeht.

tiven/individuellen Wert des Geldes[17] aus dem Grenznutzen des zur Verfügung stehenden Geldbetrages[18]. Einigkeit besteht darüber, daß dieser Grenznutzen nicht ein eigenständiger Nutzen der letzten verfügbaren Geldeinheit des Budgets ist, sondern der Nutzen ihrer Verwendung (derivativer Geldwert)[19]. Ungeklärt aber — und für die Einkommenstheorie ein wichtiges Problem — ist der Wert der übrigen Geldeinheiten des Budgets: gilt für den Gesamtwert des Geldbestandes — vor seiner Verausgabung, denn es interessiert ja der mit der Zahlung der Kaufpreise verbundene Aufwandnutzen — das Additionstheorem von Böhm-Bawerk oder das Multiplikationstheorem von Wieser[20]? Überträgt man den jeweiligen Budgetgrenznutzen auf alle Geldeinheiten, was dem Multiplikationstheorem von Wieser entspricht, bleibt in beiden Fällen ein nicht auflösbarer Widerspruch:

(1) Wenn auch der Gesamtnutzen der Konsumgüter nach dem Multiplikationstheorem zu ermitteln ist, fallen Ertrags- und Kostennutzen zusammen (vgl. Illy S. 57); das Individuum erzielt durch seine Käufe keinen Nutzenüberschuß, die Wohlstandssituation wird durch Kaufhandlungen nicht verbessert; es fehlt jeder Antrieb, Tauschhandlungen vorzunehmen.

(2) Wenn der Gütergesamtnutzen hingegen nach dem Additionstheorem von Böhm-Bawerk zu ermitteln ist, werden auf Güter- und Geldbestand zwei verschiedene Wertermittlungsverfahren angewendet, obwohl es sich um den gleichen Nutzen handelt. Abgesehen von diesem schwerwiegenden Einwand müßte man spezifizieren, daß der Wert des Geldes nicht aus dem Nutzen seiner jeweiligen Verwendung, sondern aus dem Grenznutzen seiner gesamten Verwendung abgeleitet wird, wobei dieser ein derivativer Grenznutzen und abhängig vom Einkommen (oder von der Konsumausgabensumme?), den Güterpreisen und den Grenznutzenfunktionen für die Konsumgüter ist.

Für den KÜ ist damit nichts gewonnen, es wurde im Vergleich zu Marshall die Waagrechte in Höhe des Güterpreises durch eine Waagrechte in Höhe des nach dem Multiplikationstheorem konstant gerechneten Geldgrenznutzen

---

[17] Mit subjektivem Geldwert ist die Kaufkraft des Geldes abhängig von der Verteilung der Mittel auf die begehrten Güter bei gegebenen Preisen gemeint, vgl. *Hirsch:* (1928) S. 38. Die Gleichsetzung von Budgetgrenznutzen und subjektivem Geldwert ist allerdings fragwürdig, weil Hirsch andererseits unter subjektivem Geldwert das versteht, was man besser „subjektive Kaufkraft" eines Geldbestandes bezeichnen würde (vgl. *Hirsch:* S. 14 - 22). Völlig unbefriedigend hat die Einkommenstheorie des Geldes die Relevanz einer positiven Ersparnis der Konsumperiode für den Wert des Geldes behandelt, vgl. *Hirsch:* (1928) S. 29 - 32, *Zwiedineck-Südenhorst,* der die Ersparnis differenziert in Ersparnis aus einem Sparbedürfnis heraus und residuale Ersparnis, vgl. *Zwiedineck-Südenhorst,* Otto von: Die Einkommensgestaltung als Geldwertbestimmungsgrund, in: „Mensch und Wirtschaft", Aufsätze und Abhandlungen Bd. I, Berlin 1955, S. 83 - 136, S. 115 f. (Erstveröffentlichung in Schmollers Jahrbuch 1909, Heft 1).

[18] Vgl. *Hirsch:* (1928) S. 15 - 22, 42, *Veit:* (1966) S. 113.

[19] Vgl. *Hirsch* (1928) S. 13 f., *Veit:* (1966) S. 113.

[20] Vgl. *Hirsch:* S. 22 - 27. Im Prinzip hält Hirsch das Additionstheorem für den Gesamtnutzen des Geldbestandes für zutreffend. Die weiteren Ausführungen setzen jedoch überwiegend konstanten Grenznutzen des Geldes über das Budget hinweg voraus, während für die S. 53 - 65 (Einfluß einer Änderung des Einkommens auf den subjektiven Geldwert) wiederum das Additionstheorem als gültig unterstellt werden muß. Zu den beiden Gesamtwerttheoremen vgl. den Exkurs zum Anhang III, S. 193 - 196.

ersetzt. Der mit dem Kaufpreis verbundene Aufwandnutzen ist durch eine Fiktion festgelegt worden. Der KÜ in diesem Sinne ist nicht der „effektive" Nutzengewinn, andererseits ist er auch nicht als Differenz zweier Geldbeträge expliziert worden.

Die aufgezeigten theoretischen Schwierigkeiten sind nicht erstaunlich, wenn wir das im Anhang I entwickelte und auf S. 28 f. ausgewertete Ergebnis über das Verhältnis von Grenznutzenkurven und kompatibler Nachfragekurve berücksichtigen. Danach ist bei teilbarem Angebot nicht einmal eine theoretische Konzeption für den KÜ formulierbar. Anpassungsreaktionen in den nachgefragten Gütermengen bei geänderten Preisrelationen lassen keinen Schluß auf einen KÜ bzw. seine Änderung zu[21].

Bei unteilbarem Angebot wäre zwar feststellbar, bei welchem alternativ höheren Preis von dem Angebot kein Gebrauch mehr gemacht wird, so daß eine monetäre Differenz zwischen „Höchstgebot" und tatsächlichem Kaufpreis feststellbar, jedoch keine Schlußfolgerung möglich ist, denn die differentiellen Mittel werden anderen Verwendungsarten entzogen[22].

Für teilbares wie unteilbares Angebot bleibt in letzter Konsequenz nur ein Gesamtnutzenvergleich[23]. Im Hinblick auf den Gesamtnutzen aus einem Budget fehlt für den KÜ jedoch die begrifflich notwendige Untergrenze (d. h. der Aufwandnutzen). Die Ansicht von Samuelson[24], daß der KÜ überflüssig ist, soll hier ergänzt werden um die Feststellung, daß er bereits als theoretische Konzeption nicht faßbar ist[25].

---

[21] Auf eine von *Porstmann* (S. 134) u. a. verwendete Definition des KÜ sei hingewiesen: „Als ‚Konsumentenrente' bezeichnet man den Teil an Befriedigungs*mitteln,* für den das Wirtschaftssubjekt keine entsprechende Gegenleistung, meist in Form einer Geldzahlung, erbringen muß, den es also ‚geschenkt' erhält." Hier wird eine Teil-Gütermenge mit einer preisbedingten — nicht definierten — Kaufpreisdifferenz verbunden, ohne zu berücksichtigen, daß nicht nur die Menge des Befriedigungsmittels, sondern auch die Bedürfnisintensität für den Güternutzen und damit für den KÜ relevant ist.

[22] Für manche Fragestellungen reicht dieser Ergebnisstand möglicherweise aus (z. B. Preisbildung für ungeteilte Angebote auf Auktionen).

[23] Mit dieser Konzeption arbeiten auch die Ansätze, die den KÜ mit Hilfe von Indifferenzkurven mit Nutzenindices behandeln, vgl. *Patinkin:* (1963) und die dort angegebene Literatur, vor allem Hicks.

[24] *Samuelson:* (1947) S. 195 - 197.

[25] Ein Blick auf die Verwendung der Konzeption des KÜ in der betriebswirtschaftlichen Literatur im Zusammenhang mit der Preisdifferenzierung zeigt ein weiteres Problem. Wird aus der Sicht der Unternehmung eine fallende Preis-Absatz-Funktion gezeichnet, so ist danach zu unterscheiden, ob die Anpassung an alternative Preisstellung über die Zahl der Käufer oder/und über die vom einzelnen Käufer nachgefragte Gütermenge erfolgt. Bei unteilbarem Angebot (ein-Stück-Bedarf, z. B. ein bestimmtes Buch) erfolgt die Anpassung nur über die Zahl der Käufer. Die Ausführungen von Gutenberg (S. 333 - 336) sind daher nur zutreffend, wenn implizit dieser Fall unterstellt wird (anderenfalls könnte die Preis-Absatz-Funktion nicht einfach vertikal in Käuferschichten zerteilt werden!), die Bezeichnung der Abszisse mit der Absatzmenge x schließt jedoch den Fall zweier Anpassungsgrößen nicht aus. Erfolgt die Anpassung hingegen auch über die Nachfragemenge des einzelnen Käufers, so ist es selbst bei gut segmentierbaren Märkten bereits theoretisch unmöglich, die Konsumentenrente nahezu voll auszuschöpfen und ihren Umfang mit Hilfe der Preis-Absatz-Funktion zu erläutern (vgl. so Gutenberg S. 336). Wenn Pigou mit dem all-or-nothing bargain zitiert wird, wird bewußt die Unlösbarkeit des Problemes bei teilbarem Angebot zugestanden.

Exkurs zu Anhang III: Das Gesamtwertproblem

Die nutzenmaximale Aufteilung eines Verfügungsbetrages *B* auf den Kauf der zwei Güter *A* und *B* erfordert eine Aussage, wie sich der Gesamtnutzen aus den Ausgaben für die Güter *A* und *B* errechnet. Diese Frage des Wertes eines Gütervorrates (bzw. der Ausgabe dafür) wurde intensiv diskutiert[26]. Der Gesamtnutzen als Summe der sukzessiven Grenznutzen ist der als Integrationstheorem von Böhm-Bawerk bezeichnete Rechenvorgang. Friedrich von Wieser hingegen — und zuletzt Illy[27] und Carell[28] — errechnen den Gesamtnutzen als Produkt aus relevantem Güter-Grenznutzen und Gütermenge (Multiplikationstheorem des Gesamtwertes).

Die bisherige Problembehandlung hat nicht beachtet, daß bei dem Multiplikationstheorem zwei inhaltlich verschiedene Grenznutzen zu beachten sind:

1. der Nutzen der marginalen Mengeneinheit im üblichen Sinne des isolierten Einzelnutzens: $U'(X) = f(X)$
2. die Änderung des Gesamtnutzens als Differenz aus dem zukommenden Einzelgrenznutzen $u(X')$ und dem Nutzenabgang durch Verringerung des Bewertungsparameters der vorhandenen Gütermenge X. Der Bewertungsparameter ist nach dem Theorem von Wieser der Nutzen der jeweiligen marginalen Einheit der Gütermenge, also $U'(X)$, der sich durch das Hinzukommen von X' gemäß der Grenznutzenfunktion auf $U'(X + X')$ verringert.

Der Zusammenhang zwischen dem Grenznutzen nach (2) und X' entspricht dem aus der Haushaltstheorie bekannten Zusammenhang zwischen Grenzausgabe und Änderung des Güterpreises[29]. Es ist zu erwarten, daß die Bedin-

---

Der bei Preisdifferenzierung von den Käufern zusätzlich aufgebrachte Geldbetrag kann nur in einer c.p.-Argumentation als bezahlter Teil des KÜ bezeichnet werden. Aus der Sicht des preisdifferenzierenden Unternehmens mag diese Art der Argumentation zulässig sein, aus der Sicht der Käufer ist der Abzug der zusätzlich benötigten Mittel von anderen Verwendungsarten zu berücksichtigen. Beachtet man diese Interdependenz (vgl. Streißler 1966, S. 50), ist es unmöglich, den zusätzlichen Umsatzerlös für die Unternehmung mit den Änderungen der Wohlstandsniveaus der Käufer in Verbindung zu bringen. Es sei angemerkt, daß die Anstrengungen der Unternehmen zur Segmentierung der Märkte überflüssig wären, wenn sich die Konsumenten nach Porstmanns Optimalkriterium richten würden: „Ein Gleichgewicht im Konsumentenhaushalt wird dann erreicht, wenn der KÜ minimiert ist — oder exakter formuliert: Der Konsumentenhaushalt befindet sich im allgemeinen dann (und nur dann!) im Gleichgewicht, wenn *kein* Konsumentenüberschuß existiert!", Porstmann: (1971) S. 202. Zur Preisdifferenzierung vgl. *Gutenberg,* Erich: Grundlagen der Betriebswirtschaftslehre, Bd. II Der Absatz, 7. Aufl. Berlin u. a., 1964, S. 332 - 336.

[26] Vgl. z. B. H. *Mayer:* (1953) S. 71, *Schumpeter,* Joseph: Beitrag „Deutschland" in „Die Wirtschaftstheorie der Gegenwart", Bd. I „Gesamtbild der Forschung in den einzelnen Ländern", Wien 1927, S. 1 - 30, S. 27, *Morgenstern:* (1931) S. 10.

[27] *Illy,* Leo: Zur Rehabilitierung des Wieserschen Grenzgesetzes, Zeitschrift für Nationalökonomie Bd. 12, 1948/49, S. 1 - 33.

[28] *Carell,* Erich: Über die Voraussetzungen und den Erkenntniswert des Indifferenzkurvensystems des Haushalts, in: Wirtschaftstheorie und Wirtschaftspolitik, Festgabe für Adolf Weber zum 75. Geburtstag, hrsg. von Alfred Kruse, Berlin 1951, S. 19 - 32, S. 22, 24.

[29] Vgl. z. B. E. *Schneider:* (1963) II, S. 36 - 44, *Woll:* (1971) S. 92 - 94.

gung für die optimale Aufteilung eines Verfügungsbetrages B auf zwei Konsumgüter nicht die gleiche ist.

Dazu verwenden wir die schon bekannten unabhängigen und linearen Grenznutzenfunktionen für die Güter A und B:

(1) $$U'(X) = a - bX$$

(2) $$U'(Y) = c - dY$$

(3) $$P_A X + P_B Y - B = 0 \text{ , die Budgetgleichung.}$$

I. Die optimale Aufteilung des Budgets nach dem Integrationstheorem (Böhm-Bawerk)

(4) $$U_0 = \int U'(X) \cdot dX + \int U'(Y) \cdot dY - \alpha (P_A X + P_B Y - B)$$

Unter Verwendung von (1) und (2) folgt

(5) $$U_0 = (a - (b/2) X) \cdot X + (c - (d/2) Y) \cdot Y - \alpha (P_A X + P_B Y - B)$$

In der Klammer steht der zu der jeweiligen Gütermenge X bzw. Y gehörige *durchschnittliche* Grenznutzen. Der Gesamtnutzen aus dem Kauf des Gutes A bzw. B ergibt sich als Produkt von Gütermenge und *durchschnittlichem* Grenznutzen. Wieser hingegen ermittelt ihn als Produkt von Gütermenge und relevantem Grenznutzen:

II. Die optimale Aufteilung des Budgets nach dem Multiplikationstheorem (von Wieser)

(6) $$U_0 = U'(X) \cdot X + U'(Y) \cdot Y - \alpha (P_A X + P_B Y - B)$$

(7) $$U_0 = (a - bX) X + (c - dY) Y - \alpha (P_A X + P_B Y - B)$$

Aus dem Vergleich von (5) und (7) ist offensichtlich, daß die gleich Null gesetzten und nach X bzw. Y aufgelösten partiellen Ableitungen zu unterschiedlichen „optimalen" Mengen führen müssen.

Für I ist der allgemeine Ausdruck für den Budgetgrenznutzen α und die optimale Menge für Gut A im Anhang I bereits ausgerechnet worden (dort Gleichung (4) und (5), S. 184). Unterwerfen wir die Gleichung (7) den gleichen Rechenschritten, so erhalten wir für II (Wieser):

(8) $$\alpha_{(W)} = \frac{adP_A - 2\,bdB + bcP_B}{dP_A^2 + bP_B^2}$$

— der Unterschied liegt nur im 2. Glied des Zählers — und

(9) $$X_{(W)} = \frac{aP_B^2 + 2\,dBP_A - cP_B P_A}{2 \cdot dP_A^2 + 2 \cdot bP_B^2}.$$

Für die numerischen Werte

$a = 3{,}56$ $b = 0{,}104$ $P_A = 2.$—

$c = 1{,}65$ $d = 0{,}016.250$ $P_B = 1.$— und $B = 40$

folgt aus (9) $X_{(W)} = 8{,}461.540$ und mit $P_A \doteq 2.$— eine Konsumausgabe $C_{A\,(W)} = 16{,}923$. Da $P_B = 1.$— , folgt $C_{B\,(W)} = 23{,}077$ und $Y = 23{,}077$ Einheiten.

Bei diesen nach dem Ansatz von Wieser optimalen Gütermengen ergeben sich die Grenznutzen nach

(1) $$U'(X) = 3{,}56 - 0{,}104 \cdot 8{,}461.540 = 2{,}68 \text{ und}$$

(2) $$U'(Y) = 1{,}65 - 0{,}016.250 \cdot 23{,}077 = 1{,}275.$$

Die herkömmliche Optimalbedingung, daß nach dem Zweiten Gesetz von Gossen das Verhältnis der Grenznutzen gleich dem Verhältnis der Preise ist:

$$U'(X)/U'(Y) = P_A/P_B \;,$$

trifft mit $2{,}680/1{,}275 \neq 2/1$ nicht zu. Wir können damit festhalten, daß die Ermittlung des Gesamtnutzens nach dem Multiplikationstheorem von Wieser unvereinbar ist mit der üblichen Bedingung, daß im Optimum die preisbezogenen Gütergrenznutzen gleich sind[30].

Es liegt die Vermutung nahe, daß die Optimalbedingung dann erfüllt ist, wenn die Grenznutzen im Sinne von Definition (2) herangezogen werden. Die zugehörigen Grenznutzenfunktionen sind die partiellen Ableitungen aus (7) mit

$$\frac{\partial U_0}{\partial X} \equiv U'(X)_{(W)} = a - 2\,bX - \alpha P_A = 3{,}56 - 2 \cdot 0{,}104\, X_{(W)} - 2\,\alpha$$

$$\frac{\partial U_0}{\partial Y} \equiv U'(Y)_{(W)} = c - 2\,dY - \alpha P_B = 1{,}65 - 0{,}0325\, Y_{(W)} - \alpha$$

$$U'(X)_{(W)} = 3{,}56 - 1{,}76 - 2\,\alpha = 1{,}80 - 2\,\alpha$$

$$U'(Y)_{(W)} = 1{,}65 - 0{,}75 - \alpha = 0{,}90 - \alpha$$

$$\frac{U'(X)_{(W)}}{U'(Y)_{(W)}} = \frac{1{,}80 - 2\,\alpha}{0{,}90 - \alpha} = 2/1 = P_A/P_B$$

Nach dem Ansatz von Wieser gilt also im Optimum die Beziehung, daß das Verhältnis der Grenznutzen *im Sinne von* (2) gleich ist dem Preisverhältnis. Somit haben die Ansätze von Böhm-Bawerk und Wieser mathematisch verschiedene Grenznutzen zur Folge, die über die Optimierungsansätze (Gleichung (5) bzw. (7)) auch in die Optimalbedingungen eingehen.

Der Vergleich der beiden Grenznutzenfunktionen

$$\text{nach (1)} \quad U'(X) = a - bX - \alpha P_A \quad \text{und}$$

$$\text{nach (2)} \quad U'(X)_{(W)} = a - 2\,bX - \alpha P_A$$

erklärt das sogenannte Wertparadoxon: obwohl der Grenznutzen nach (1) noch positiv ist, nimmt der Gesamtnutzen nach dem Multiplikationstheorem

[30] Das Ergebnis zeigt, daß die Diskussionen bei Illy und Carell mit unvereinbaren Argumenten geführt werden: einerseits wird auf den Grenznutzen nach (1) und das zugehörige, übliche Optimalkriterium abgestellt (*Illy:* (1948) S. 47 f., 52 f., *Carell:* (1951) S. 24, 27), andererseits wird das Multiplikationstheorem herangezogen (*Carell,* S. 22 und 24)!

ab, weil — und so weit ist die Literatur nicht vorgestoßen — der dem Theorem von Wieser implizit zugrunde liegende Grenznutzen nach (2) bereits negativ ist. Für das Verhältnis der beiden Grenznutzen gilt die Beziehung zwischen fallender Preis-Absatzfunktion und Grenzerlösfunktion analog:

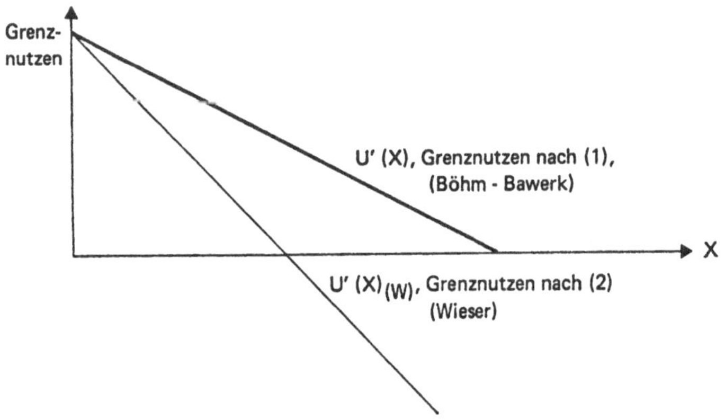

Wegen der beiden konträren Grenznutzen gehen die Erklärungsversuche für das Wertparadoxon[31] so fehl wie der Versuch, beide Gesamtwerttheorien zu integrieren[32]; ein Sachverhalt, dessen Widerspruch als Paradox gleichsam entschuldigt wird, erweist sich als unzureichend geklärt[33, 34].

[31] Zum Wertparadox vgl. *Illy:* (1948) S. 297 - 301.

[32] So *Morgenstern:* (1931, S. 10), der das Multiplikationstheorem als wichtigen Unterfall des allgemeineren Integrationstheorems ansieht.

[33] Es sei hingewiesen auf die Einkommenstheorie des Geldes, bei der ebenfalls nicht klar ist, ob ihr der Grenznutzen nach (1) oder (2) zugrunde liegt.

[34] Bei seinem Versuch, die Richtigkeit des Multiplikationstheorems nachzuweisen, übersieht *Illy*, daß er in seinem Ansatz das Ergebnis vorwegnimmt: die Optimalbedingung, nach welcher der Nutzen der marginalen Gütereinheit in Geldeinheiten gemessen gleich dem Preis der Gütereinheit ist (Grenzwerttheorem), wird auf den gesamten Güterbestand übertragen, obwohl (1948, S. 177 f., 286 - 288) diskutiert wird, ob der Grenznutzen oder Grenzpreis auf den Güterbestand zu übertragen ist. Hier wird das Wiesersche Theorem vom Grenznutzen auf den Grenzpreis umdefiniert (!), so daß aus dem Multiplikationstheorem eine banale Preis-Mengen-Rechnung bei teilbarem Angebot wird (1948, S. 291). In seinem Aufsatz hingegen lautet das Ergebnis (1948/49, S. 13 f., 20, und völlig im Widerspruch etwa zu den Ausführungen im Buch, 1948, S. 161 in Verbindung mit S. 61), daß der Nutzen des gezahlten Geldbetrages gleich dem Nutzen aus dem erworbenen Güterbestand ist, was auf eine Neuformulierung der Theorie des Äquivalenztausches aus der Zeit vor Carl Menger hinausläuft*, die keinerlei Tauschhandlung erklären kann (vgl. Anhang III, S. 191, Ziffer 1).

* Vgl. *Hofmann,* Werner: Wert- und Preislehre (Sozialökonomische Studientexte Bd. I), 1. Aufl. Berlin 1964, S. 136 f.

Anhang IV (zu S. 66): Preisarten und reale Größen bei Patinkin

Patinkin unterscheidet drei Arten von Preisen (1965, S. 15 f., 403):

1. accounting prices, Preise in imaginären Rechnungseinheiten (abstract units of account, z. B. Guineas). In dieser Rechnungseinheit hat die Geldeinheit den Preis p_n. Die Preise allgemein: $p_1, p_2, \ldots, p_n$

2. money prices, die Güterpreise in Geldeinheiten ausgedrückt, auch absolute Preise genannt. Der Preis p_n der Geldeinheit ist in Geldeinheiten gemessen stets gleich 1 (Patinkin: S. 16, 405, Jüttner: (1971) S. 24, 25, Fußnote 6). In Symbolen:

   $p_1/p_n, p_2/p_n, \ldots, p_n/p_n \equiv 1$

3. relative prices, auch real prices bezeichnet; damit sind die Geldpreise der $(n-2)$ Güter bezogen auf p_{n-1} gemeint, wobei $(n-1)$ ein beliebiges Gut ist. In Symbolen:

   $p_1/p_{n-1}, p_2/p_{n-1}, \ldots, p_{n-1}/p_{n-1} \equiv 1, p_n/p_{n-1}$.

Inhaltlich davon abweichend, aber gleichfalls als relative Preise bezeichnet werden die Relationen der Geldpreise zur Ausgabensumme für $n-1$ Güter. Auf S. 403 ist diese Ausgabensumme gesamtwirtschaftlich mit $p = \sum_{j=1}^{n-1} w_j p_j$ definiert. Die Gewichte w_j sind nicht erklärt. In dieser Version sind die relativen Preise zu schreiben $p_1/p, p_2/p, \ldots, p_{n-1}/p, p_n/p \equiv 1/p$.

Die Division der Geldgrößen durch p verwandelt sie nach Patinkin in reale Größen.

Nunmehr in einzelwirtschaftlicher Betrachtung, ergibt sich der Geldwert der Erstausstattung (money wealth) für ein Individuum als Summe aus dem Anfangskassenbestand $(x_n p_n)$ und dem Marktwert der Güter $x_j p_j$ (mit $j = 1, 2, \ldots, n-1$) der Erstausstattung (S. 403).

Der Realwert der Erstausstattung ergibt sich durch Bezug auf p (gesamtwirtschaftlich) mit

$$\frac{w}{p} \equiv \frac{x_n p_n}{p} + \frac{\sum_{j=1}^{n-1} x_j p_j}{p}$$

Dabei bedeutet w den Nominalwert des Vermögens. Der erste Summand wird als der Realwert des Anfangskassenbestandes bezeichnet (S. 404), sachlich ist es der Bruchteil, den der nominale Kassenbestand $x_n p_n$ mit $p_n = 1$ als Anspruch an das nominale Bruttosozialprodukt darstellt.

Unklar bleibt, wie das als Ausgabensumme definierte p zugleich als Preis des realen Kassenbestandes bezeichnet werden kann (S. 28, 406, auch Jüttner: (1971) S. 39), ohne ein Gütermengengerüst zu definieren, das es ermöglicht, die Ausgabensumme p in eine Mengen- und Preiskomponente zu zerlegen. Indem man vorträgt, daß p der bewertete gesamtwirtschaftliche Warenkorb ist (S. 27 f.), hat man noch keinen Preis für diesen Warenkorb.

Patinkin setzt seine einzelwirtschaftlichen Betrachtungen (die Symbole mit e indiziert) für eine bestimmte, durch ^{0} indizierte Güterpreiskonstellation fort (S. 405). Das vom Individuum in t_0 realisierte Konsumbudget $p_e^0 = \sum_{j=1}^{n-1} p_j^0 X_j^0$ wird verwendet, den realen Kassenbestand bei Marktschluß[35] mit $X_n^0 p_n^0 / p_e^0$ mit $p_n^0 = 1$ zu definieren. Der Quotient X_n^0 / p_e^0 wird als real money holdings interpretiert, genügt aber ökonomisch keinem Aussagezweck:

1. X_n^0 muß stillschweigend mit „Kassenbestand" gleichgesetzt werden (Definition 3 auf S. 70 unserer Ausführungen), während es analog zu den X_j^0 mit $j = 1, 2, \ldots n - 1$ nach Definition 1 verstanden werden müßte, dann aber keinen Sinn ergibt.

2. X_n^0 ist als Geldbetrag erst in t_1 vor Marktbeginn vorhanden; der Kassenbestand bei Marktschluß in t_0 ist unbekannt. Für Aussagen über das Volumen der Transaktionskasse zur Abwicklung der Zahlungen während $t_0 - t_1$ ist X_n^0 ungeeignet.

3. p_e^0 ist kein Zahlungsvolumen, da die Erstausstattungsmengen z. T. zu keinem Umsatz führen; nur im Umfang $(X_j^0 - x_j^0)\, p_j$ für $X_j^0 > x_j^0$ und $j = 1, 2, \ldots, n - 1$ finden Auszahlungen statt. Damit ist auch der Nenner keine geeignete Größe für Überlegungen zur Transaktionskasse.

4. Soll X_n^0 als Bestand des bis t_1 vor Marktbeginn gesparten Vermögens verstanden werden, ist die Verknüpfung mit dem Mengen- und Preisgerüst des Konsumbudgets in t_0 um so weniger begründet, als Patinkin gerade die Wirkungen von Preisänderungen auf den gehaltenen Kassenbestand untersuchen will. Die Verwendung realer Größen mit Hilfe konstanter Warenkörbe steht der Analyse, welche Größen den Umfang des Kassenbestandes bestimmen, im Wege.

Wie rasch darüber hinaus die Komplizierung bei Patinkin zu Fehldeutungen führt, zeigt sich bei Jüttner (S. 39 f.). Er identifiziert p_n mit p (Fußnote 3), obgleich bei monetärer Betrachtung $p_n = 1$ ist (selbst S. 24), p hingegen als Ausgabensumme von den jeweiligen Preisen abhängig ist. X_n ist daher nicht der reale Kassenbestand, sondern identisch mit dem monetären Bestand (m). Die partielle Ableitung $\partial u / \partial X_n = \lambda p_n$ hat daher nichts mit dem Grenznutzen des realen Kassenbestandes zu tun, wie S. 40 vorgetragen wird, sie ist vielmehr wegen $p_n = 1$ identisch mit dem Geldgrenznutzen von Marshall.

Anhang V (zu S. 69): Zur Preisabhängigkeit der Indifferenzkurven im Zwei-Güter-Modell

Im Anhang I, Ziffer 8, wurde ein Beispiel durchgerechnet, das die Bedeutung einer positiven bzw. negativen Grenzausgabe für die Aufteilung der verfügbaren Mittel für den Kauf zweier Güter zeigt. Da jedoch üblicherweise im Zwei-Güter-Fall nicht die Güterausgaben sondern die Gütermengen auf den Koordinatenachsen abgetragen werden, entsteht die Vermutung, daß die In-

[35] Die großgeschriebenen Symbole bedeuten die zu Ende des Markttages gewünschten Mengen (demand), vgl. S. 65.

differenzkurvenanalyse nicht in der Lage sein kann, die Wirkung einer Preisänderung auf die Nachfrage nach beiden Gütern im Zwei-Güter-Fall zu erklären.

I. Die Indifferenzkurvenschar im Zwei-Güter-Fall, wenn auf den Koordinatenachsen die Gütermengen abgetragen werden

1. Ansatz

Wir knüpfen an Anhang I an und gehen von linearen Grenznutzenfunktionen für die zwei Güter A und B aus, zwischen denen keine Nutzeninterdependenz besteht.

Grenznutzenfunktionen:

(1) $$U'(X) = a - bX$$

(2) $$U'(Y) = c - dY$$

Die singulären Gesamtnutzenfunktionen lauten

(3) $$U(X) = aX - (b/2)\, X^2$$

(4) $$U(Y) = cY - (d/2)\, Y^2$$

Die additive Gesamtnutzenfunktion

(5) $$U_0 = aX - (b/2)\, X^2 + cY - (d/2)\, Y^2$$

Gleichung (5) nach Y, der Menge des Gutes B, aufgelöst ergibt

(6) $$Y = \frac{c}{d} \pm \frac{1}{d} \sqrt{c^2 + 2\,adX - bdX^2 - 2\,dU_0}$$

Y hängt also von den Parametern der Grenznutzenfunktionen, von dem vorgegebenen Nutzenniveau U_0 und der Menge X des Gutes A ab. Die Güterpreise erscheinen nicht.

Die Ableitung $\partial Y/\partial X$ ergibt die Gleichung für die Grenzrate der Substitution

(7) $$\partial Y/\partial X = \pm (a - bX)/ \sqrt{c^2 + 2\,adX - bdX^2 - 2\,dU_0}$$

Im Zähler steht der Nutzen der marginalen Mengeneinheit des Gutes A.

2. Beispiel (die numerischen Werte wie Anhang I, Ziffer 8)

Budget $B = 40$ $\quad$ $P_B = 1{,}00$ $\quad$ P_A = wird variiert, hier $P_A = 1{,}50$

Parameter der Grenznutzenfunktionen:

$$a = 3{,}56 \qquad b = 0{,}104$$
$$c = 1{,}65 \qquad d = 0{,}016.250$$

Für $X = 14{,}657$ (die schon aus Anhang I, Ziff. 8, bekannte opt. Menge des Gutes A bei $P_A = 1{,}50$) folgt aus (7) $\partial Y/\partial X = \pm\, 1{,}50$.

Mithin ist die bekannte Bedingung erfüllt, daß im Optimum die (gütermengenbezogene) Grenzrate der Substitution gleich dem umgekehrten Güterpreisverhältnis ist:

$$\frac{\partial Y}{\partial X} = \frac{P_A}{P_B} = \frac{u'(X)}{u'(Y)}$$

3. Kurvendiskussion

a) Gleichung (7) zeigt für ein konstant gehaltenes X ein Ansteigen der Grenzrate der Substitution mit steigendem Nutzenniveau. Mit anderen Worten, die Indifferenzkurven müssen mit steigendem Nutzenniveau steiler werden.

b) Setzt man in (6) $Y = 0$, so ergibt sich für X allgemein

$$X_{1/2} = \frac{a}{b} \pm \frac{1}{b}\sqrt{a^2 - 2\,bU_0} \tag{8}$$

Daraus folgt: für $U_0 < a^2/2\,b$, daß die zu dem jeweiligen Nutzenniveau gehörende Indifferenzkurve die Abszisse im I. Quadranten zweimal schneidet, wobei die Lösung mit dem negativen Wurzelwert (X_2) den dem Ursprung am nächsten gelegenen (und damit relevanten) Schnittpunkt bezeichnet, für $U_0 = a^2/2\,b$, daß die zugehörige Indifferenzkurve die Abszisse tangiert (für unser Beispiel: $U_0 = 60{,}93$ mit $X = 34{,}23$ und $Y = 0$ [bei $X > 34{,}23$ würde der Grenznutzen negativ werden]), und für $U_0 > a^2/2\,b$, *daß* kein Schnittpunkt existiert. Sachlich bedeutet dies, daß bei $Y = 0$ keine Menge X die Voraussetzung erfüllen kann, den durch das Nutzenniveau U_0 bezeichneten Gesamtnutzen zu realisieren.

c) Setzt man andererseits in (6) $X = 0$, folgt für Y

$$Y = \frac{c}{d} \pm \frac{1}{d}\sqrt{c^2 - 2\,dU_0} \tag{9}$$

Daraus folgt wiederum: für $U_0 < c^2/2\,d$ zwei Schnittpunkte der Indifferenzkurve mit der Ordinate (Y-Achse), für $U_0 = c^2/2\,d$ ein Tangentialpunkt mit der Y-Achse (für unser Beispiel: $U_0 = 83{,}77$ mit $Y = 101{,}54$ bei $X = 0$), und für $U_0 > c^2/2\,d$ kein Schnittpunkt.

d) Für die Indifferenzkurvenschar ergibt sich daraus in unserem Fall unabhängiger, linearer Grenznutzenfunktionen das folgende Bild:

Es zeigt sich, daß

1. die Intensität der Gutsverwandtschaft (in unserem Fall durch Annahme ausgeschlossen),
2. die Grenznutzenfunktionen und
3. das Gesamtnutzenniveau

die Schar der Indifferenzkurven festlegt.

Zur Frage, ob die Indifferenzkurven die Koordinatenachsen schneiden, schweigt die Literatur[36] oder verweist darauf, daß die Antwort von der Annahme über die Intensität der Nutzeninterdependenz abhängig ist[37]. Hin-

[36] So *Stackelberg:* (1951), E. *Schneider:* (1963), *Henderson/Quandt:* (1967).

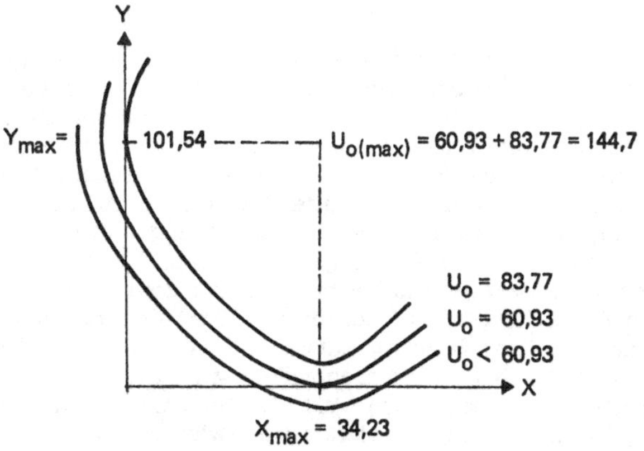

gegen haben wir festgestellt, daß auch die Höhe des Nutzenniveaus darüber entscheidet, ob Schnittpunkte entstehen. Dabei liegen die die Koordinatenachsen tangierenden Indifferenzkurven auf verschiedenen Nutzenniveaus, abhängig von der Grenznutzenfunktion für das Gut, dessen Menge auf der jeweiligen Achse abgetragen ist.

Mit Hilfe von ceteris paribus ist festzuhalten:

1. je kleiner die Parameter a (bzw. c) oder
2. je größer die Parameter b (bzw. d),

um so niedriger liegt das Nutzenniveau der die Achse tangierenden Indifferenzkurve.

Die Annahme der Unersättlichkeit (Sauermann S. 27, Schumann: (1971) S. 9 f.) vermehrt die Zahl der schneidenden Indifferenzkurven und verschiebt die tangierenden Indifferenzkurven auf hohe Nutzenniveaus. Diese Annahme verbunden mit der Annahme einer Gutsverwandtschaft (Sauermann S. 32) kompensiert sich tendenziell hinsichtlich der Höhe des Nutzenniveaus der tangierenden Indifferenzkurve. Die Annahme einer Gutsverwandtschaft genügt also durchaus nicht (anders Sauermann S. 32), eine schnittpunktfreie Indifferenzkurvenschar abzuleiten.

Noch eines zeigt unser Beispiel: das Feld der Indifferenzkurvenschar ist beschränkt durch die Senkrechten parallel zu den Koordinatenachsen, errichtet in den nutzenmaximierenden Gütermengen X_{max} und Y_{max}. Addiert man in unserem Beispiel die singulären maximalen Gesamtnutzen $U(X_{max}) = 60{,}93$ bei $X = 34{,}23$ und $U(Y_{max}) = 83{,}77$ bei $Y = 101{,}54$ zu $U_{0(max)} = 144{,}70$, so wird bei diesem durch die gegebenen Grenznutzenfunktionen determinierten maximalen Nutzenniveau die Grenzrate der Substitution nach (7) $\partial Y / \partial X = 0/0$, und aus (6) folgt $Y = c/d = 101{,}54$.

---

[37] *Sauermann:* (1964) S. 32, *Woll:* (1971) S. 108 f., *Schumann:* (1971) S. 15; ausführlich, aber in der Begründung unklar — es wird vorgetragen, daß sich alle Indifferenzkurven mit den Koordinatenachsen schneiden würden —, *Carell:* (1951).

4. *Das Problem*

Gleichung (6) für die allgemeine Indifferenzkurve und (7) als daraus abgeleitete Grenzrate der Substitution zeigen Unabhängigkeit von den Güterpreisen P_A und P_B. Letztere gehen in die Steigung der Budgetgeraden ein und bestimmen das Optimum mittelbar mit. Unsere Kritik kann sich daher nicht gegen die Bestimmung der optimalen (nutzenmaximierenden) Gütermengen bei gegebenem Preisverhältnis mit Hilfe der Indifferenzkurven richten. Sie bezieht sich auf die Analyse bei einer Preisänderung. Für die Wirkung einer Preisänderung auf die beiden Nachfragemengen X und Y kann es nicht gleichgültig sein, ob die Güterpreise in Verbindung mit dem Budget den Kauf von Gütermengen für keines, eines oder beide Güter im unelastischen Bereich der beiden individuellen Nachfragekurven zulassen. Die Indifferenzkurvenschar erfaßt nur die Nutzeninterdependenz zwischen beiden Gütern (bei uns annahmegemäß ausgeschlossen) und die Gütermengeninterdependenz. Es wurden lediglich Substitutionsbeziehungen zwischen beiden Gütermengen betrachtet, die in der marginalen Substitutionsrate als Quotient nutzengleicher Grenzmengen ihren Niederschlag finden. *Welche Ausgabenwirkungen dieser Substitutionsvorgang hat, findet keine Beachtung.* Bei konstantem Preisverhältnis ergibt sich daraus kein Problem, wohl aber bei Einbezug einer Preisänderung. Formulieren wir daher den Zwei-Güter-Fall auf der Grundlage der Ausgaben für die Gütermengen, wie es — soweit ersichtlich als einziger — bereits Stackelberg unternommen hat (1951, S. 122 - 126):

II. Die Indifferenzkurven im Zwei-Güter-Fall, wenn auf den Koordinatenachsen die Güterausgaben abgetragen werden

1. *Ansatz*

Die Ausgabenbeträge C_A bzw. C_B für die Güter A und B sind

(10) $$C_A = P_A X$$

(11) $$C_B = P_B Y$$

Nach X bzw. Y aufgelöst und in (6) eingesetzt erhalten wir

(12) $$U_0 - \frac{aC_A}{P_A} + \frac{b\,C_A^2}{2\,P_A^2} - \frac{cC_B}{P_B} + \frac{dC_B^2}{2\,P_B^2} = 0$$

Nach C_B aufgelöst ergibt sich (13) als Gleichung für die Indifferenzkurvenschar auf der Basis von Geldeinheiten

(13) $$C_B = \frac{cP_B}{d} \pm \frac{P_B}{dP_A} \sqrt{P_A^2\,(c^2 - 2\,dU_0) + 2\,adP_A\,C_A - bdC_A^2}$$

Die Ableitung $\partial\, C_B/\partial\, C_A$ ist die Gleichung der ausgabenbezogenen Grenzrate der Substitution zwischen den Ausgaben für Gut A und B:

(14) $$\frac{\partial\, C_B}{\partial\, C_A} = \pm \frac{(aP_A - bC_A)\,P_B}{P_A \sqrt{P_A^2\,(c^2 - 2\,dU_0) + (2\,aP_A - bC_A)\,dC_A}}$$ [38]

Gleichung (14) stimmt mit (7) überein, wenn man in (7) die Gleichung (10) $X = C_A/P_A$ einsetzt und außerdem (7) mit dem Preisverhältnis P_B/P_A multipliziert. In der ausgabenbezogenen Grenzrate der Substitution erscheint also das Preisverhältnis als Bestimmungsgröße, woraus sich — wie bereits vorgetragen — kein Problem bei einem konstanten Preisverhältnis ergibt.

2. Beispiel (die numerischen Werte wie bei I. 2.)

$$C_B = Y \cdot P_B = 18{,}01 \cdot 1$$

$$C_A = X \cdot P_A = 14{,}657 \cdot 1{,}50 = 21{,}99$$

Für (14) errechnet sich $\partial C_B/\partial C_A = 1$ (vgl. Stackelberg 1951, S. 123).

Verringert man z. B. X um 1 Einheit auf $X = 13{,}657$ mit $C_A = 20{,}49$, so steigt die ausgabenbezogene marginale Substitutionsrate erwartungsgemäß an:

(14) $$\partial C_B/\partial C_A = 1{,}055.680$$

3. *Kurvendiskussion*

a) Gleichung (14) zeigt, daß c. p. $\partial C_B/\partial C_A$ mit dem Nutzenniveau ansteigt.

b) Setzt man in Gleichung (13) $C_B = 0$, folgt für die Ausgabe für Gut A

(15) $$C_A = \frac{aP_A}{b} \pm \frac{P_A}{b} \sqrt{a^2 - 2\,bU_0}\ ,$$

was der Gleichung (8) multipliziert mit P_A entspricht. Zu den Werten von C_A abhängig von $U_0 \lesseqgtr a^2/2\,b$ vgl. I. 3 b).

c) Setzt man in (14) $C_A = 0$ ein, folgt

(16) $$C_B = \frac{cP_B}{d} \pm \frac{P_B}{d} \sqrt{c^2 - 2\,dU_0}$$

wie (9) multipliziert mit P_B.

Zu den Werten von C_B abhängig von $U_0 \lesseqgtr c^2/2\,d$ vgl. I. 3 c).

4. *Problemlösung*

Geht man von einer gütermengen- zu einer güterausgabenbezogenen Indifferenzkurvenschar über, zeigt sich, daß die ausgabenbezogene Grenzrate der Substitution explizit von dem Preisverhältnis abhängig ist (Gleichung (14)). Eine Änderung der Güterpreisrelation ändert daher *zwangsläufig* den Verlauf der Indifferenzkurvenschar.

Die herkömmliche Mikrotheorie hingegen läßt bei der Betrachtung der Wirkung einer Preisänderung die Indifferenzkurvenschar unverändert und

[38] Ersetzt man U_0 unter der Wurzel durch Gleichung (5) oder (12), folgt (14a) $\partial C_B/\partial C_A = P_B\,(a - bX)/(P_A\,(c - dY))$ für die *Funktion* der monetären Grenzrate der Substitution bei vorgegebenem U_0. Auf der Basis güterwirtschaftlicher Indifferenzkurven hingegen wird ein mit (14a) übereinstimmender Ausdruck *nur für den Punkt des Optimums* ausgewiesen.

ändert nur die Steigung der Bilanzgeraden. Trotzdem stimmt die so ermittelte Kurve optimaler Anpassung der nachgefragten Gütermengen bei gleichgerichtet und alternativ variiertem Güterpreisverhältnis[39] mit dem Ergebnis unserer Rechnungen im Anhang I, Ziffer 8 überein[40].

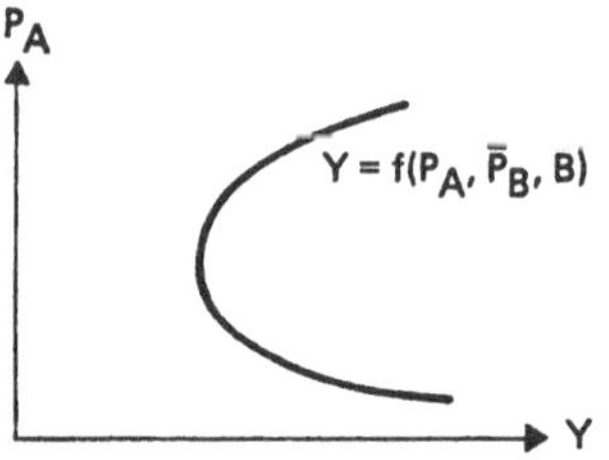

Sauermann Abb. 19

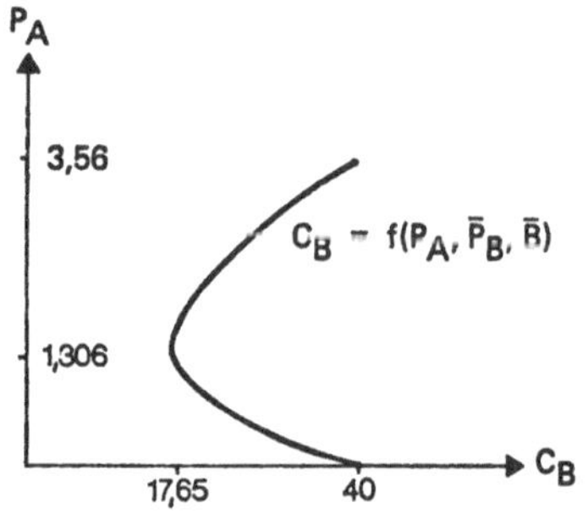

Anhang I, Ziffer 8

Daraus folgt, daß sich die Verwendung der Indifferenzkurvenanalyse zur Erklärung der Wirkung einer Preisänderung zunächst nur dadurch retten läßt, daß man erklärt, die einzelnen relevanten, d. h. die mit den alternativen Budgetgeraden tangierenden Indifferenzkurven bei alternativen Preisverhältnissen seien nicht von Anfang an da, sondern werden erst *jeweils* zusammen mit der dem neuen Preisverhältnis entsprechenden Budgetgeraden eingezeichnet. Das wäre die Um-Interpretation eines Modellansatzes, dessen Problemstruktur bisher unzureichend expliziert worden ist. Sehr viel ist allerdings damit nicht gewonnen, denn um die zu einem neuen Preisverhältnis gehörende Indifferenzkurvenschar zu zeichnen, muß für jedes Nutzenniveau auch der Punkt $\partial C_B / \partial C_A = 1$ bekannt sein. Das Einzeichnen der neuen Budgetgeraden in die neue Indifferenzkurvenschar kann nur noch den Zweck haben, das maximal realisierbare Nutzenniveau zu bestimmen.

Die optimale Anpassungskurve für alternative Preisrelationen[41] ist *nicht* das Ergebnis der Modellanalyse, wie es die Literatur darstellt[42], sondern gerade umgekehrt ist sie vorher bekannt, damit die Indifferenzkurven gezeichnet werden können!

Gegen diese Umkehrung von Bestimmungsgröße und Ergebnis könnte man einwenden, daß das Dilemma erst dadurch provoziert worden sei, daß die gütermengenbezogenen Indifferenzkurven durch eine ausgabenbezogene Betrachtung ersetzt worden sind. Hingegen: im Zwei-Güter-Fall geht es unstreitig um die Verteilung des Budgets für den Kauf zweier Güter.

Es sind die Folgen zu untersuchen, wenn dem Leser auf der anderen Seite suggeriert wird[43], daß das Individuum eine reale Erstausstattung habe und bei einer vorgegebenen Tauschrelation eine Teilmenge des einen Gutes abgebe

---

[39] Als Gegensatz verstanden zu einem sukzessiv (d. h. im Zeitablauf) variiertem Preisverhältnis.

[40] Vgl. *Sauermann:* (1964) S. 50 f., Abb. 17 und 19, *Schumann:* (1971) S. 41 und 43.

[41] Vgl. Gleichung (5) im Anhang I, Ziffer 3.

[42] Vgl. z. B. E. *Schneider:* (1963) S. 21, *Sauermann:* (1964) S. 50, *Schumann:* (1971) S. 41 f.

(excess supply bei Patinkin), um eine Teilmenge des anderen Gutes zusätzlich zum Bestand zu erhalten (excess demand = Marktnachfrage des Individuums). Dabei bleibt offen, ob das Budget tatsächlich „ausgegeben" wird oder nur Ausdruck des gesamten Verfügungspotentials ist und Teilgütermengen getauscht werden. Für die optimale Lösung ergibt sich kein Unterschied[44]. Sobald jedoch die Wirkung einer Preisänderung untersucht wird, muß Stellung bezogen werden, denn die Preisänderung verursacht in beiden Fällen unterschiedliche Grenzausgaben, wie die graphische Gegenüberstellung sofort zeigt:

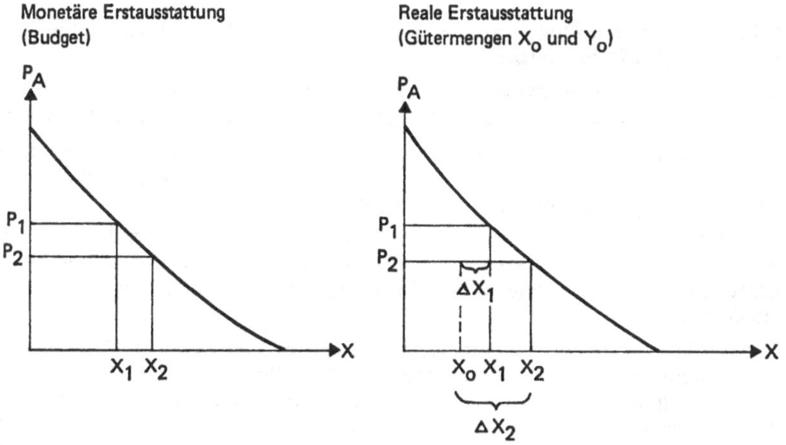

C_A	= Konsumausgabe für Gut A
C_{A_1}	= $p_1 \cdot x_1$
$p_2 < p_1$	= meint alternative Preisstellung, dann ist
C_{A_2}	= $p_2 \cdot x_2$ und
$C_{A_2} - C_{A_1}$	= Grenzausgabe im üblichen Sinne der Mikrotheorie[45], hier positiv, d. h. x_1 und x_2 liegen im elastischen Bereich der Nachfragekurve
x_0	= Menge des Gutes A in der „Erstausstattung"
x_1	= die „Nachfrage" (demand) nach A beim Preis p_1
Δx_1	= Marktnachfrage (excess demand) bei p_1
$\Delta x_1 p_1$	= das Umsatzvolumen bei p_1, d. h. die Auszahlung für Δx_1, finanziert durch die Einzahlung aus dem Verkauf von Δy_1 [46]

---

[43] Vgl z. B. die Formulierung bei *Woll:* (1971) S. 108: „... wird unter der Annahme analysiert, daß einem Haushalt von zwei Gütern verschiedene Mengen zur Verfügung stehen."

[44] Vgl. *Patinkin:* (1965) S. 3 - 12.

[45] Vgl. E. *Schneider:* (1963) S. 40, *Woll:* (1971) S. 92 - 95.

[46] Die Kompatibilität der Nachfragefunktionen ist für $x = f(P_A, \bar{P}_B, \bar{B})$ durch den leicht konvexen Verlauf angezeigt (vgl. die Ausführungen S. 29, 186).

Δx_2 = excess demand bei p_2

$\Delta x_2 p_2$ = das Umsatzvolumen bei p_2

$\Delta x_2 p_2 - \Delta x_1 p_1$ = die Grenzausgabe bei einer Betrachtung mit realer Erstausstattung

Es ist sofort ersichtlich, daß

$$(C_{A_2} - C_{A_1}) \neq (\Delta x_2 p_2 - \Delta x_1 p_1) .$$

Wir halten fest:

1. mikrotheoretische Überlegungen explizit auf der Basis einer realen Erstausstattung sind unüblich;
2. eine solche Basis hätte einen geringen realen Bezug bei einer arbeitsteiligen Wirtschaft, in der überwiegend Geld gegen Güter getauscht wird;
3. Überlegungen auf der Basis einer realen und einer monetären Erstausstattung haben unterschiedliche Ergebnisse, wie hier für die „Grenzausgaben“ bei einer Güterpreisänderung gezeigt wurde;
4. zur Stellungnahme gezwungen, muß der monetären Betrachtungsweise den Vorzug gegeben werden, wenn man nicht große Teile der Mikrotheorie umformulieren will, wie z. B. die Nachfragefunktionen (vgl. Patinkin: (1965) S. 8);
5. auf die Indifferenzkurven im Zwei-Güter-Fall angewendet, folgt daraus die Maßgeblichkeit der ausgabenbezogenen Betrachtungsweise, wie sie Stackelberg gewählt hat. Ob statt dessen gütermengenbezogene Indifferenzkurven zum gleichen Ergebnis führen, ist jeweils zu prüfen. Die ungeprüfte Verwendung zur Analyse der Wirkungen einer Preisänderung auf die nachgefragten Gütermengen hat einen Modellansatz ohne jeden Erklärungsgehalt zur Folge. Die Literatur hingegen fühlt sich wie der Kaiser in seinen neuen Kleidern. —

Damit sind wir bei dem Ausgangspunkt des Anhanges V angekommen: es ist nicht möglich, die Wirkungen von Preisänderungen mit Hilfe von Indifferenzkurven zu erklären, wenn nicht in ihrer Gestalt das/die Ergebnis(se) bereits vorweggenommen werden.

Anhang VI (zu S. 71): Kassenbestand und Zahlungsunfähigkeit bei Patinkin (Patinkin (1965) S. 83 - 88)

Die Auseinandersetzung mit Patinkin zeigt in mühsamer Kleinarbeit, wie unzureichend die Bausteine der weitgespannten Modellzusammenhänge als Sachverhalte beschrieben und auseinandergehalten werden.

Bei den Ausführungen über die Zusammenhänge zwischen der Höhe des gehaltenen Kassenbestandes und der Wahrscheinlichkeit, zahlungsunfähig zu werden, wird nicht zwischen Fälligkeits- und Zahlungsebene unterschieden[47].

---

[47] Es ist nicht möglich, die Begriffe „Geldvermögensebene“ und „Zahlungsmittelebene“ (vgl. dazu *Krümmel:* (1964) S. 226 f.) zu übernehmen. Die Geldvermögensebene knüpft wie üblich an den einseitigen Vollzug eines zweiseitigen Verpflichtungsgeschäftes (Kauf, Verkauf usw.) an, also an die Warenbewegung bzw. Rechnungsein- und -ausgang. Zu diesen realwirtschaftlichen Vorgängen trifft Patinkin keine Aussage, die Fälligkeiten für Aus- und Ein-

Zur Abgrenzung der Sachverhalte verwenden wir folgende Symbole:

t_0 bis t_1 ist die Zeitdauer zwischen zwei Markttagen (zwei Montagen), dieser Zeitabschnitt wird in i ($i = 1, 2, \ldots m$) Zeiteinheiten (z. B. Stunden) unterteilt

E_j ist der in der Zeiteinheit j in Empfang genommene Geldbetrag aus Verkaufskontrakten während der Marktstunden in t_0

A_j sind die Auszahlungen in der Zeiteinheit j auf Grund von Kaufkontrakten in t_0. Diese Auszahlungen — und das wird bei Patinkin übersehen — können auf Grund von Fälligkeiten in j oder auf Grund von rückständigen Zahlungsverpflichtungen („Zahlungsrückstände") in j erfolgen.

AV_j ist der in j *erstmalig* fällig werdende Betrag an Zahlungsverpflichtungen aus den Kontrakten in t_0

D_j ist *die Veränderung* der Zahlungsrückstände, errechnet aus $D_j = AV_j - A_j$; dabei bedeutet $+ D_j$ eine Erhöhung der Zahlungsrückstände (= Verschlechterung der Zahlungsfähigkeit), was $AV_j > E_j$ voraussetzt; $- D_j$ bedeutet eine Verminderung und setzt $AV_j < E_j$ voraus

$\sum_{i=1}^{j-1} D_i$ sind die aufgelaufenen Zahlungsmittelrückstände ab t_0 *bis Beginn* der Zeiteinheit j

Der grundlegene Begriff der excess payment due (y_j) ist bei Patinkin unklar definiert (S. 84, 2. Absatz):

Version I $y_j = A_j - E_j$ würde die Kassenbestandsänderung während der Zeiteinheit j ausdrücken, $w_j = \sum_{i=1}^{j} y_i$ wäre dann die Änderung des Kassenbestandes von t_0 (Ende des Marktes) bis zum Ende von j; w_j wird als net payment due bezeichnet. Für w_m gibt Patinkin selbst an, daß es sich um die Änderung des Kassenbestandes von t_0 bis zum Beginn des Marktes in t_1 handelt (S. 84, 2. Absatz Ende), auch die laufende Verwendung des Wortes payment spricht für Version I. Sachlich sind sie für den beabsichtigten Erklärungszweck völlig ungeeignet, denn sowohl y_j wie w_j sind ex post-Größen und ohne Relevanz für die Wahrscheinlichkeit einer Zahlungsunfähigkeit ex ante.

Version II $y_j = AV_j - E_j$ kann für positive Werte

a) die Erhöhung des Zahlungsrückstandes bedeuten, wenn die Kasse zu Beginn von j gleich Null war,

b) die Verringerung des zu Beginn von j vorhandenen Kassenbestandes bedeuten,

c) teils den Zahlungsrückstand erhöht und teils den Kassenbestand verringert haben.

Für negative Werte von y_j gilt das Gegenteil. Die laufenden Ausführungen widersprechen der Version II, nur der Name excess payment *due* würde sie tragen. Sachlich hingegen ist sie sinnvoll, denn $w_j = \sum_{i=1}^{j} (AV_i - E_i) > Ka_0$ bedeutet Zahlungsunfähigkeit am Ende der Zeiteinheit j.

Beide Versionen vermögen jedoch nicht, eine Wahrscheinlichkeitsverteilung beschränkt auf den I. Quadranten mit einem Extremwert bei $w > 0$ zu stützen

---

zahlungen werden als rein zufallsverteilt angesehen, unabhängig vom Zeitpunkt der zugehörigen Warenbewegung. Vgl. *Krümmel*, Hans-Jacob: Grundsätze der Finanzplanung, ZfB 1964, S. 225 - 240.

(S. 85). Es müßte unterstellt werden, daß die Auszahlungsfälligkeiten zeitlich und/oder betragsmäßig linkssteil im Vergleich zu den Einzahlungsfälligkeiten verteilt wären. Eine zweite Erklärungsmöglichkeit, daß die Wertsumme der Käufe in t_0 größer als die Wertsumme der Verkäufe in t_0 ist, wird von Patinkin ausdrücklich ausgeschlossen (S. 84, 85 oben, S. 86 Mitte). Der auf der Abszisse abgetragene net payment due w_j (nach Version II) $= \sum_{i=1}^{j} AV_i - \sum_{i=1}^{j} E_i$ kann auch negativ sein (S. 84, 2. Absatz), so daß die Beschränkung der Wahrscheinlichkeitsverteilung auf den I. Quadranten sachlich unbegründet ist. Nach der Modellbeschreibung ist nicht ersichtlich, warum der Extremwert der Wahrscheinlichkeitsverteilung nicht bei $w = 0$, d. h. bei der Ordinate liegt.

Es ist unzutreffend, die Wahrscheinlichkeiten für die Zahlungsunfähigkeiten zwischen t_0 und t_1 allein mit dem Umfang des in t_0 vorhandenen Kassenbestandes zu verbinden, über dessen Höhe durch die Dispositionen zu $t - 1$ entschieden wurde (vgl. so Jüttner S. 39), denn die Relation der Wertsumme Käufe/Verkäufe in t_0 ist ebenfalls maßgebend. Da dies übersehen wird, entsteht der Eindruck, daß das Individuum bereits in $t - 1$ über seine Zahlungsfähigkeit nach t_0 entscheide. Das ist aber nicht möglich, denn Umfang und Struktur des in t_0 exogen eintreffenden Warenkorbes als Bestimmungsgrößen des Transaktionsvolumens (Summen der Käufe und Verkäufe) in t_0 sind in $t - 1$ noch unbekannt. Hingegen könnte die „Einkommensunsicherheit" Rückwirkungen auf die Sparentscheidung in $t - 1$ haben, was aber von Patinkin nicht untersucht wird. Sein Anliegen, aus der Wahrscheinlichkeit der Zahlungsunfähigkeit auf den Umfang des zu haltenden Kassenbestandes rückzuschließen, verrinnt im Sand zweier Dispositionszeitpunkte und des nicht definierten Deckungsgrades zwischen erhaltenem und gewünschtem Warenkorb in t_0. Soll diese Folge vermieden werden, wäre auf Einkommen in Geld abzustellen, so daß in einem Zeitpunkt (z. B. t_0) über Kassenbestand und Konsumausgabensumme zugleich entschieden wird.

Die Ausführungen von Jüttner und Rudloff, die auf Patinkin zurückgreifen, sind nicht weniger unklar.

Jüttner (S. 39 f.) geht davon aus, daß das Individuum durch seine Dispositionen in t_0 seinen Nutzen für die Periode t_0 bis t_1 auf der Grundlage der verfügbaren Mittel (Anfangskassenbestand in t_0 zuzüglich des Geldwertes des exogen eingetroffenen Warenkorbes) maximiert. In die Nutzenfunktion geht x_n, der (angeblich reale) Kassenbestand ein, der am Ende der Woche, also vor Marktbeginn zu t_1, gewünscht wird. Damit handelt es sich nur um die Berücksichtigung von Geld als Wertaufbewahrungsmittel, und von einem Liquiditätsnutzen im Sinne Patinkins (Vermeidung von Zahlungsschwierigkeiten) bleibt nichts. Eine Nutzenmaximierung unter Einbezug des Sparens kommt jedoch um eine Auseinandersetzung mit dem Problem der Zeitpräferenz nicht herum.

H. Rudloff schreibt der Spekulations- bzw. Vorsichtskasse einen eigenständigen, nicht konsumtiven Nutzen zu (S. 17 unten, S. 29, 54), obwohl Bußgeldzahlungen bei Zahlungsunfähigkeit (S. 54 unten, 57) ein finanzieller Verlust aus unzureichender Kassenhaltung sind und als „Nutzeneinbußen" nur als Verlust konsumtiven Nutzens erklärbar sind. Im übrigen lehnt die mikroökonomische Analyse an Patinkin an und konfrontiert den Leser mit einer Fülle von „Effekten" (S. 56 - 62), wobei z. T. unklar bleibt, welcher Zusammenhang eigentlich erklärt werden soll (z. B. S. 60, Abb. 4).

Anhang VII (zu S. 112): Zeitpräferenzfaktor und Änderung der Grenzrate der Substitution im Zeitablauf

Für die Definition des Zeitpräferenzsatzes *ro* verweist Vosgerau[48] zwar auf I. Fisher, ermittelt jedoch aus der relativen zeitlichen Änderung der Grenzrate der Substitution R_0^t von gegenwärtigen durch zukünftige Konsumausgaben und somit abweichend von I. Fishers Definition den Zeitpräferenzsatz:

(1) $$R_0^1 \equiv \Delta C_1 / \Delta C_0 \cong u_0'(C_0) / u_1' (C_1), \quad \text{verkürzt: } u_0' / u_1' .$$

Soll der Zeitpräferenzsatz *ro* positiv sein, muß

(2) $R_1^2 / R_0^1 > 1$ sein bzw. unter Verwendung von (1) mit der entsprechenden Indizierung:

(3) $$\frac{R_1^2}{R_0^1} \equiv \frac{\dfrac{\Delta C_{t+2}}{\Delta C_{t+1}}}{\dfrac{\Delta C_{t+1}}{\Delta C_t}} = \frac{\dfrac{u_{t+1}'}{u_{t+2}'}}{\dfrac{u_t'}{u_{t+1}'}} > 1, \text{ so daß}$$

$u_{t+1}'/u_{t+2}' > u_t' / u_{t+1}'$ sein muß. Es ergeben sich zwei Möglichkeiten:

A. wenn $u_t' / u_{t+1}' < 1$, ist $u_{t+2}' > u_{t+1}' > u_t'$ und daraus folgt bei konstanten Grenznutzenfunktionen $U_t' (C_t) = f (C_t)$ der beiden Ausgabenzeitpunkte für die Relation der Konsumausgabensummen $C_2 < C_1 < C_0$;

B. wenn $u_t' / u_{t+1}' > 1$, ist $u_{t+2}' < u_{t+1}' < u_t'$, mit $C_2 > C_1 > C_0$ [49]. Das Ergebnis für B ist mit einer positiven Zeitpräferenz — unter der Bedingung konstanter Grenznutzenfunktionen — unvereinbar. Auf die Größenrelationen der Grenznutzen im Optimum abgestellt müssen die zeitpunktbezogenen Grenznutzen die zu Fall B umgekehrte Größenrelation haben, sollen die diskontierten Grenznutzen gleich groß sein können[50].

Die Konstellation A — gekennzeichnet durch $u_{t+1}' > u_t'$ mit $\Delta C_0 > \Delta C_1$ (da ΔC_0 und ΔC_1 nutzengleiche Grenzmengen sind) — ist nur für die Indifferenzkurve rechts von dem Punkt mit der Steigung -1 auf ihr möglich (wenn C_t auf der Abszisse und C_{t+1} auf der Ordinate abgetragen ist).

Die von Vosgerau verwendete Zeitpräferenzdefinition ist wegen ihres eingeschränkten Gültigkeitsbereichs unbrauchbar. Zudem geht sie im anwendbaren Bereich von bereits festgelegten Größenrelationen der zeitpunktbezogenen Grenznutzen zueinander aus, die zur Herleitung eines konstanten Nutzendiskontsatzes dienen, während sachlich umgekehrt die Zeitpräferenz die Grenznutzenrelationen bestimmen soll, aus denen sich die Größenrelationen der Konsumausgabensummen über die Zeit ableiten.

---

[48] *Vosgerau:* (1965) S. 50.

[49] Die Grenznutzenrelation $u_{t+1}' < u_t'$ findet sich explizit bei Marglin, der (Gleichung 16) die marginal private rate of discount mit $(u_0'/u_1') - 1$ definiert, wobei er $u_0' = 1$ setzt (S. 101), vgl. *Marglin:* (1963) S. 107.

[50] Vgl. z. B. *Strotz:* (1955/56) S. 169 unten.

Für Vosgerau ist die Zeitpräferenz eine im Wachstumsmodell beliebig handhabbare Größe (S. 51 oben, 68, 80 f., 108 f.); die Überlegung, daß der Zeitpräferenzsatz aus eigenen Determinanten abgeleitet werden könnte und damit nicht eine Größe ist, über die nach Bedarf Annahmen getroffen werden können, wird nicht vorgebracht.

Literaturverzeichnis

Albach, Horst: Das optimale Investitionsbudget, ZfbF 1964, S. 456 - 470.

— In memoriam Panagiotis Stratoudakis, in: Wirtschaft und Betriebswirtschaftslehre in Griechenland und Deutschland, Wiesbaden 1971, S. 7 - 10.

Allekotte, Heinz: Sparneigung und Sparformen. Eine Analyse am Beispiel der Verwendung von Lottogewinnen, Beiträge des Deutschen Industrieinstituts, Jahresband 1971, 9. Jahrgang, Heft 2 (43 Seiten).

Allen, R. G. D.: Mathematik für Volks- und Betriebswirte, Berlin 1956.

— Mathematical Economics, 2. ed. London u. a. 1966.

Bachmann, Verena: Der Haushaltsplan des Konsumenten und seine theoretische Erfassung durch die Grenznutzenlehre, Zürich 1963.

Becker, Claus: Optimale Betriebsgrößen, Köln und Opladen 1969.

Becker, Karl Otwin: Die wirtschaftlichen Entscheidungen des Haushalts, Berlin 1966.

Bernholz, Peter: Konsumtivzins und Minderschätzung künftiger Bedürfnisse, ZfN Bd. 24, 1964, S. 244 - 255.

— Nochmals: Konsumtivzins und Minderschätzung künftiger Bedürfnisse. Korrektur und Erweiterung, ZfN Bd. 25, 1965, S. 176 - 181.

Böhm-Bawerk, Eugen v.: Kapital und Kapitalzins, 2. Abteilung: Positive Theorie des Kapitales, 1. Aufl. 1889, 4. Aufl. Jena 1921, 1. Bd. Text, 2. Bd. Exkurse, unveränderter Nachdruck von 1921, Meisenheim/Glan 1961.

— 1. Abteilung: Geschichte und Kritik der Kapitalzins-Theorien, 4. Aufl. Jena 1921, Nachdruck 1961.

Bohn, Peter: Konsumenten- und Sparerverhalten. Ihre Bedeutung für Finanz- und Konjunkturpolitik, Stuttgart 1969.

Bombach, Gottfried: „Wirtschaftswachstum", Artikel im HdSW 12. Bd., Stuttgart u. a. 1965, S. 763 - 801.

Borch, Karl: Specification of Objectives in Decision Problems, Theory and Decision Vol. 1, 1970, S. 5 - 21.

Bresciani-Turroni, Costantino: Gegenwärtige Strömungen in der italienischen Wirtschaftswissenschaft, Weltwirtschaftliches Archiv Bd. 59, 1944, S. 173 - 209.

Buchner, Robert: Anmerkungen zum Fisher-Hirshleifer-Ansatz der simultanen Bestimmung von Gewinnausschüttungs-, Finanzierungs- und Investitionsentscheidungen, ZfbF 1968, S. 30 - 47, S. 378.

— Zur Bedeutung des Fisher-Hirshleifer-Ansatzes für die betriebswirtschaftliche Theorie der Kapitalwirtschaft, ZfbF 1969, S. 706 - 727.

Carell, Erich: Über die Voraussetzungen und den Erkenntniswert des Indifferenzkurvensystems des Haushalts, in: Wirtschaftstheorie und Wirtschaftspolitik, Festgabe für Adolf Weber zum 75. Geburtstag, hrsg. von Alfred Kruse, Berlin 1951, S. 19 - 32.

Chakravarty, S.: The Existence of an Optimum Savings Program, Econometrica Vol. 30, 1962, S. 178 - 187.

Claassen, Emil M.: Die Liquiditätstheorie der Zinsstruktur, JbNat.Stat. Bd. 177, 1965, S. 201 - 240.

— Probleme der Geldtheorie, Berlin-Heidelberg-New York 1970.

Dean, Joel: Capital Budgeting, New York 1951.

Diamond, Peter A. und Menahem *Yaari*: Implications of the Theory of Rationing for Consumer Choice Under Uncertainty, AER Vol. 62, 1972, S. 333 - 343.

Drukarczyk, Jochen: Investitionstheorie und Konsumpräferenz. Ein Beitrag zur expliziten Berücksichtigung der Entnahmen (Konsumausgaben) im optimalen mehrperiodigen Investitionsprogramm des Unternehmers, Berlin 1970.

— Zum Stand der Investitionstheorie bei Sicherheit, ZfB 1972, S. 803 - 820.

Elton, Edwin J. und Martin J. *Gruber*: Marginal Stockholder Tax Rates and the Clientele Effect, The Review of Economics and Statistics Vol. 52, 1970, S. 68 - 74.

Engels, Wolfram: Rentabilität, Risiko und Reichtum, Tübingen 1969.

— Unsicherheit, Konsumverhalten und Investitionsverhalten — Die Abbildung des Risikos in intertemporalen Nutzenfunktionen und die Relativität der Risikobeurteilung von Prospekten, in: Entscheidung bei unsicheren Erwartungen, Beiträge zur Theorie der Unternehmung, hrsg. von Herbert Hax, Köln und Opladen 1970, S. 27 - 52.

Fabricius, Fritz: Relativität der Rechtsfähigkeit. Ein Beitrag zur Theorie und Praxis des privaten Personenrechtes, München und Berlin 1963.

Fama, Eugene F.: Multiperiod Consumption-Investment Decisions, AER Vol. 60, 1970, S. 163 - 174.

Fama, Eugene F. und Merton H. *Miller*: The Theory of Finance, New York u. a. (Holt, Rinehart and Winston) 1972.

Farrell, Michael J.: Die neuen Theorien der Konsumfunktion, in: Konsum und Nachfrage, hrsg. von Erich und Monika Streißler, Köln und Berlin 1966, S. 338 - 357 (Erstveröffentlichung im Economic Journal 1959).

Feldstein, Martin S.: The Social Time Preference Discount Rate in Cost Benefit Analysis, The Economic Journal Vol. 74, 1964, S. 360 - 379.

— The Derivation of Social Time Preference Rates, Kyklos Vol. 18, 1965, S. 277 - 287.

Fest, Hartmut E.: Zur gesamtwirtschaftlichen Konsistenz des Entscheidungskriteriums für die Auswahl öffentlicher Investitionen, Berlin 1971.

Fisher, Irving: The Theory of Interest. As Determined by Impatience to spend Income and Opportunity to invest it, 1. Aufl. 1930, reprint New York 1965.

— Die Zinstheorie, Jena 1932.

Fossati, Eraldo: Über die dynamische Theorie und eine besondere Anwendung auf die Theorie des Nutzens, ZfN Bd. 12, 1948/49, S. 254 - 266 (als Festschrift für Hans Mayer S. 114 - 126).

Franke, Günter und Helmut *Laux*: Die Ermittlung der Kalkulationszinsfüße für investitionstheoretische Partialmodelle, ZfbF 1968, S. 740 - 759.

Franke, Günter: Verschuldungs- und Ausschüttungspolitik im Licht der Portefeuille-Theorie, Köln u. a. 1971.

Fricke, Dieter: Das Sparverhalten der privaten Haushalte in der Bundesrepublik Deutschland. Eine empirische Überprüfung der Sparfunktion, Berlin 1972.

Gäfgen, Gérard: Theorie der wirtschaftlichen Entscheidung, 2. Aufl. Tübingen 1968.

Gandenberger, Otto: Zur Rationalität der öffentlichen Kreditnahme, Finanzarchiv Bd. 30, 1972, S. 369 - 391.

Gordon, Myron J.: The Investment, Financing, and Valuation of the Corporation, Homewood/Illinois 1962.

Gossen, Hermann Heinrich: Entwicklung der Gesetze des menschlichen Verkehrs und der daraus fließenden Regeln für menschliches Handeln, 2. Aufl. Berlin 1889.

Gottinger, Hans-Werner: Die Existenz einiger Klassen deterministischer Nutzenfunktionen, JbNat.Stat. Bd. 183, 1969, S. 97 - 124.

— Beiträge zur funktionalen Separabilität bei Nutzenfunktionen, ZfgStw 125. Bd., 1969, S. 406 - 436, 606 - 623.

— Über die Existenz einer stetigen, reellen Nutzenfunktion, ZfN Bd. 30, 1970, S. 283 - 290.

Guha, Ashok: Fiscal Policy and Private Saving: A Utility Analysis, International Economic Review Vol. 11, 1970, S. 131 - 138.

Gutenberg, Erich: Grundlagen der Betriebswirtschaftslehre, II. Band: Der Absatz, 7. Aufl. Berlin u. a. 1964.

Haberler, Gottfried: Prosperität und Depression. Eine theoretische Untersuchung der Konjunkturbewegungen, 2. Aufl. Tübingen und Zürich 1955.

Hakansson, Nils H.: Optimal Investment and Consumption Strategies under Risk for a Class of Utility Functions, Econometrica Vol. 38, 1970, S. 587 bis 607.

Hansen, Alvin H.: Keynes' ökonomische Lehren. Ein Führer durch sein Hauptwerk, Stuttgart und Düsseldorf 1959.

Hax, Herbert: Investitions- und Finanzplanung mit Hilfe der linearen Programmierung, ZfbF 1964, S. 430 - 446.

— Investitionsentscheidungen bei unsicheren Erwartungen, in: Entscheidung bei unsicheren Erwartungen. Beiträge zur Theorie der Unternehmung, hrsg. von Herbert Hax, Köln und Opladen 1970, S. 129 - 140.

— Investitionstheorie, Würzburg und Wien 1970.

Hax, Herbert und Helmut *Laux:* Investitionstheorie, in: Beiträge zur Unternehmensforschung. Gegenwärtiger Stand und Entwicklungstendenzen, hrsg. von G. Menges, Würzburg und Wien 1969, S. 227 - 284.

Heinen, Edmund: Das Zielsystem der Unternehmung, Wiesbaden 1966.

— Das Kapital in der betriebswirtschaftlichen Kostentheorie, Wiesbaden 1966.

— Einführung in die Betriebswirtschaftslehre, 1. Aufl. Wiesbaden 1968.

Heister, Matthias: Rentabilitätsanalyse von Investitionen, Köln und Opladen 1962.

Henderson, James M. und Richard *Quandt:* Mikroökonomische Theorie, Berlin und Frankfurt 1967.

Hicks, John R.: A Revision of Demand Theory, Oxford 1956.

— Die vier Arten der Konsumentenrente, in: Konsum und Nachfrage, hrsg. von Erich und Monika Streißler, Köln und Berlin 1966, S. 187 - 202 (Erstveröffentlichung in Review of Economic Studies 1943).

Hielscher, Udo: Das optimale Aktienportefeuille, Frankfurt 1969.

Hirsch, Willy: Grenznutzentheorie und Geldwerttheorie (unter besonderer Berücksichtigung der „österreichischen Schule"), Jena 1928.

Hirshleifer, Jack: Investment, Interest and Capital, Englewood Cliffs, N. J. 1970.

Hofmann, Werner: Wert- und Preislehre, 1. Aufl. Berlin 1964.

Holland, Daniel M.: Dividends Under the Income Tax, Princeton 1962.

Holzheu, Franz: Vermögensdispositionen, Kreditmärkte und internationale Kreditbeziehungen, Tübingen 1971.

Houthakker, H. S.: The Present State of Consumption Theory (a survey article), Econometrica Vol. 29, 1961, S. 704 - 740.

Illy, Leo: Das Gesetz des Grenznutzens. Untersuchung über die Wirtschaftsrechnung des Konsumenten, Wien 1948.

— Zur Rehabilitierung des Wieserschen Grenzgesetzes, ZfN Bd. 12, 1948/49, S. 1 - 33.

Inagaki, M.: Optimal Economic Growth. Shifting Finite Versus Infinite Time Horizon, Amsterdam-London 1970.

Jacob, Herbert: Neuere Entwicklungen in der Investitionsrechnung, Wiesbaden 1964

Jaensch, Günter: Ein einfaches Modell der Unternehmensbewertung ohne Kalkulationszinsfuß, ZfbF 1966, S. 660 - 679.

Jarchow, Hans-Joachim: Theoretische Studien zum Liquiditätsproblem, Tübingen 1966.

Jevons, W. Stanley: The Theory of Political Economy, 4. Aufl. 1911, reprint London 1924.

— Die Theorie der Politischen Ökonomie, nach der 4. engl. Aufl. übersetzt, Jena 1924.

Jüttner, Dieter-Joh.: Geld, Zinssatz, Güterpreise und Beschäftigung. Ein kritischer Vergleich der Modelle Patinkins und Keynes', Diss. Tübingen 1968, *als Buch:* Zur Geldtheorie Don Patinkins, Berlin 1971 (nach dem Buch zitiert).

Katona, George: Das Verhalten der Verbraucher und Unternehmer, Tübingen 1960.

Keynes, John Maynard: Allgemeine Theorie der Beschäftigung, des Zinses und des Geldes, München und Leipzig 1936, unveränderter Nachdruck Berlin 1952.

Kirsch, Guy und Bernt *Rürup:* Die Notwendigkeit einer empirischen Theorie der Diskontierung in der Kosten-Nutzen-Analyse öffentlicher Projekte, ZfgStw 127. Bd., 1971, S. 432 - 458.

König, Heinz: Ansätze und Probleme der Wachstumstheorie, Einleitung zu „Wachstum und Entwicklung der Wirtschaft", hrsg. von Heinz König, Köln-Berlin 1968, S. 15 - 31.

Koch, Helmut: Der Begriff des ökonomischen Gewinns — Zur Frage des Optimalitätskriteriums in der Wirtschaftlichkeitsrechnung, ZfbF 1968, S. 389 bis 441.

Koopmans, Tjalling C.: Stationary Ordinal Utility and Impatience, Econometrica Vol. 28, 1960, S. 287 - 309.

— Objectives, Constraints, and Outcomes in Optimal Growth Models, Econometrica Vol. 35, 1967, S. 1 - 15.

Krelle, Wilhelm: Die „Neue Österreichische Schule“ in der Nationalökonomie, JbNat.Stat. Bd. 164, 1952, S. 454 - 465.

— Präferenz- und Entscheidungstheorie, Tübingen 1968.

— Dynamisierung der Nutzenfunktion, Skript Bonn Juli 1971, veröffentlicht ZfN Bd. 32, 1972, S. 59 - 70.

Krümmel, Hans-Jacob: Grundsätze der Finanzplanung, ZfB 1964, S. 225 - 240.

Lancaster, Kelvin J.: A New Approach to Consumer Theory, The Journal of Political Economy Vol. 74, 1966, S. 132 - 157.

Laux, Helmut: Kapitalkosten und Ertragsteuern, Köln u. a. 1969.

Laux, Helmut und Günter *Franke:* Der Erfolg im betriebswirtschaftlichen Entscheidungsmodell, ZfB 1970, S. 31 - 52.

Lehmann, Matthias: Der Einfluß der Besteuerung auf die Eigenkapitalkosten im wachsenden Unternehmen, ZfbF 1971, S. 232 - 247.

Leontief, Wassily: Theoretical Note on Time-Preference, Productivity of Capital, Stagnation and Economic Growth, AER Vol. 48, 1958, S. 105 - 111.

Lerner, Eugene M. und Willard *Carleton:* A Theory of Financial Analysis, New York u. a. (Harcourt) 1966.

Leverkus, Johann Chr.: Das Verhalten der Kleinaktionäre in seiner Bedeutung für die Eigentumspolitik, Berlin 1969.

Long, John B.: Consumption — Investment Decisions and Equilibrium in the Security Market, in: Studies in the Theory of Capital Markets, ed. by Michael C. Jensen, New York u. a. (Praeger) 1972, S. 146 - 222.

Lutz, Friedrich A.: Die Nachfrage nach Geld, JbNat.Stat. Bd. 172, 1960, S. 93 bis 125.

— „Zins“, Artikel im HdSW Bd. 12, Stuttgart u. a. 1965, S. 434 - 452.

— Zinstheorie, 2. Aufl. Zürich-Tübingen 1967.

Mahr, Alexander: Abstinenztheorie und Lehre von der Minderschätzung der Zukunftsgüter, ZfN Bd. 2, 1931, S. 62 - 74.

— Gegenwart und Zukunft in den wirtschaftlichen Dispositionen der Konsumenten, ZfN Bd. 26, 1966, S. 435 - 459.

Mao, James C. T.: Models of Capital Budgeting, E-V VS E-S, Journal of Financial and Quantitative Analysis Vol. 5, 1970, S. 657 - 675.

Marglin, Stephen A.: The Social Rate of Discount and the Optimal Rate of Investment, QJE Vol. 77, 1963, S. 95 - 111, 274 - 289.

— Diskontsatz und öffentliche Investition, in: Nutzen-Kosten-Analyse und Programmbudget, hrsg. von Horst Claus Recktenwald, Tübingen 1970, S. 143 - 153 (Übersetzung eines Referates von 1968).

Mayer, Hans: Zur Frage der Rechenbarkeit des subjektiven Wertes, in: Wirtschaftstheorie und Wirtschaftspolitik, Festschrift für Alfred Amonn zum 70. Geburtstag, hrsg. von Valentin F. Wagner und Fritz Marbach, Bern 1953, S. 57 - 78.

Marshall, Alfred: Handbuch der Volkswirtschaftslehre (nach der 4. engl. Aufl. von 1898), Stuttgart und Berlin 1905.

— Principles of Economics, 8. Aufl. 1920, reprint 1949.

Menger, Carl: Grundsätze der Volkswirtschaftslehre, Wien 1871 (= 1. Aufl.), reprint: The Collected Works of Carl Menger, Vol. I, hrsg. von der London School of Economics and Political Science, mit einem Vorwort von F. A. von Hayek, London 1934.

Menger, Carl: Grundsätze der Volkswirtschaftslehre, 2. Aufl. Wien-Leipzig 1923.

Merton, Robert C.: Lifetime Portfolio Selection under Uncertainty: The Continuous Case, The Review of Economics and Statistics Vol. 51, 1969, S. 247 - 257 (Ergänzung Econometrica Vol. 39, 1971, S. 160 - 162).

Miller, Roger F.: The Theory of Household Saving, The Review of Economics and Statistics Vol. 45, 1963, S. 1 - 15.

Modigliani, Franco und Richard *Brumberg*: Nutzenanalyse und Konsumfunktion, in: Konsum und Nachfrage, hrsg. von Erich und Monika Streißler, Köln und Berlin 1966, S. 319 - 337; auszugsweise Übersetzung der Erstveröffentlichung:

— — Utility Analysis and the Consumption Function: An Interpretation of Cross-Section Data, in: Post-Keynesian Economics, ed. by Kenneth K. Kurihara, London 1954, S. 388 - 436.

Monissen, Hans Georg: Konsum und Vermögen. Analyse der Konsum-Vermögen-Relation im makroökonomischen Gesamtzusammenhang, Göttingen 1968.

Morgan, Theodore: Interest, Time Preference, and the Yield of Capital, AER Vol. 35, 1945, S. 81 - 98.

Morgenstern, Oskar: Die drei Grundtypen der Theorie des subjektiven Wertes, in: Probleme der Wertlehre, Schriften des Vereins für Socialpolitik Bd. 183, hrsg. von Ludwig Mises und Arthur Spiethoff, I. Teil, München und Leipzig 1931, S. 1 - 42.

— Das Zeitmoment in der Wertlehre, ZfN Bd. 5, 1934, S. 433 - 458.

— Demand Theory Reconsidered, QJE Vol. 62, 1948, S. 165 - 201, Übersetzung: Grundzüge einer neuen Theorie der Nachfrage, in: Spieltheorie und Wirtschaftswissenschaft, Wien-München 1963 S. 129 - 182 (Druckfehler in den Formeln!).

Moxter, Adolf: Die Bestimmung des Kalkulationszinsfußes bei Investitionsentscheidungen, ZfhF 1961, S. 186 - 200.

— Lineares Programmieren und betriebswirtschaftliche Kapitaltheorie, ZfhF 1963, S. 285 - 309.

— Die Bestimmung des optimalen Selbstfinanzierungsgrades unter privatwirtschaftlichem Aspekt, in: „Der Betrieb in der Unternehmung", Festschrift für Wilhelm Rieger zu seinem 85. Geburtstag, hrsg. von Johannes Fettel und Hanns Linhardt, Stuttgart 1963, S. 300 - 317.

Müller, J. Heinz: „Indifferenzprinzip, ökonomisches", Artikel im HdSW Bd. 5, Stuttgart u. a. 1956, S. 195 - 198.

Münnich, Frank: Wahlwahrscheinlichkeit und Präferenz, JbNat.Stat. Bd. 180, 1967, S. 244 - 264.

Myers, Stewart C.: A Time-State-Preference Model of Security Valuation, Journal of Financial and Quantitative Analysis Vol. 3, 1968, S. 1 - 33.

Opitz, Otto: Numerische Funktionen in der Präferenzen- und Entscheidungstheorie, ZfN Bd. 31, 1971, S. 13 - 31.

Oppenländer, Karlheinz: Die moderne Wachstumstheorie, 2. unveränderte Aufl. Berlin-München 1968.

Otruba, Heinrich: Zur mikroökonomischen Geldnachfragetheorie, ZfN Bd. 30, 1970, S. 309 - 325.

Ott, Alfred: Grundzüge der Preistheorie, Göttingen 1968.

Pack, Ludwig: Maximierung der Rentabilität als preispolitisches Ziel, in: „Zur Theorie der Unternehmung", Festschrift zum 65. Geburtstag von Erich Gutenberg, hrsg. von Helmut Koch, Wiesbaden 1962, S. 73 - 135.

Paschke, Werner: Bestimmungsgründe des persönlichen Sparens. Ein Beitrag zur ökonomischen Verhaltensforschung, Berlin 1961.

Patinkin, Don: Demand Curves and Consumer's Surplus, in: Measurement in Economics. Studies in Mathematical Economics and Econometrics. In Memory of Yehuda Grunfeld, ed. by Carl F. Christ u. a., Stanford/California 1963, S. 83 - 112.

— Money, Interest and Prices. An Integration of Monetary and Value Theory, 2. ed. New York 1965.

Pearce, I. F.: A Contribution to Demand Analysis, Oxford 1964.

Peters, Lutz: Simultane Produktions-Investitionsplanung mit Hilfe der Portfolio Selection, Berlin 1971.

Porstmann, Reiner: Zur Theorie der Nachfrage unter besonderer Berücksichtigung des Konsumentenüberschusses, Berlin 1971.

Porterfield, James T. S.: Investment Decisions and Capital Costs, Englewood Cliffs, N. J. 1965.

Preiser, Erich: Sparen und Investieren, in „Bildung und Verteilung des Volkseinkommens", 2. Aufl. Göttingen 1961, S. 9 - 64 (Erstveröffentlichung JbNat.-Stat. 1944).

— Konsumtivzins und Minderschätzung künftiger Bedürfnisse, in „Bildung und Verteilung des Volkseinkommens", 2. Aufl. Göttingen 1961, S. 247 - 264 (Erstveröffentlichung Kyklos 1948).

Ramsey, Frank Plumpton: A Mathematical Theory of Saving, The Economic Journal Vol. 38, 1928, S. 543 - 559.

Ricci, Umberto: Das Sparen in der Individualwirtschaft, ZfN Bd. 1, 1930, S. 222 bis 236.

Riebel, Paul: Die Elastizität des Betriebes, Köln und Opladen 1954.

Rittig, Gisbert: Die Indeterminiertheit des Preissystems, Jahrbuch für Sozialwissenschaft Bd. 1, 1950, S. 213 - 244, Bd. 2, 1951, S. 62 - 91.

Robichek, Alexander und Stew. C. *Myers:* Optimal Financing Decisions, Englewood Cliffs, N. J. 1965.

Rose, Klaus: Grundlagen der Wachstumstheorie, Göttingen 1971.

Rosenstein-Rodan, P. N.: „Grenznutzen", Artikel im Handwörterbuch der Staatswissenschaften, 4. Aufl. Jena 1927, 4. Band, S. 1190 - 1223.

Rosenstein, P. N.: Das Zeitmoment in der mathematischen Theorie des wirtschaftlichen Gleichgewichtes, ZfN Bd. 1, 1930, S. 129 - 142.

Rudloff, Hartmut: Vermögensbestand, Sparverhalten und Wirtschaftswachstum. Ein Beitrag zur Theorie der Spar-Vermögen-Relation des privaten Haushalts, Berlin 1969.

Samuelson, Paul A.: Constancy of the Marginal Utility of Income, in: Studies in Mathematical Economics and Econometrics. In Memory of Henry Schultz, ed. by Oskar Lange, Chicago/Illinois 1942, S. 75 - 91.

— Foundations of Economic Analysis, Cambridge 1947.

— Volkswirtschaftslehre, 3. Aufl. nach der 5. amerik. Auflage 1961, Köln 1964, Band II.

— Economics, 8. ed. New York u. a. 1970.

Samuelson, Paul A.: Lifetime Portfolio Selection by Dynamic Stochastic Programming, The Review of Economics and Statistics Vol. 51, 1969, S. 239 bis 246.

Sandig, Curt: Finanzierung mit Fremdkapital, Stuttgart 1965.

Sauermann, Heinz: Einführung in die Volkswirtschaftslehre, 2. Bd. Wiesbaden 1964.

Schimmelbusch, Heinz: Elemente einer Theorie irreversiblen Konsumentenverhaltens, Göppingen 1971.

Schips, Bernd: Zur Theorie des optimalen Wachstums, Meisenheim/Glan 1969.

Schlesinger, Karl: Theorie der Geld- und Kreditwirtschaft, München und Leipzig 1914.

Schmitt-Rink, Gerhard: Die Ausgabenfunktion des privaten Haushalts. Eine Integration des kardinalistischen und ordinalistischen Instrumentariums, Jahrbuch für Sozialwissenschaft Bd. 22, 1971, S. 235 - 243.

Schmölders, Günter: Der Umgang mit Geld im privaten Haushalt, Berlin 1969.

Schneeweiß, Hans: Nutzenaxiomatik und Theorie des Messens, Statistische Hefte 4, 1963, S. 178 - 220.

— Entscheidungskriterien bei Risiko, Berlin u. a. 1967.

Schneider, Dieter: Die Preis-Absatz-Funktion und das Dilemma der Preistheorie, ZfgStw Bd. 122, 1966, S. 587 - 628.

— Investition und Finanzierung, (1. Aufl.) Köln und Opladen 1970.

— Gewinnermittlung und steuerliche Gerechtigkeit, ZfbF 1971, S. 352 - 394.

Schneider, Erich: Wirtschaftlichkeitsrechnung. Theorie der Investition, 5. Aufl. Tübingen und Zürich 1964.

— Einführung in die Wirtschaftstheorie, II. Teil: Wirtschaftspläne und wirtschaftliches Gleichgewicht in der Verkehrswirtschaft, 8. Aufl. Tübingen 1963.

Schreiber, Wilfrid: Versuch einer Ausgestaltung der subjektiven Wertlehre in numerisch operationalen Funktionsausdrücken, JbNat.Stat. Bd. 184, 1970, S. 289 - 297.

Schumann, Jochen: Zur Theorie des optimalen Wachstums, ZfgStw Bd. 125, 1969, S. 1 - 15.

— Grundzüge der mikroökonomischen Theorie, Berlin u. a. 1971.

Schumpeter, Joseph: Das Wesen und der Hauptinhalt der theoretischen Nationalökonomie, Leipzig 1908.

— Beitrag „Deutschland" in „Die Wirtschaftstheorie der Gegenwart", Bd. I: Gesamtbild der Forschung in den einzelnen Ländern, Wien 1927, S. 1 - 30.

Sen, Amartya Kumar: On Optimising the Rate of Saving, The Economic Journal Vol. 71, 1961, S. 479 - 495.

Senior, Nassau William: Political Economy, 3. ed. London und Glasgow 1854 (Erstveröffentlichung 1836).

Sieben, Günter: Bewertung von Erfolgseinheiten, unveröffentlichte Habilitationsschrift, eingereicht der Wirtschafts- und Sozialwissenschaftlichen Fakultät der Universität Köln, 1968.

Skala, Heinz J.: Empirische Bedeutung und Nutzenmessung, JbNat.Stat. Bd. 184, 1970, S. 509 - 516.

Sohn, Gerhard: Liquidität, Unsicherheit und Geldnachfrage, Frankfurt 1971.

Solomon, Ezra: The Theory of Financial Management, New York und London 1963.

Somers, Harold M.: On the Demise of the Social Discount Rate, The Journal of Finance Vol. 26, 1971, S. 565 - 578.

Sparmotive, Sparziele und Sparneigung privater Haushalte. Ergebnis der Einkommens- und Verbrauchsstichprobe 1969, Wirtschaft und Statistik 1971, S. 137 - 142.

Stackelberg, Heinrich von: Beitrag zur Theorie des individuellen Sparens, ZfN Bd. 9, 1939, S. 167 - 200.

— Die Entwicklungsstufen der Werttheorie, Schweizerische Zeitschrift für Volkswirtschaft und Statistik 83. Jahrgang, 1947, S. 1 - 18.

— Grundlagen der theoretischen Volkswirtschaftslehre, Tübingen-Zürich 1951 (kürzere Erstveröffentlichung 1943).

Stahl, Hans: Aktien vor und nach Kapitalerhöhungen, Frankfurt 1969.

Stavenhagen, Gerhard: Geschichte der Wirtschaftstheorie, 3. Aufl. Göttingen 1964.

Stratoudhakis, Panagiotis: Ai Idhiotikooikonomikai Ependhyseis (neugriechisch: Die einzelwirtschaftlichen Investitionen. Die Vornahme unternehmerischer Investitionen in der Situation von Risiko und Unsicherheit), Athen 1963.

Streißler, Erich: Einleitung zu „Konsum und Nachfrage", hrsg. von Erich und Monika Streißler, Köln-Berlin 1966, S. 13 - 147.

Strotz, Robert H.: Myopia and the Inconsistency in Dynamic Utility Maximization, Review of Economic Studies Vol. 23, 1955/1956, S. 165 - 180.

Swoboda, Peter: „Planungsmodelle, simultane", Artikel im Handwörterbuch des Rechnungswesens, hrsg. von Erich Kosiol, Stuttgart 1970, Spalten 1403 bis 1412.

— Investition und Finanzierung, Göttingen 1971.

— Finanzierungstheorie, Würzburg-Wien 1973.

Swoboda, Peter und Christian *Köhler:* Der Einfluß einer Kapitalgewinnsteuer auf den Aktienkurs und die Dividendenpolitik von Aktiengesellschaften, ZfbF 1971, S. 208 - 231.

Teichmann, Heinz: Die Investitionsentscheidung bei Unsicherheit, Berlin 1970.

Theisinger, Karl: Effekten als Kapitalbeschaffungsmittel der Unternehmung, Stuttgart 1928.

Thompson, Earl A.: Intertemporal Utility Functions and the long-run Consumption Function, Econometrica Bd. 35, 1967, S. 356 - 361.

Thurow, Lester C.: The Optimum Lifetime Distribution of Consumption Expenditures, AER Vol. 59, 1969, S. 324 - 330, A Correction AER Vol. 61, 1971, S. 248 f., Comments and Reply AER Vol. 60, 1970, S. 736 - 745.

Tinbergen, Jan: Die optimale Sparquote, in „Wachstum und Entwicklung der Wirtschaft", hrsg. von Heinz König, Köln-Berlin 1968, S. 349 - 357 (Erstveröffentlichung im Economic Journal 1956).

Tintner, Gerhard: The Maximization of Utility over Time, Econometrica Vol. 6, 1938, S. 154 - 158.

Uzawa, Hirofumi: Time Preference, the Consumption Function, and Optimum Asset Holdings, in „Value, Capital, and Growth", Papers in Honour of Sir John Hicks, ed. by N. J. Wolfe, Edinburgh 1968, S. 485 - 504.

— Time Preference and the Penrose Effect in a Two-Class Model of Economic Growth, Journal of Political Economy Vol. 77, 1969, S. 628 - 652.

Van Horne, James und John G. *McDonald:* Dividend Policy and New Equity Financing, The Journal of Finance Vol. 26, 1971, S. 507 - 519.

Veit, Otto: Reale Theorie des Geldes, Tübingen 1966.

Vosgerau, Hans-Jürgen: Über optimales wirtschaftliches Wachstum. Ein Beitrag zur makroökonomischen Theorie des Investitionsoptimums, Basel und Tübingen 1965.

Wan jr., Henry Y.: Optimal Saving Programs under Intertemporally Dependent Preferences, International Economic Review Vol. 11, 1970, S. 521 bis 547.

— Economic Growth, New York u. a. 1971.

Watson, Donald Stev.: Price Theory and its Uses, Boston u. a. 1963.

Weber, Warren E.: The Effect of Interest Rates on Aggregate Consumption, AER Vol. 60, 1970, S. 591 - 600.

— Interest Rates and the Short-Run Consumption Function, AER Vol. 61, 1971, S. 421 - 425.

Weber, Wilhelm und Erich *Streißler:* „Nutzen", Artikel im HdSW Bd. 8, Stuttgart u. a. 1964, S. 1 - 19.

Weizsäcker, Carl Chr.: Wachstum, Zins und optimale Investitionsquote, Basel-Tübingen 1962.

Witte, Eberhard: Die Liquiditätspolitik der Unternehmung, Tübingen 1963.

Woll, Artur: Allgemeine Volkswirtschaftslehre, 3. Aufl. München 1971.

Zwiedineck-Südenhorst, Otto von: Die Einkommensgestaltung als Geldwertbestimmungsgrund, in: Mensch und Wirtschaft, Bd. 1, Berlin 1955, S. 83 bis 136 (Erstveröffentlichung in Schmollers Jahrbuch 1909, Heft 1).

Kolibri 360 GmbH
Ferdinand-Jühlke-Straße 7
99095 Erfurt, Deutschland
produktsicherheit@kolibri360.de

Druck:
CPI Druckdienstleistungen GmbH
im Auftrag der
Kolibri 360 GmbH
Ferdinand-Jühlke-Str. 7
99095 Erfurt